U0165467

警察資訊應用研究

——兼論科技犯罪偵查

王朝煌 著

五南圖書出版公司 印行

序言

　　筆者於1981年從中央警官學校（現中央警察大學前身）刑事警察學系畢業後，即留校擔任科學實驗室助教。工作三年後便負笈美國，展開研究生的求學生涯。在美國留學的八年多期間，總共就讀了三所州立大學，分別是阿拉巴馬大學（伯明罕）、西南路易斯安那大學〔現路易斯安那大學（拉法葉）前身〕及明尼蘇達大學（雙子城）。筆者在留學期間，除了攻讀計算機科學外，也注意到所就讀學校的發展特色。阿拉巴馬大學（伯明罕）早期因應社會需要，發展偏重於醫學領域，再進而發展成為著名的綜合大學。西南路易斯安那大學緊鄰墨西哥灣，因墨西哥灣盛產石油，煉油相關領域即為西南路大早期的主要強項之一，再漸漸發展成為著名的綜合大學。明尼蘇達州位於密西西比河的上游，豐沛的水資源不但促進了該州的農業發展，水力也是該州早期工業製造所需動力的主要來源。明尼蘇達大學（雙子城）位於密西西比河的東岸與西岸，工程及農業領域即為該校的主要發展特色，後來並發展成為聲譽卓著的綜合大學。簡單歸納三所學校發展的共同特點為：務實與因地制宜。務實提供研究動機與發展所需的資源，因地制宜則提供了事半功倍的研究發展環境。

　　學校的發展需要務實與因地制宜，個人的生涯發展也不例外。筆者自回母校中央警察大學擔任資訊管理學系教職以來，即以務實與因地制宜作為研究取向的指導原則。隨著電腦與網路的普及應用，有心人或犯罪者也常藉由電腦及網路科技跨越時空無遠弗屆的優勢，以及其具隱密及匿名等特性，發展許多新興的科技犯罪模式。因此研擬基於資訊科技的犯罪偵查技術，以發覺犯罪並有效偵辦，為極重要的課題。此外，運用資通訊科技支援警察勤、業務，對警察勤務的成敗及業務效率的提升亦具極關鍵的影響。警政資訊系統運作的良窳直接或間接影響國民的生活福祉與安全，因此有關警察資訊系統組織架構的規劃、大數據分析技術的警察應用，以及網際網路情報的獲取與分析等，皆為極重要的課題。筆者自1992年回到母校擔任資訊管理學系教職以來，即長期關注及研究警察資訊應用領域的相關議題，並已發表百餘篇學術論文。筆者乃於2017年8月至2018年7月教授休假期間，蒐集彙整相關的學術論文，增補相關理論與內容，編纂《警察資訊應用研究》一書，期能拋磚引玉，增進警察資訊應用領域的研究動能。筆者於2023年2月至2023年7月再度獲准休假一學期，乃利

用休假期間修訂《警察資訊應用研究》專書內容，除增加收錄〈社群媒體犯罪與鑑識——以行動上網為例〉學術論文外，並著手整理上課及受邀演講簡報資料撰寫專論兩篇：〈社會網絡分析原理與方法〉及〈電腦網路犯罪偵查與鑑識〉，進一步充實專書內容。隨著內容增加，筆者乃將專書組織調整為：基礎理論、科技犯罪偵查及進階研究等三篇，並將書名調整為《警察資訊應用研究——兼論科技犯罪偵查》，以符實際。

　　感謝母校多次給予寶貴的休假研究機會，讓筆者可以放下繁重的授課負荷及行政工作，專心致力於資料的蒐集、彙整及論文的寫作，以及專書的編纂工作。另外感謝家人的支持與陪伴，讓筆者在工作之餘，仍有心力從事學術研究及論文的撰寫與發表。此外，有緣在警大結識的導生們，由於你們的參與及共同鑽研警察資訊應用領域，更豐富了筆者的教研生涯。特別感到欣慰與感謝的是議霆、建隆、品杉、等揚及銘憲等五位導生同學，在筆者徵詢收錄共同著作於本書時，均不約而同地表示，同意讓筆者無償使用，在此一併致謝。

　　本書內容雖然僅13萬餘字，但文章的撰寫與專書的修訂及編纂工作經緯萬端。感謝五南文化事業機構接手幫忙本書的出版工作，特別感謝劉副總編輯靜芬，雖然素昧平生，但在筆者以電話聯繫本書的出版事宜時，即表達正面與協助進行初審事宜。另外感謝編輯團隊（劉副總編輯靜芬、呂編輯伊真及吳編輯肇恩），耐心、仔細及認真地協助本書的編輯工作，不論是內容的修正建議、錯漏字的修正，或是格式的修改，均大幅提升本書的品質與可讀性，在此致上最高的謝忱。最後由於筆者才疏學淺，本書內容一定有許多謬誤與疏漏之處。期望先進賢達，不吝指教及惠賜寶貴的修正意見。

王朝煌 謹識
2023年12月於桃園

目 録

contents

第一篇

基礎理論

第一章　社會網絡分析原理與方法

第一節　緒論

　　社會學研究一般經由觀察社會現象，提出假設，再以抽樣調查或其他研究方法，驗證假設形成理論。計量社會學研究則定義衡量指標及測量方法，並提出量化數據以評估社會現象的強弱。社會網絡分析（social network analysis）為計量社會學重要的研究方法之一，應用領域極為廣泛，諸如分析國際政治外交關係、經貿關係、新聞傳播、廣告行銷、傳染病傳播、人際關係、企業關係及網頁超連結關係等。社會網絡分析主要研究社會個體間的關係、關係的結構型態與強度，以及這些關係結構型態所代表的意涵。社會網絡分析除了可以比較分析個體或社會子群在社會的角色及優劣外，還可據以推測個體或社會子群未來的發展方向。例如和諧穩定的社會，由於群策群力，社會比較能邁向繁榮發展的前景；分崩離析的社會，則由於內耗吞噬社會的產能，社會的發展傾向停滯不前，甚至倒退。社會網絡分析的起源可以溯自 1940 年代興起的圖論（graph theory）。在電腦及網路科技廣為應用之後，由於數位軌跡資料漸漸普遍，經由分析數位軌跡資料瞭解社會現象遂成為重要的途徑之一。尤其是在西元 2000 年電腦網路成為一般大眾的日常設施以後，社會網絡分析的層面與研究範圍大幅提升[1]，運用社會網絡分析的應用研究再度成為重要且熱門的研究議題。

　　傳統的統計分析以個體資料為主，例如社會群體中個體屬性資料的平均數、眾數、變異數及標準差等。社會網絡分析則以個體間的關係結構作為研究標的，例如探討社會群體中個體間相互喜好或互動交流等。由於研究標的資料型態與傳統的資料統計不同，社會網絡分析必須定義新的衡量指標、資料變數及資料蒐集方法，再以新的關係資料運算方法加以分析。

　　UCINET 全名為 University of California of Irvine Network Programs。UCINET 具有強大且全面性的分析功能，使用上簡單易懂，為目前廣受歡迎的社會網絡分析軟體，且網路上有試用版軟體及使用者指引可供下載，初學

1　西元 2000 年後，Google Scholar 以「social network」索引的論文數量明顯大幅向上攀升 [4]。

者在熟悉社會網絡的基本概念後，可下載社會網絡分析軟體，實作社會網絡資料分析，以驗證相關的概念。本文以 UCINET 為例，介紹社會網絡資料的編輯方式、UCINET 軟體的操作，以及解譯分析結果，期能引領有興趣的同學瞭解社會網絡分析方法。筆者教授社會網絡分析概論多年，乃於休假期間參考社會網絡分析主要的教科書 [10] 及筆者製作的教學簡報，並整理相關文獻資料，將社會網絡分析入門所需的基本概念與分析方法整理成專章。本文架構為：第二節介紹社會網絡基本概念；第三節說明社會網絡的表示方式；第四節介紹社會網絡分析的基本原理；第五節以 UCINET 為例說明社會網絡資料的編輯方式與分析方法；第六節為結論。

第二節　社會網絡

社會由一群個體所組成，個體間經由互動產生連結，進而形成社會網絡。例如兩個人結合成家庭，家庭與家庭再經由各種關係連結形成部落、村莊、城市、國家等。常言道「人脈即金脈」，「人脈」即為一個人的社會網絡關係，為影響一個人生活福祉與未來發展非常重要的社會環境。社會的每一份子既是獨立的個體，也是社會網絡不可或缺的組成。社會網絡分析的單位可以是個體或以個體組成的群體，例如個人、家庭、部落、村莊、城市及國家等。

社會網絡一般以社會網絡圖（social diagram）表示。社會網絡圖是由節點與連結所組成。節點（node）代表個體，又稱為行動者（actor）；連結（tie）則用以表示兩個節點或個體間的關係。關係可以是政治層面的外交關係、經濟層面的貿易關係，或社交層面的互動或交互影響關係，如鄰居關係，或依實際需要而定義的新關係層面，例如 COVID-19 的傳播感染關係、WWW 網頁間的超連結關係、共同出現於同一網頁或同一榜單的共現關係 [7]，以及社群媒體群組成員間、群組間的關係等。社會網絡分析主要探討節點間的關係與結構型態，以及衡量關係結構強度的分析方法。為便於說明，本文將節點、個體與行動者等用詞交互使用。

一、社會網絡的分類

社會網絡依其組成個體集合數的多寡及關係結構的特殊性，可分為單模網絡（one-mode networks）、雙模網絡（two-mode networks）、自我中心網絡（ego-centered networks），以及特殊二元網絡（special dyadic networks），分別說明如下：

單模網絡指僅包含單一集合個體的社會網絡，每一個體稱為行動者，例如學生的社會網絡。

雙模網絡指包含兩個集合個體的社會網絡，例如包含學生及老師兩個集合的社會網絡；或包含一個個體集合與一個事件集合的社會網絡，例如包含學生集合及社團集合的社會網絡。前者稱為二元雙模網絡（dyadic two-mode networks），後者稱為隸屬網絡（affiliation networks）。

自我中心網絡指以一個稱為「自我」（ego）的個體為中心的社會網絡，主要在觀察分析「自我」與周圍個體的關係，又稱為個人網絡或個人的支持網絡[2]。

特殊二元網絡指包含特殊配對關係（如夫妻、父子、母子）集合體的社會網絡。

如上所述，社會網絡的分類是以包含個體集合數的多寡或關係結構的特殊性作為分類標準，至於個體（或集合體）間的關係，則依研究需要加以定義，例如個體間的友誼、喜歡、尊敬等關係；個體間的物質交易或移轉關係如借貸及買賣；個體間的非物質交易或移轉關係如通訊、資訊傳遞與交換；個體的移動關係如位置移動或社會地位轉換；個體的正式角色關係如個體的頭銜、能力以及血親、姻親關係等。

二、社會網絡資料及其蒐集方法

社會網絡資料由個體資料及個體間的關係資料所組成。個體資料如個體的屬性資料或個體的描述資料，例如學生的性別、種族、身高、體重及學號等；個體如為集合體，則為集合體的描述資料，如公司的員工人數、產業類別等。個體間的關係資料又稱為結構資料，例如學生間的友誼、公司間的供

2　個人網絡或個人的支持網絡，通常與個人的健康與生活福祉息息相關。

應關係等。關係資料或結構資料為社會網絡分析的基石。關係資料的變數、資料蒐集範圍及資料蒐集方法,則依研究主題需要加以界定。例如研究班級同學們的友誼關係,可以經由觀察記錄同學們的互動情形;研究公司間的供應鏈關係,則可蒐集公司的供貨契約資料等。

社會網絡資料的蒐集方法主要包括問卷調查法、訪談法、觀察法及歷史紀錄分析等,其他方法包括社會結構認知(cognitive social structure)、實驗、小世界理論(small world)及日記分析等 [10]。蒐集資料時必須確保數據的準確度(accuracy)、有效度(validity)、可靠度(reliability)及測量誤差(error)等。準確度指資訊提供者是否能提供正確的資訊,例如人類社交結構認知傾向於長時間累積的交往情形,而非個案或短暫的交往關係。此外,如欲觀察組織間的交流情形,則必須確認受訪者能確實掌握組織的狀況,例如校長、總經理。有效度則是量測的指標資料確實能代表待測的概念。例如相互通電話的頻率與長度雖可作為測量兩人友誼關係的指標,但如兩人之間也有業務往來關係,則以相互通電話的頻率與長度作為測量兩人友誼關係的指標,其有效度明顯降低。可靠度是指同一指標前、後的觀察或測量是否能得到相同的測量值。一般可經由前測、後測的比較分析,或針對同一問題以不同的方式提問,觀察回答是否一致,以評估其可靠度。測量誤差指一個概念的觀察值或測量值與真值間的誤差,觀察值或測量值通常是真值加上誤差的總和。

三、社會網絡關係的衡量指標

常用於衡量個體社會網絡關係的指標包括居中度(centrality)及聲望(prestige)。居中度依衡量方式主要又可分為度居中(degree centrality)、接近度居中(closeness centrality)以及居間度居中(betweenness centrality)等三種。聲望依衡量方式主要又可分為內接度聲望(indegree prestige)、鄰近度聲望(proximity prestige)以及地位或等第聲望(status or rank prestige)等。此外,將個體的測量值加以彙總,也可以作為整體社會網絡的衡量值,例如個體的差異情形、平均居中度、平均聲望,以及社會網絡的集中化程度(centralization)等 [5]。其他常用於衡量整體社會網絡的指標,包括關係密度(relationship density)、直徑(diameter)、連通性(connectivity),以及凝聚子群(cohesive subgroups)等 [10]。本文將於第四節介紹社會網絡的衡

量指標、定義及衡量方法。

第三節　社會網絡的表示方式

本文介紹兩種較常見的社會網絡表示方式：圖形表示法（graph notation）及社交矩陣表示法（socialmatrix notation）。

一、圖形表示法

圖形表示法為社會網絡最基本的表示方式，且常用於分析個體的居中度、聲望、凝聚子群、二元及三元關係等。圖形表示法以節點代表個體，以線段連接節點表示個體間的連結關係。節點及線段所構成的圖形，稱為社會網絡圖（social diagram）。其數學符號為：節點集合以符號 $N = \{n_1, n_2, n_3, ..., n_g\}$ 表示，線段集合則以符號 $L = \{l_1, l_2, l_3, ..., l_L\}$ 表示，每一線段則以其所連結的兩個節點組合而成，如關係不具方向性，連結節點 n_i 與節點 n_j 的線段可以 (n_i, n_j) 或 (n_j, n_i) 表示；如關係具方向性，連結節點 n_i 與節點 n_j 的線段以 $<n_i, n_j>$ 表示節點 n_i 選擇節點 n_j，而以 $<n_j, n_i>$ 表示節點 n_j 選擇節點 n_i。圖 1.1 (A)、(B)、(C) 三個子圖的節點集合分別以 $N_{(1)}$, $N_{(2)}$, $N_{(3)}$ 表示。圖 1.1 例子中，$N_{(1)} = N_{(2)} = N_{(3)} = \{n_1, n_2, n_3, n_4, n_5, n_6\}$。圖 1.1 三個子圖的線段集合分別以 $L_{(1)}$, $L_{(2)}$, $L_{(3)}$ 表示：

$$L_{(1)} = \{(n_1, n_2), (n_1, n_3), (n_1, n_4), (n_1, n_5), (n_1, n_6)\}$$
$$L_{(2)} = \{(n_1, n_2), (n_2, n_3), (n_3, n_4), (n_4, n_5), (n_5, n_6), (n_6, n_1)\}$$
$$L_{(3)} = \{(n_1, n_2), (n_1, n_3), (n_3, n_5), (n_2, n_4), (n_4, n_6)\}$$

一個社會網絡如包含多種關係，則以多個 L，例如 $L_1, L_2, L_3, ..., L_k$ 表示。繪圖時並以顏色區分不同的關係。

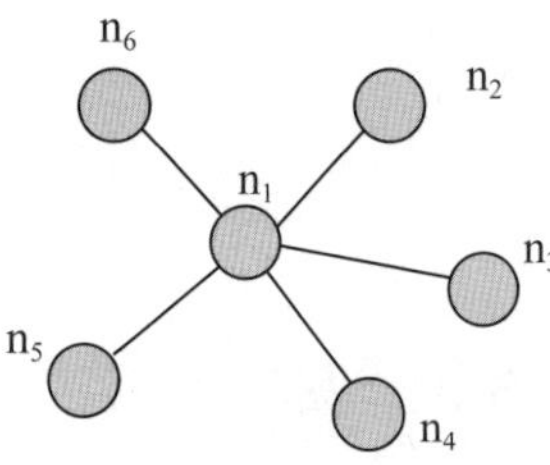

圖1.1(A)　社會網絡圖——星狀圖（star）

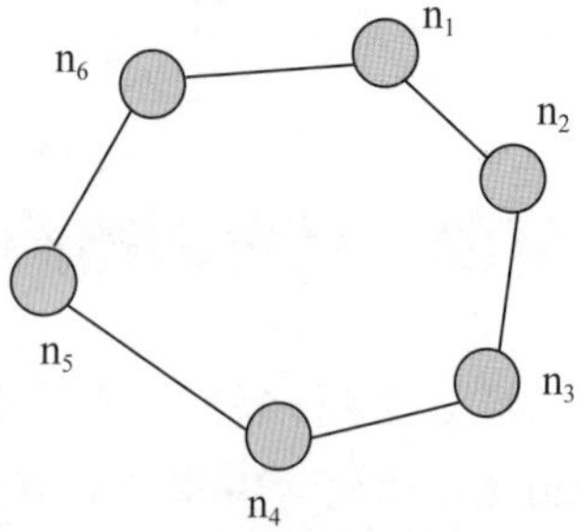

圖1.1(B)　社會網絡圖——環狀圖（circle graph）

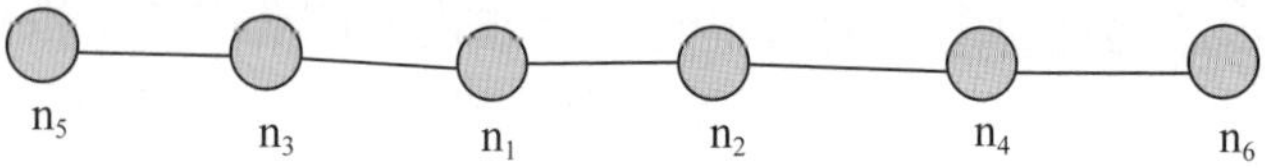

圖1.1(C)　社會網絡圖——線狀圖（line graph）

二、社交矩陣表示法

社會網絡關係也常以二維矩陣表示，一個關係以一個二維矩陣表示，稱為社交矩陣（sociomatrix）。社交矩陣的每一列及每一欄各代表社會網絡的一個個體或節點。一個 g 個節點所組成的社會網絡，即 $N = \{n_1, n_2, n_3, ..., n_g\}$，以一個含有 g 列及 g 欄的社交矩陣 X 表示。節點 n_i 與節點 n_j 間的關係強度以 x_{ij} 表示，將 x_{ij} 填入社交矩陣 X 的第 i 列及第 j 欄的位置。社交矩陣 X 中第 i 列及第 i 欄的位置，即 i = 1, 2, 3, ..., g，稱為自選關係（self-choice），一般忽略並以「-」表示。以圖 1.1 的三個子圖為例，其社交矩陣分別如下。

（一）圖1.1(A)

	n_1	n_2	n_3	n_4	n_5	n_6
n_1	-	1	1	1	1	1
n_2	1	-	0	0	0	0
n_3	1	0	-	0	0	0
n_4	1	0	0	-	0	0
n_5	1	0	0	0	-	0
n_6	1	0	0	0	0	-

（二）圖1.1(B)

	n_1	n_2	n_3	n_4	n_5	n_6
n_1	-	1	0	0	0	1
n_2	1	-	1	0	0	0
n_3	0	1	-	1	0	0
n_4	0	0	1	-	1	0
n_5	0	0	0	1	-	1
n_6	1	0	0	0	1	-

（三）圖1.1(C)

	n_1	n_2	n_3	n_4	n_5	n_6
n_1	-	1	1	0	0	0
n_2	1	-	0	1	0	0
n_3	1	0	-	0	1	0
n_4	0	1	0	-	0	1
n_5	0	0	1	0	-	0
n_6	0	0	0	1	0	-

　　一個社會網絡如包含多種關係，則以多個社交矩陣表示，即以一個矩陣表示一種關係。社會網絡重要指標衡量值，例如關係密度、直徑、連通性等，可經由社交矩陣的運算求得。

第四節　社會網絡分析基本原理

　　如前所述，社會網絡分析常用的衡量指標包括居中度及聲望。常見的居中度測量指標包含度居中、接近度居中及居間度居中等，而常見的聲望測量指標包含內接度聲望及鄰近度聲望等 [10]，分別說明如下。

一、居中度

(一) 度居中

一個度居中高的節點通常與較多的節點有連結關係，將使得其在社會網絡圖中顯得越出色。節點 n_i 的度居中 $C_D(n_i)$，定義為節點 n_i 的連結關係數 [5, 10]，可經由社交矩陣 X 第 i 列或第 i 欄的元素和求得，公式如下：

$$C_D(n_i) = \sum_{j=1}^{g} x_{ij} = \sum_{j=1}^{g} x_{ji}$$

將節點 n_i 的度居中除以節點度居中之理論最大值 $g-1$，即為節點 n_i 度居中的標準化值 $C_D'(n_i)$：

$$C_D'(n_i) = \frac{C_D(n_i)}{g-1}$$

節點度居中的標準化值，可作為比較分屬不同社會網絡，節點間度居中的差異情形。

整個社會網絡的度居中 C_D，以下列公式計算求得：

$$C_D = \frac{\sum_{i=1}^{g} [C_D(n^*) - C_D(n_i)]}{\max \sum_{i=1}^{g} [C_D(n^*) - C_D(n_i)]}$$

分子為社會網絡節點度居中最高者之度居中，與所有節點度居中差之和。其中 $C_D(n^*)$ 為度居中最高節點之度居中。分母則為含有 g 個節點的社會網絡，度居中最高者之度居中，與所有節點度居中差之和，理論上可求得的最大值（即理論最大值），其一般式為 $(g-1)(g-2)$。

(二) 接近度居中

節點的居中度也可以其與所有節點的接近度表示。節點 n_i 的接近度居中，定義為其與所有節點距離總和的倒數 [2, 8]，公式如下：

$$C_C(n_i) = \left[\sum_{j=1}^{g} d(n_i, n_j) \right]^{-1}$$

將節點 n_i 的接近度居中以下列公式標準化，即為節點 n_i 的接近度居中的標準化值，$C_C'(n_i)$：

$$C'_C(n_i) = \frac{(g-1)}{\sum\limits_{j=1}^{g} d(n_i, n_j)}$$

節點 n_i 接近度居中的另一種計算方法為將節點 n_i 與所有節點距離的倒數直接相加，公式如下：

$$C_C(n_i) = \sum_j \left(\frac{1}{d(n_i, n_j)} \right)$$

上式再除以理論最大值 g－1 即為節點的標準化接近居中度，$C_C'(n_i)$，公式如下：

$$C'_C(n_i) = \sum_j \left(\frac{1}{d(n_i, n_j)} \right) / (g-1)$$

節點 n_i 接近居中度的另一種計算方法為計算節點 n_i 與其他節點的反轉距離（reversed distance），再以節點 n_i 與其他節點反轉距離的平均值或標準化平均值，作為節點 n_i 的接近居中度 [9]。節點間的反轉距離計算方式為：以其所屬社會網絡的直徑加 1，減去節點間的距離。標準化平均值則將反轉距離平均值再除以社會網絡的直徑求得。

社會網絡分析軟體如遇到節點間距離未定義的情形，通常將節點間距離預設為社會網絡任兩節點間距離的最大值再加 1，又節點間的距離為 0 或節點間無路徑連接者，節點間距離的倒數預設為 0。

整個社會網絡的接近度居中 C_C，以下列公式計算求得：

$$C_C = \frac{\sum_{i=1}^{g} [C_C'(n^*) - C_C'(n_i)]}{[(g-2)(g-1)]/(2g-3)}$$

其中 $C_C'(n^*)$ 為社會網絡中接近度居中最大值。分子為最大值與社會網絡所有節點接近度居中值差之和。分母 (g－2)(g－1)/(2g－3) 則為含有 g 個節點的社會網絡，接近度居中最大值與社會網絡所有節點接近度居中值差之和之理論最大值。

（三）居間度居中

節點的居中度也可以其位於其他節點兩兩之間最短路徑上的次數，稱

為居間度，作為衡量指標。一個節點如居於其他節點兩兩之間的最短路徑上，則因其具位置優勢常常擁有較大的影響力 [5]。節點 n_i 的居間度居中 $C_B(n_i)$，計算公式如下：

$$C_B(n_i) = \sum_{j<k} g_{jk}(n_i)$$

$g_{jk}(n_i)$ 為節點 n_j 與節點 n_k 的最短路徑中經過節點 n_i 的最短路徑數目。將節點 n_i 的居間度居中除以理論最大值 $(g-1)(g-2)/2$，即為節點居間度居中的標準化值，$C_B'(n_i)$：

$$C_B'(n_i) = C_B(n_i) \div [(g-1)(g-2)/2]$$

整個社會網絡的居間度居中 C_B，以下列公式計算求得：

$$C_B = \frac{\sum_{i=1}^{g} [C_B(n^*) - C_B(n_i)]}{[(g-1)^2(g-2)/2]}$$

分子為社會網絡中居間度居中最大值與所有節點居間度居中值差之和。分母 $(g-1)^2(g-2)/2$ 為包含 g 個節點的社會網絡，節點居間度居中最大值與社會網絡中節點居間度居中值差之和之理論最大值 [5]。

二、聲望

（一）內接度聲望

節點聲望最簡單的衡量指標為節點的內接度，其原理為：具有聲望的節點通常受到許多節點的推薦或愛戴 [1]。節點 (n_i) 的聲望 $P_D(n_i)$ 以內接度 $d_I(n_i)$ 表示如下：

$$P_D(n_i) = d_I(n_i) = \sum_{j=1}^{g} x_{ji}$$

一個包含 g 個節點的社會網絡，節點的內接度最大值為 $g-1$。節點的內接度除以 $g-1$ 標準化後的值為：

$$P_D'(n_i) = \frac{\sum_{j=1}^{g} x_{ji}}{g-1}$$

（二）鄰近度聲望

鄰近度為衡量節點聲望的另一個指標，其原理為：節點與其影響域（influence domain）[3] 的節點越鄰近則越具聲望。首先計算節點 n_i 與其影響域節點的平均距離：$\Sigma d(n_j, n_i)/I_i$，其中 $\Sigma d(n_j, n_i)$ 為節點 n_i 的影響域節點與節點 n_i 的距離和，I_i 為節點 n_i 影響域的節點個數。基於鄰近度與距離成反比，以及節點的影響域節點數占比越大則節點的鄰近度聲望越高，節點 n_i 的鄰近度聲望定義為其與影響域節點平均距離的倒數，再乘以其影響域節點數的占比 [6]。公式如下：

$$P_P(n_i) = \frac{I_i/(g-1)}{\Sigma\, d(n_j, n_i)/I_i}$$

上式分子即為節點 n_i 的影響域節點數目占整個社會網絡的比率。

社會網絡整體的鄰近度聲望可以下列公式衡量：

$$\overline{P_P} = \sum_{i=1}^{g} \frac{P_P(n_i)}{g}$$

$$S_P^2 = \sum_{i=1}^{g} \frac{[P_P(n_i) - \overline{P_P}]^2}{g}$$

上述第一式為衡量社會網絡節點的平均鄰近度聲望，第二式則為衡量社會網絡節點的異質性。

第五節　UCINET社會網絡分析

本節以圖 1.1 的社會網絡圖為範例，將圖 1.1 的三個社會網絡以 UCINET 格式編輯社會網絡資料，再以 UCINET 進行分析，並解譯 UCINET 的分析結果。

一、UCINET DL格式

UCINET 輸入資料的格式包括原始數據（raw data）、Excel 及 UCINET

3　節點 n_i 的影響域定義為可直接或間接連結節點 n_i 的節點集合。

DL 格式資料 [3]。原始數據，如下列矩陣資料：

01101
10110
11001
01001
10100

　　資料的欄位數及列數，UCINET 讀入資料時自動解譯。雖然資料的準備非常簡單方便，但如資料有遺失或錯誤，程式無法檢核。以 Excel 4.0、5.0 及 7.0 整理的資料表也可直接匯入 UCINET，或以剪貼的方法加入以 DL 描述的資料檔案，再進行分析。

　　UCINET DL 格式資料即以 UCINET 的資料描述語言（Data Language, DL）描述資料。UCINET DL 格式資料由描述資料（meta-data）及資料（data）本身所構成。描述資料以 UCINET 的關鍵字或關鍵詞，提供社會網絡資料的描述性資訊，例如資料的格式、矩陣、列數、欄數、節點標籤，或是含有外部資料及檔案位置等。UCINET 資料描述語言可描述的資料格式包括：方陣格式（full matrix format）、矩陣格式（rectangular matrix format）、多矩陣格式（multiple matrix format）、外部檔案（external data file）、對角線缺席格式（diagonal absent format）、左下或右上矩陣格式（lowerhalf or upperhalf matrix format）、區塊格式（block matrix format），以及串列格式（linked list format）。UCINET 常用的關鍵字詞及參數，說明如下：

（一）**dl**：位於檔案的開頭，標示檔案為 DL 資料描述語言類型，指示 UCINET 依據描述資料解譯資料。

（二）**n, nr, nc, nm**：這些關鍵字及其後的參數，是指資料的形式，例如「n = 4」指節點數為 4 的社會網絡，為四列四欄的方陣格式資料；「nr = 6, nc = 4」指有六列四欄的矩陣格式資料；「nm = 3」指有三個陣列的社會網絡資料。

（三）**format** 及其後的關鍵字，指示資料的編輯格式：

　　1.**nodelist**：指示關鍵字 data 後的資料以節點串列的格式編輯。nodelist 後緊跟數字 1，表示單模網絡資料。例如：

dl n = 4, format = nodelist1
labels embedded

data:

A B C D

B A

C A

D A

表示節點 A 與節點 B、C、D 連結，節點 B 與節點 A 連結，節點 C 與節點 A 連結，及節點 D 與節點 A 連結等。nodelist 後如緊跟的數字為 2，則表示雙模網絡資料。

2. **edgelist**：指示關鍵字 data 後的資料以線段串列的格式編輯。edgelist 後緊跟數字 1，表示單模網絡資料。例如上述 1. 的資料以 edgelist1 的格式編輯如下：

dl n = 4, format = edgelist1

labels embedded

data:

A B

A C

A D

B A

C A

D A

表示社會網絡線段的集合為 {(A, B), (A, C), (A, D), (B, A), (C, A), (D, A)}。edgelist 後如緊跟數字為 2，則表示雙模網絡資料。

3. **fullmatrix**：指示關鍵字 data 後的資料以方陣的格式編輯。例如上述 1. 的資料以 fullmatrix 的格式編輯如下：

dl n = 4, format = fullmatrix

labels:

A, B, C, D

data:

0 1 1 1

1 0 0 0

1 0 0 0

1 0 0 0

n = 4 表示社會網絡資料為四列四欄的方陣資料。

社會網絡如含有多種關係資料,則需以多個方陣表示,一個方陣代表一種關係。上述 1. 的社會網絡,如還有第二種關係 (tie_B),則增加 nm = 2,指示 data 後為兩個方陣資料,兩個方陣資料間以一個空白列隔開,例如:

dl n = 4, nm = 2, format = fullmatrix

labels:

A, B, C, D

matrix labels:

tie_A, tie_B

data:

0 1 1 1

1 0 0 0

1 0 0 0

1 0 0 0

0 1 1 1

1 0 1 0

1 0 0 0

1 0 0 0

matrix labels 指兩個關係名稱(標籤)分別為 tie_A 及 tie_B。

4. 其他 format 參數還有 lowerhalf、upperhalf、blockmatrix、edgearray 及 rankedlist 等,請參考使用者指引 [3]。

(四)**labels**:用以指示節點的標籤。labels 後的字串依序為第一個節點標籤(內部編號 1)、第二個節點標籤(內部編號 2)、第三個節點標籤(內部編號 3),依此類推,並以編號作為資料展示的先後順序。如在 labels 後加上 embedded,則 UCINET 以解譯的先後順序將資料標籤編號。UCINET 解譯資料的順序為由左而右、由上而下。如資料以矩陣方式排列,則以 row labels: 及 column labels: 指定列及欄的標籤。

(五)**data**:指示接下來的內容為依照描述資料編輯的社會網絡資料。

(六)**datafile**:指示資料儲存於另一個外部檔案。例如:

dl n = 4, nm = 2, format = fullmatrix

labels:

A, B, C, D

matrix labels:

like, live_near

datafile = "C: \Users\jwang\Documents\UCINET data\input.txt"

最後一行指示，資料儲存於 C:\Users\jwang\Documents\UCINET data 的 input.txt 檔案。UCINET 在解譯上述 DL 描述時，會依 datafile 的指示開啟並讀入外部檔案 C:\Users\jwang\Documents\UCINET data\input.txt，並依描述資料解譯外部檔案的內容。

二、UCINET社會網絡資料分析

（一）社會網絡資料編輯

　　本文將圖 1.1(A)、圖 1.1(B) 及圖 1.1(C) 的社會網絡，以 UCINET DL（資料描述語言）的 nodelist1 格式編輯社會網絡資料，並分別儲存於 star.txt、cycle.txt 及 line.txt。為了使資料標籤在 DL 格式資料與展示一致，本文以 A, B, C, D, E, F 分別代替 n_1, n_2, n_3, n_4, n_5, n_6。star.txt、cycle.txt 及 line.txt 檔案內容分別如下：

star.txt:

dl n = 6, format = nodelist1

labels:

A, B, C, D, E, F

data:

　1 2 3 4 5 6

　2 1

　3 1

　4 1

　5 1

　6 1

cycle.txt:

dl n = 6, format = nodelist1

labels:

A, B, C, D, E, F

data:

　1 2 6

　2 1 3

　3 2 4

　4 3 5

　5 4 6

　6 1 5

line.txt:

dl n = 6, format = nodelist1

labels:

A, B, C, D, E, F

data:

　1 2 3

　2 1 4

　3 1 5

　4 2 6

　5 3

　6 4

　　上述三個檔案經 UCINET 成功匯入後，將每一個檔案轉為兩個副檔名為 .##h 及 .##d 的內部資料格式檔案，儲存於預設資料夾。其中 .##h 檔案儲存社會網絡的描述資料；.##d 檔案儲存社會網絡的資料。預設資料夾為 C:\Users\jwang\Documents\UCINET data。使用者可點擊 UCINET 視窗功能選單 file > change default folder，另行指定合適的預設資料夾。預設資料夾除了儲存 .##h 及 .##d 等內部資料格式檔案外，UCINET 分析過程產生的分析結果也儲存於該資料夾內。開啟 UCINET 視窗，點選功能選單 Data > Import > Import text file > DL，如圖 1.2(A) 所示，再由對話方塊輸入或點擊瀏覽（browse files）選取輸入檔案，如圖 1.2(B) 所示。

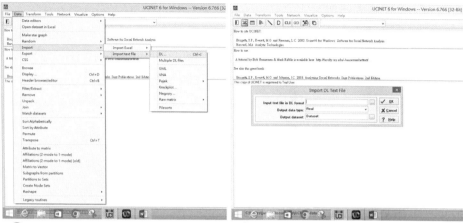

圖 1.2(A) UCINET 匯入資料功能選單　圖 1.2(B) UCINET 輸入或選取資料檔案

（二）UCINET社會網絡分析實作

UCINET 為一具全面功能的社會網絡分析軟體，本文僅就常見的度居中、接近度居中，以及居間度居中等基本分析作介紹。

1.度居中

本文以圖 1.1(A) 星狀圖為例說明 UCINET 分析，UCINET 分析介面選項、星狀圖形及分析結果，如圖 1.3、圖 1.4、圖 1.5 所示。

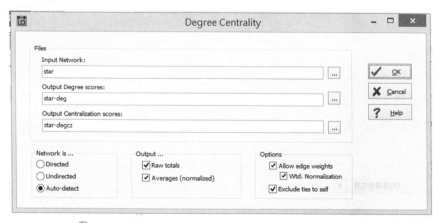

圖 1.3 星狀圖 UCINET 度居中分析介面及參數選項

　　首先點選功能選單 Network > Centrality > Degree 進入對話方塊如圖 1.3 所示，輸入（或選取）欲分析之社會網絡資料檔案 star，度居中分析包括節點的度居中分析及社會網絡整體的度居中分析，分析結果分別儲存於 star-deg 及 star-degcz。檔案格式為 UCINET 內定的 .##h 及 .##d。社會網絡的型態（關係有、無方向）由 UCINET 自動偵測；輸出之分析結果包括原始值之和（raw totals）及標準化之平均值；其他選項為允許連接邊（edge）的權重及標準化，以及排除自選關係。

　　圖 1.4 中節點 A 與節點 B、C、D、E、F 均直接連結。節點 B、C、D、E、F 則皆僅與節點 A 直接連結，與其他節點則間接連結。節點 A 為居中度最高的節點；另外，星狀圖為居中度最高的社會網絡型態。

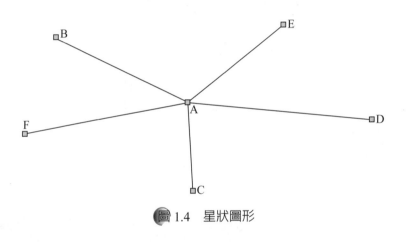

圖 1.4　星狀圖形

　　圖 1.5 顯示分析結果，星狀圖的 A 節點度居中（degree）為 5，標準化的度居中（ndegree）為 1，節點 B, C, D, E, F 的度居中皆為 1，標準化的度居中皆為 0.2。此外，節點 A 為星狀圖社會網絡中度居中最高之節點；節點 A 與節點 A, B, C, D, E, F 的度居中值之差分別為 0, 4, 4, 4, 4, 4，差之和為 20。

　　另外，含有六個節點的社會網絡，度居中最高者與所有節點度居中值差之和之理論最大值亦為 20，星狀圖的整體社會網絡的度居中（graph centralization）為 20/20 = 1。

```
FREEMAN DEGREE CENTRALITY
--------------------------------------------------------------------------
Input dataset: star (C:\Users\jwang\Documents\UCINET data\star)
Output degree dataset: star-deg (C:\Users\jwang\Documents\UCINET data\star-deg)
Output centralization dataset: star-degcz (C:\Users\jwang\Documents\UCINET data\star-degcz)
Treat data as:                          Auto-detect
Output raw totals:                      YES
Output averages (normalized):           YES
Allow edge weights:                     YES
Weighted normalization:                 YES
Exclude diagonal:                       YES
Network 1 is directed? NO
Degree Measures
              1     2
           Degre nDegr
             e     ee
           ----- ----
    1 A    5.000 1.000
    2 B    1.000 0.200
    3 C    1.000 0.200
    4 D    1.000 0.200
    5 E    1.000 0.200
    6 F    1.000 0.200
6 rows, 2 columns, 1 levels.
Graph Centralization -- as proportion, not percentage
              1
           Centra
           lizati
             on
           ------
    1 star 1.0000
1 rows, 1 columns, 1 levels.
--------------------------------------------------------------------------
Running time: 00:00:01 seconds.
Output generated: 05 五月 23 16:07:16
UCINET 6.766 Copyright (c) 2002-2023 Analytic Technologies
```

圖 1.5　星狀圖 UCINET 度居中分析

2.接近度居中

　　本文以圖 1.1(B) 環狀圖為例說明 UCINET 分析，UCINET 分析介面選項、環狀圖形及分析結果，如圖 1.6、圖 1.7、圖 1.8 所示。首先點選功能選單 Network > Centrality > Closeness Measures 進入對話方塊如圖 1.6 所示，輸入（或選取）欲分析之社會網絡資料檔案 cycle，接近度居中的分析包括前述三種距離接近度的計算方式，分析結果儲存於 cycle-do。三種距離接近度計算方式的相關選項亦可於圖 1.6 點選指定。

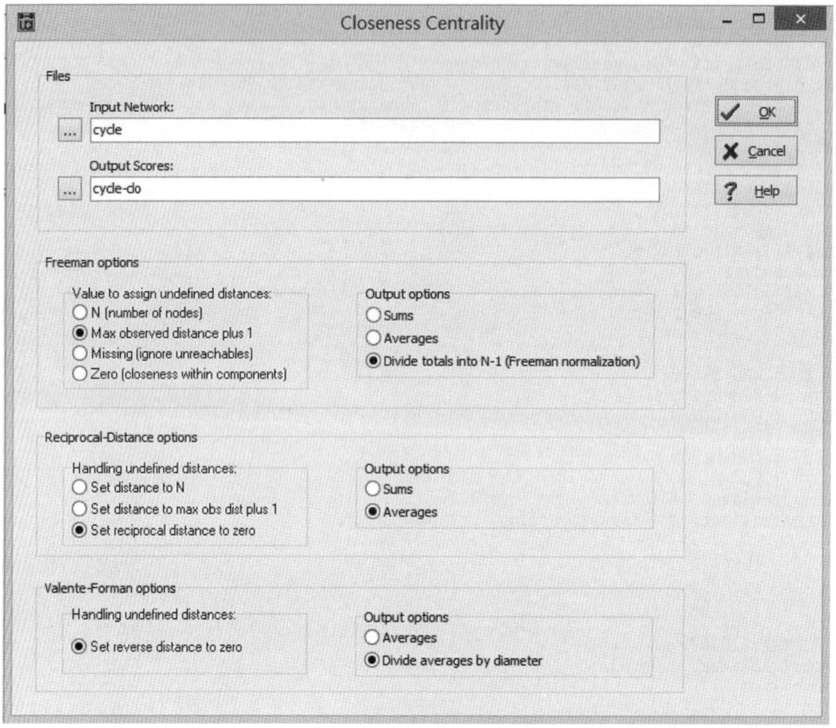

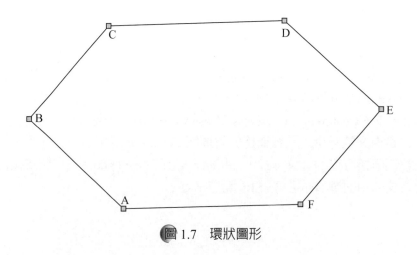

圖 1.6　環狀圖 UCINET 接近度居中分析介面及參數選項

圖 1.7　環狀圖形

　　圖 1.7 中所有節點皆位於環狀圖上，在無向社會網絡中，每個節點所占位置的重要性一樣。另外，環狀圖社會網絡每個節點的位置重要性皆相同，為度居中最低的社會網絡型態。

```
CLOSENESS CENTRALITY MEASURES
--------------------------------------------------------------------
Input network dataset: cycle (C:\Users\jwang\Documents\UCINET data\cycle
Output measures: cycle-clo (C:\Users\jwang\Documents\UCINET data\cycle-clo
(Freeman) Set undefined distances to: Max observed distance plus 1
(Freeman) Output options: Divide totals into N-1 (Freeman normalization)
(Valente-Forman) Handle undefined distances:Set reverse distance to zero
(Valente-Forman) Output options: Divide averages by diameter
(Reciprocal) Handle undefined distances:Set reciprocal distance to zero
(Reciprocal) Output options:              Averages
               1     2     3
             FreeC ValCl Recip
              lo     o   Clo
             ----- ----- -----
      1 A   0.556 0.733 0.667
      2 B   0.556 0.733 0.667
      3 C   0.556 0.733 0.667
      4 D   0.556 0.733 0.667
      5 E   0.556 0.733 0.667
      6 F   0.556 0.733 0.667
6 rows, 3 columns, 1 levels.
--------------------------------------------------------------------
Running time: 00:00:01 seconds.
Output generated: 05 五月 23 16:03:23
UCINET 6.766 Copyright (c) 2002-2023 Analytic Technologies
```

圖 1.8　環狀圖 UCINET 接近度居中分析

　　圖 1.8 顯示分析結果，環狀圖每個節點與所有節點的接近度皆相同。本文以節點 A 為例，以前述三種方式計算距離接近度，再據以計算其接近度居中。圖 1.8 第一欄（FreeClo），節點 A 與節點 A, B, C, D, E, F 的距離分別為 0, 1, 2, 3, 2, 1，距離和為 9。距離和的倒數為 1/9，標準化之接近度居中為 5/9 = 0.556；圖 1.8 第二欄（ValClo），環狀圖的直徑為 3，直徑加 1 等於 4，節點 A 與節點 B, C, D, E, F 的反轉距離分別為 3, 2, 1, 2, 3，反轉距離和為 11。節點 A 與節點 B, C, D, E, F 的反轉距離平均值為 11/5 = 2.2，除以環狀圖直徑 3，節點 A 的標準化平均值之接近度居中為 0.733；圖 1.8 第三欄（RecipClo），節點 A 與所有節點距離倒數相加為 0 + 1 + 1/2 + 1/3 + 1/2 + 1 = 20/6，標準化之接近度居中為 20/30 = 0.667。

3.居間度居中

本文以圖 1.1(C) 線狀圖為例說明 UCINET 分析，UCINET 分析介面選項、線狀圖形及分析結果，如圖 1.9、圖 1.10、圖 1.11 所示。首先點選功能選單 Network > Centrality > Freeman Betweenness > Node Betweenness 進入對話方塊如圖 1.9 所示，輸入（或選取）欲分析之社會網絡資料檔案 line，居間度居中分析結果儲存於檔案 line-bet。

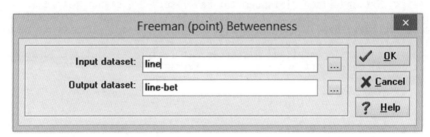

圖 1.9　線狀圖 UCINET 居間度居中分析介面及參數選項

圖 1.10　線狀圖形

圖 1.10 中節點 A 與節點 B 居於線狀圖的中間位置，節點 E 及節點 F 分別為線狀圖的兩個端點位置。節點 C 及節點 D 則位於中間節點與兩端節點之間。另外，從社會網絡整體的居中度而言，線狀圖介於星狀圖與環狀圖之間。

圖 1.11 上半部分為節點居間度分析。節點 A 位於節點 C 與節點 B、節點 C 與節點 D、節點 C 與節點 F、節點 E 與節點 B、節點 E 與節點 D、節點 E 與節點 F 等兩兩之間的最短路徑上，居間度居中為 6，標準化（除以 10）後的居間度居中為 0.6 = 60%。運用類似的計算，節點 B、C、D、E、F 的居間度居中分別為 6, 4, 4, 0, 0 及標準化後的居間度居中分別為 60%, 40%, 40%, 0%, 0%。圖 1.11 下半部分為整體社會網絡的居間度居中分析。節點 A, B, C, D, E, F 的居間度居中分別為 6, 6, 4, 4, 0, 0。

社會網絡居間度居中為 $(6 - 6) + (6 - 6) + (6 - 4) + (6 - 4) + (6 - 0) + (6 -$

```
FREEMAN BETWEENNESS CENTRALITY
--------------------------------------------------------------
Input dataset: | line (C:\Users\jwang\Documents\UCINET data\line
Important note: This routine cannot handle valued data, so it binarizes
                your data automatically.It DOES handle directed (non-symmetric)
                data, so it does NOT symmetrize.
Un-normalized centralization: :        16.000
                       1           2
               Betweenness nBetweenness
               ------------ ------------
    1   A              6          60
    2   B              6          60
    3   C              4          40
    4   D              4          40
    5   E              0           0
    6   F              0           0
DESCRIPTIVE STATISTICS FOR EACH MEASURE
                       1           2
               Betweenness nBetweenness
               ------------ ------------
    1     Mean        3.333      33.333
    2   Std Dev       2.494      24.944
    3     Sum        20.000     200.000
    4  Variance       6.222     622.222
    5     SSQ       104.000   10400.000
    6    MCSSQ       37.333    3733.333
    7   Euc Norm     10.198     101.980
    8   Minimum       0.000       0.000
    9   Maximum       6.000      60.000
   10  N of Obs       6.000       6.000
Network Centralization Index = 32.00%
Output actor-by-centrality measure matrix saved as dataset :line-bet
(C:\Users\jwang\Documents\UCINET data\line-bet
--------------------------------------
Running time: 00:00:01 seconds.
Output generated: 05 五月 23 15:53:18
UCINET 6.766 Copyright (c) 2002-2023 Analytic Technologies
```

圖 1.11　現狀圖 UCINET 居間居中分析

0) = 16，為未標準化的值。標準化（÷50 [= (6 − 1)×(6 − 1)×(6 − 2) / 2]）後，線狀圖的居間度居中為 32%。此外，圖 1.11 中 Mean、Std Dev、Sum、Variance 分別為節點居間度的平均數、標準差、和及變異數。SSQ 全文 Sum of Squares 為各節點居間數的平方和。MCSSQ 全文 Mean Centered Sum of Squares 為各節點居間數與平均數（3.333）差的平方和。Euc Norm 全文 Euclidean Norm 為 SSQ 的開平方。Minimum 與 Maximum 分別為所有節點居間數之最小值與最大值。N of Obs（Number of Objects）為社會網絡的節點數。

第六節　結論

　　社會網絡分析為社會科學重要的研究方法之一，其以科學計算的方法，衡量社會網絡個體間的關係結構與強度，產出客觀的數據，據以探討社會關係結構及其意涵。社會網絡分析為瞭解社會結構與現象的必備工具之一，本文整理社會網絡分析的基本概念，介紹常用的社會網絡表示方式、資料蒐集方法及說明常見的關係結構衡量指標與計算方法。本文並以 UCINET 社會網絡分析軟體為例，介紹 UCINET 的資料格式、分析功能及解譯分析結果。本文內容兼顧社會網絡分析的基本概念及實務分析操作，期能作為初學者入門的導讀資料，共同探討此一有趣且重要的社會科學研究方法。

參考文獻

[1]　C. N. Alexander, 1963, "A Method for Processing Sociometric Data," *Sociometry*, No. 26.

[2]　A. Bavelas, 1950, "Communication Patterns in Task Oriented Groups," *The Journal of the Acoustical Society of America*, Vol. 22, No. 6.

[3]　S. Borgatti, M. Everett, and L. C. Freeman, 1999, *USER'S GUIDE, UCINET 5 for Windows: Software for Social Network Analysis*.

[4]　S. Borgatti and D. Halgin, 2011, "Network Theorizing," *Organization Science*, Vol. 22, No. 10.

[5]　L. C. Freeman, 1979, "Centrality in Social Networks: I. Conceptual Clarification," *Social Networks*, No. 1.

[6]　N. Lin, 1976, *Foundations of Social Network Research*, McGraw-Hill.

[7]　Y. T. Peng and J. H. Wang, 2008, "Link Analysis Based on Webpage Co-occurrence Mining – a Case Study on a Notorious Gang Leader in Taiwan," *Proceedings of the IEEE International Conference on Intelligence and Security Informatics*.

[8]　G. Sabidussi, 1966, "The Centrality Index of a Graph," *Psychometrika*, No. 31.

[9]　T. W. Valente and R. K. Foreman, 1998, "Integration and Radiality: Measuring the Extent of an Individual's Connectedness and Reachability in a Network," *Social Networks*, No. 20.

[10]　S. Wasserman and K. Faust, 1994, *Social Network Analysis: Methods and Applications*.

第二章　大數據警政應用之探討

第一節　緒論

　　近年來大數據（big data）（或稱巨量資料、海量資料）的應用已成為極重要的課題。從資料處理技術的觀點，根據麥肯錫的研究報告 [13]，大數據指的是：資料量大到傳統資料庫管理軟體已無能力進行獲取、儲存、管理及分析的資料集（"Big data" refers to datasets whose size is beyond the ability of typical database software tools to capture, store, manage, and analyze.）。與此類似地，維基百科也定義：「大數據或稱巨量資料、海量資料、大資料，指的是所涉及的資料量規模巨大到無法透過人工，在合理時間內達到擷取、管理、處理，並整理成為人類所能解讀的資訊。」[12] 根據麥爾荀伯格及庫基耶（Viktor Mayer-Schöberger and Kenneth Cukier）所著《大數據》一書 [5]，大數據的起源之一，可以追溯到 1839 年的美國海軍軍官莫瑞（Matthew Foutaine Maury）。莫瑞因勤務意外事件造成大腿骨折、膝蓋脫臼，不適合繼續在海上工作，被調往海圖儀器保管站擔任站長。莫瑞在清理物品時發現許多航海書、地圖、圖表及航海日誌，並將這些資料整合繪出一幅全新形式的海圖，加以分析後發現一些經驗傳承的航海模式是非常沒有效率的。此外，為了提高精確度，莫瑞也重新設計航行紀錄表格，並要求所有美國海軍艦艇確實記錄。為了蒐集更多的海流資料，莫瑞要求船長定期將帶有日期、位置、風向及海流資料的瓶子丟往海裡，並且要求船長們如果在海上看到這些瓶子，也務必蒐集起來交給莫瑞分析，藉以找出天然的海上通道。莫瑞在 1855 年將資料整理所得出版了《海洋自然地理學》（*The Physical Geography of the Sea*）一書。從這個例子我們可以歸納四點結論：一、整合眾人的經驗智慧，可以發現之前未被發現且較有效率的方法；二、把各種不同的資料整合在一起，可以提高視野、增加洞察；三、蒐集資料的表格如不符實際需要，必須加以修改並確實記錄；四、必要時可以建立資料蒐集機制。此外，我們也可發現傳統的資料或知識整理方法，耗時費力。莫瑞該本著作的整理與出版耗時竟長達 16 年！

大數據應用另外一個經典的案例為：美國明尼蘇達州一家零售商塔吉特（Target）的行銷部門，有一天寄了嬰兒服及嬰兒床的折價券給當地的一名高中女生。該名學生的父親氣沖沖地跑到門市找經理理論，並咆嘯：「你們……是要鼓勵她未婚懷孕嗎？」但該名父親在與女兒深談後，打電話向經理道歉，並且證實預產期在當年 8 月。令人好奇的是：為什麼零售商塔吉特比父親更早知道該名學生的懷孕情形呢？主要乃因零售商為提升競爭優勢，早已進行大數據的蒐集與分析。零售商可以從購物者的購物紀錄、與購物者相似的購物者之購物紀錄，以及購買相同產品的購物者之購物紀錄，探勘歸納購物者的生活情形及購物型態與先後順序。以便能在適當的時間（right time），將適當的商品（right product），推銷給適當的消費者（right customer）。此外，在行動電子商務時代更進化到可以在適當的地點（right place），提供上述服務，即適時、適地、適人及適物的服務。從這個例子我們也可以進一步歸納：有系統地蒐集資料、整合資料及探勘資料，可以發現隱含於資料的資訊，洞燭先機進而提升競爭力。

前述兩個案例的資料本質都是屬於軌跡資料。常言道「凡發生過的，必留下痕跡」，在資訊科技及行動通訊裝置廣為應用的時代，我們甚至可以說：「凡發生過的，必留下電子軌跡」。這些如海量般巨大的電子軌跡資料，即為大數據最重要的內容。大數據的範圍既深且廣，並隨著資訊科技應用的深度與廣度不斷地提升，人類或物件的軌跡資訊被蒐集的項目不但鉅細靡遺，而且範圍也越來越大。促成大數據時代的重要科技，除了傳統的資訊系統之外，網路、行動網路及各種感知設備的廣為運用，更讓使用者或物（如車輛）可以不受時、空的限制存取資訊，提供存取服務的系統也即時記錄人、物的時間、空間等相關資訊 [4]。綜合而言，舉凡早期資料處理系統與決策支援系統中有固定格式的資料，以及資訊科技廣為應用後的各種電子軌跡資料、各種感測設備蒐集的資料，以及網路使用者所生產的資料等，皆為大數據的範圍。

大數據的來源非常廣泛多元，包括：傳統的人工輸入（data collected at points of contact，如民眾報案資料）和系統運營自動產生的資料（如各種電子交易系統的日誌資料）、全世界網路使用者登入的大量資料（user entered，如 Facebook 及 X 等社群媒體資料）及各種機器蒐集系統（machine entered and/or collected by remote sensor systems，如路口監視器及 ETC 電子

收費）所蒐集的資料等。此外，大數據的資料格式也非常多元，涵蓋有固定格式的結構化資料（structured data，如交易紀錄）、半結構化資料（semi-structured data，如網頁）及無固定格式的非結構化資料（non-structured data，如社群媒體的推文）。大數據的資料類型也涵蓋文字檔（text）、文件檔（document）、圖像（image）及影像（video）等。如何處理這些如海量般巨大且型態多元、結構複雜的資料，便成為資料工程技術須克服的問題。

　　大數據資料的分析與應用作得比較好的企業，一般而言，非電子商務公司莫屬。一方面因為電子商務公司在第一時間即以資訊系統與客戶接觸及互動，諸如網頁瀏覽、商品介紹、交易進行及售後服務等環節，皆以資訊系統進行，因而可以同時透過資訊系統蒐集客戶的購物行為及售後服務的相關資訊。另一方面則因單一的電子商務活動通常僅涉及人類生活的一小部分，範圍層面相對較小，聚焦情形良好。警察工作包羅萬象，舉凡人民的食、衣、住、行、育、樂等生活層面有涉及糾紛或違法行為皆為警察的工作範圍，因此與警察工作相關的大數據範圍與層面相對較為廣泛多元。如何運用大數據輔助警政工作治理，便成為極具挑戰的議題。本文嘗試從運用大數據的觀點，探討大數據應用的價值、主要的處理技術及運用步驟，包括如何衡量蒐集多少資料、如何管理大量的資料，以及如何讓資料產生價值等。本文並提出運用大數據輔助警政工作治理的策略與方法，期能作為推展警政大數據應用之參考。本文架構為：第二節探討大數據的潛在價值；第三節介紹大數據的處理技術；第四節歸納大數據運用步驟與方法；第五節探討大數據的警政應用；第六節提出我國警政大數據工作方向芻議；第七節為結論。

第二節　大數據的潛在價值

　　舉凡人類生活周遭及工作活動的軌跡資訊，透過大數據的蒐集整理及分析，通常能夠提供使用者與服務提供者在食、衣、住、行、育、樂等方面，即時且因地制宜決策所需的資訊，進而有效地改善生活與工作的效率。運用大數據的潛在價值，除了從上述航海及零售商例子所歸納的：可以提高視野增加洞察、發現隱含的資訊，以及掌握先機提升競爭力外，從企業

經營管理的觀點更包括：創造透明度（creating transparency）、賦能經由實驗與數據分析發現需求、展現差異及提升績效（enabling experimentation to discover needs, expose variability, and improve performance）、客戶分群及客製化服務（segmenting populations to customize actions）、以演算法取代或支援人類的決策活動（replacing/supporting human decision making with automated algorithms），以及創新商業模式、產品及服務（innovating new business models, products, and services）等五個層面 [13]。

一、創造透明度

經由大數據的蒐集與系統化的整理分析，可以讓相關人員即時地存取資訊，增加透明度，創造巨大的價值。例如公領域不同的部門間分享資訊，可以大幅縮短資訊搜尋與處理的時間；企業在產品製造方面，經由整合研發部門、設計部門、製造部門的資料，不但可以讓這些部門同時並行（concurrent）研發設計，縮短產品上市的時間，而且可以提升產品的品質。

二、賦能經由實驗與數據分析發現需求、展現差異及提升績效

當組織累積許多的交易資料，經由統計分析可以更精準地、即時地掌握細節資訊。舉凡從產品的庫存情形到人員的差勤管理，皆可經由整理分析，洞察組織營運即時動態。此外，組織並可透過不同的流程設計來觀察績效的變化情形，探索影響績效的因素，以進行流程改善及提升管理效能。

三、客戶分群及客製化服務

企業可經由探勘大數據精準地將客戶分群及分析客戶群組的特性，進而依客戶群組特性精準地進行產品與服務的行銷工作（target marketing）。此外，消費性商品或服務已經進展到更複雜的微分群技術（micro segmentation），以便把適當的產品或服務，在適當的時間與適當的地點提供給適當的消費者，精準地進行廣告與行銷。

四、以演算法取代或支援人類的決策活動

經由複雜的大數據分析，可以提供決策所需的輔助資訊，大幅改善決策品質、減少決策的風險及洞察隱含的資訊。舉凡稅務機關篩選有問題的納稅

義務人、零售商優化庫存管理及產品的線上／線下定價策略，皆可運用演算法輔助決策活動。雖然有些組織僅使用試算表及少量的資料即可輔助決策，但有些組織已在進行客戶資訊及員工資訊的分析，甚至將感知器嵌入產品，以便蒐集客戶的行為資訊、即時進行分析及提升決策品質。

五、創新商業模式、產品及服務

企業經由大數據的分析可以創造新的產品與服務、改善及加強既有的產品與服務，以及創新商業模式。例如產品製造商利用分析產品的使用資訊作為改善下一代產品與創新售後服務的參考。此外，即時位置資料紀錄也促成嶄新的因地、因時制宜服務，例如汽車導航服務，以及依地區與開車習慣實施因人、因地制宜的保險定價等。

第三節　大數據的處理技術

大數據如海量般巨大且型態多元、結構複雜，因此大數據的分析技術也相對地廣泛多元。從單純的資料查詢，到必須結合機率、統計、機器學習及演算法的資料探勘分析，皆為大數據的處理技術。綜合而言，大數據的分析技術包括資料處理與演算法、機率統計、資料探勘、人工智慧、數學分析與系統模擬，以及視覺化技術等 [1, 13, 15]。

一、資料處理與演算法

包括：（一）訊號處理（signal processing）；（二）資料融合及整合（data fusion and data integration）；（三）資料探索分析（data exploration analysis）；（四）遺傳演算法（genetic algorithms）。

二、機率統計

包括：（一）A/B 測試（A/B test）；（二）統計學（statistics）；（三）迴歸分析（regression analysis）；（四）時間系列分析（time series analysis）；（五）總體學習（ensemble learning）。

三、資料探勘

包括：（一）關聯規則學習（association rule learning）；（二）自動分類（classification）；（三）監督式學習（supervised learning）；（四）非監督式學習（non-supervised learning）；（五）群眾外包（crowdsourcing）。

四、人工智慧

包括：（一）機器學習（machine learning）；（二）自然語言處理（natural language processing）；（三）類神經網絡（neural networks）；（四）語句情境分析（sentiment analysis）。

五、數學分析與系統模擬

包括：（一）系統模擬（simulation）；（二）預測模型（predictive modeling）；（三）最佳化（optimization）；（四）圖形識別（pattern recognition）。

六、視覺化技術

包括：（一）網絡分析（network analysis）；（二）社會網絡分析（social network analysis）；（三）空間分析（spatial analysis）。

此外，由於大數據的資料量比傳統資訊系統的資料量大過百倍、千倍，甚至萬倍以上，不但資料結構多元（包含結構化資料、半結構化資料及非結構化資料等），且更以驚人的速度持續地增加。由於大數據分析所需的計算需求，已超越傳統組織的計算機系統所能負荷，相關的解決方案乃應運而生。大數據運算方面的系統技術，主要結合雲端運算及分散式處理系統。由成千上萬的計算機[1]系統構成的群組（cluster），運用群組節點以偕同運算（collaborative computing）的方式，處理數以千兆位元組的資料。其中 Hadoop 乃基於 MapReduce 平行運算技術（parallel computing）和 Google 檔案系統（Google File System）開發的開放式程式設計平台，以支援在分散式的計算環境處理巨量資料 [14]。Hadoop 主要核心包括作為儲存大數據

---

1 又稱為電腦，在本書中，計算機與電腦將交互使用。

的 Hadoop 分散式檔案系統（Hadoop Distributed File System, HDFS），以及作為平行運算的 MapReduce 分散式運算技術。HDFS 將資料切成許多資料塊，並將每個資料塊備份，分別儲存在群組的多個資料節點上。一方面經由資料節點的平行運算提升資料的存取與運算速度；另一方面經由備份及資料移動（data migration）的技術提升資料節點的容錯能力、擴充能力及資料的可用性。MapReduce 則提供一個程式設計環境，程式設計師可經由 Map() 及 Reduce() 函式呼叫，將應用程式片段分散到群組中的節點進行平行運算，以提升運算速度。

第四節　大數據運用步驟與方法

　　《大數據的關鍵思考》一書的作者車品覺，將大數據運用的步驟區分為：用數據（即「數據化營運」）到養數據（即「營運數據」）[4]。「數據化營運」的目的是運用數據解決問題，而營運數據的目的是將數據蒐集整理得更好以解決更多新的問題。數據化營運或電子化營運，除了提升效率之外，透過數據的彙整與統計分析得到的資訊，也可作為輔助管理決策解決問題及提升效益，例如客戶分群後實施目標市場行銷（customer segmentation and target marketing）。此外，以數據化營運的方式自然也產生許多的數據，例如分群行銷的績效資訊，進而使得數據的蒐集變得容易許多。另一方面當數據資料廣而多元以後，如何從浩繁的海量資料，蒐集、分析、萃取及運用有價值的數據，以創造新的機會便成為重要的一環。車品覺提出：數據的蒐集應背景而變、數據應用因小而美，以及把數據放進框架等三個指導原則。

一、**數據的蒐集應背景而變**：所要蒐集的數據，須依問題的時空背景而定。以重複購買率[2]而言，如果要衡量公司整體營運或用戶的品質，則只要蒐集一個時間點的重複購買率；但如果要瞭解營運變化情形，作為改進營運的參考，則需蒐集重複購買率的趨勢變化情形。簡言之，要從問題

2　按維基互動百科：「重複購買率有兩種計算方法：一種是所有購買過產品的顧客，以每個人為獨立單位重複購買產品的次數，比如有 10 個客戶購買了產品，五個產生了重複購買，則重複購買率為 50%；第二種演算法是，單位時間內，重複購買的總次數占比，比如 10 個客戶購買了產品，中間有三個人有了二次重複購買，這三人中的一人又有三次重複購買，則重複購買次數為四次，重複購買率為 40%。」[11]

的本質及背景決定數據蒐集的內涵與範圍。

二、**數據應用因小而美**：所謂「小」指的不是資料的量，而是應用的目標具體聚焦，即足以比較及辨別決策方案的差異與優劣。此外，「小」的意義還包含蒐集的數據已足以提供輔助決策所需的資訊，即問題夠小，不至於產生數據不足的問題。

三、**把數據放進框架**：這裡所謂的框架是指問題的決策模式，即決策所需相關的變數及其交互影響架構。把數據放進決策的框架後，進而觀察數據框架是否與決策匹配並作必要的修正，從而根據決策採取行動及檢查是否達到目的，持續檢討修正決策框架。

一、數據化營運的訣竅

如前所述，數據化營運主要包含蒐集數據及用數據兩個步驟，如何蒐集營運決策所需的數據，將在營運數據小節探討。蒐集相關的數據之後，如何運用數據仍然存在許多挑戰。《大數據的關鍵思考》作者車品覺提出「混」、「通」、「曬」三個訣竅。

「混」字訣簡單地說，就是數據分析師必須具備跨領域的知識。數據分析師除了具備數據分析及統計相關的專長外，還需具備應用領域的商業知識。例如運用大數據支援業務部門，那麼數據分析師就必須與業務部門的人員打成一片，以培養對業務議題的敏銳度。

「通」字訣包含兩個含意：（一）商業模式能經由數據中間層（彙整、轉換）與數據彼此相通，數據能夠反映出商業變化情形，即不但可以由業務問題觀察數據，也可以透過數據資料觀察業務情形；（二）部門間的數據可以進行交叉比對與分析。

「曬」即呈現在「混」與「通」的基礎上，產生基於人、商業和數據的結合。例如結合數據與決策框架，呈現數據及運用數據解決問題。

另一方面，在運用大數據有時須以「先開槍（炮），後瞄準」的方式進行。「先開槍」指的是先在海量數據庫裡進行盲選，「後瞄準」指的是在海量數據庫裡盲選出有價值的資訊。尤其對於輔助決策（影響未來）的大數據分析，更是如此。

二、營運數據的訣竅

　　用數據首先要蒐集數據，但是大數據範圍極廣，究竟要蒐集多少數據，即是一個難題。車品覺提出「存」、「管」、「用」三個步驟。

　　「存」指的是蒐集數據。雖然在大數據時代蒐集數據變簡單了，但是如果簡單地把所有的數據都蒐集起來，並不切實際。一方面儲存資料的空間有限，無法儲存所有的大數據，而且有些資料具有生命週期，在生命週期漸漸結束的過程中，必須漸漸進行資料淡化（data decay）進入冷藏櫃，終至汰除。因此在決定蒐集數據時，須以經驗判斷具有價值的數據[3]。在欠缺經驗智慧的摸索階段，可以用最笨的方法，即蒐集任何可能蒐集到的數據，之後依數據被運用的統計資料，將不具價值的資料漸漸汰除。例如將超過一定時間而未被使用（如 CCTV 影像資料的覆蓋週期）或相對不常被使用的數據從資料庫移除。此外，數據是有優劣次序（priority）的。例如對公司或客戶有價值且具時效性的資訊，屬於數據的核心；反之較不具價值或時效性較差的資訊，應依序進行資料淡化逐漸汰除。另外，營運數據還包含「養數據」的概念。所謂「養數據」即主動蒐集有決策價值的數據，不論組織內部的數據或外部的數據，甚或建立機制蒐集數據，例如莫瑞利用瓶子蒐集天然海上通道的資料。

　　「管」即保護儲存數據。數據是否涉及隱私與營業秘密為保護的主要重點。另外，數據清理、分類、轉換及標準化等工作，亦為將來數據運用的重要準備工作。

　　「用」數據的方式可以分為「先瞄準，後開槍」及「先開槍，後瞄準」兩種。「先瞄準，後開槍」的方式類似於假設驅動（hypothesis driven）的問題解決方式，即依經驗智慧發現問題，再從數據庫找尋能夠驗證或推翻假設的數據以解決手上的問題。「先開槍，後瞄準」則屬於資料驅動（data driven）的方式，從數據的探勘分析中去發現問題或特殊型態，再據以研擬解決方案的解題方式。

3　一般具有價值的數據，通常與組織的核心競爭力直接或間接相關。

三、應用大數據的思維

　　大數據分析必須學會「換位思考」[4]，以瞭解資訊需求者真正想要的資訊（例如長期的趨勢或特定時間的銷售數據），才能據以提供切題的數據。特別須注意，提出需求的決策者，通常以自己經驗、學識背景及認知的情境定義問題。且其所提出問題的抽象層次也有可能因為工作性質的位階差異而有所不同。大數據分析必須在充分瞭解問題後，才能據以從龐雜的大數據中，分析萃取及提供決策所需資訊。

　　此外，大數據的運用必須建立一個自循環。根據《大數據的關鍵思考》作者車品覺的觀點 [4]：「大數據的真正價值，是將數據用於形成主動蒐集數據的良性循環中，以帶動更多的數據進入這個自循環中……。」以電子商務網站為例，「分析—推薦—回饋—再推薦」即為一個自循環。其分析範圍主要包括購物者的購物紀錄、與購物者相似的購物者之購物紀錄，以及購買或瀏覽相同產品的購物者之購物紀錄。然後依據分析的結果推薦最可能被購買的產品給購物者，購物者的回應情形（購買、不購買或其他回應）再回饋給系統，作為再分析及再推薦的基礎，如此循環不已。此外，假設輔助刑案偵辦的系統在偵辦人員將案件相關資料輸入後，系統經由分析案件相關的資料，例如與被害者相近似的其他被害者的資料以及類似案件的資料，進而推薦資訊給偵辦人員，偵辦人員參考後作進一步偵查再回饋給系統，系統再作進一步分析與再推薦，亦可視為一個自循環。在自循環中的兩個核心關鍵為：「活做數據蒐集」及「活看數據蒐集」[4]。前者指不侷限於只蒐集自己或組織內部的資料，也要蒐集外部可用的相關資料；後者指分析的框架，不能僅限於組織既有的數據框架，必須結合不同的情境，跳脫框架靈活應用數據。例如李昌鈺博士曾經說過，在 CCTV 漸漸增加的環境，遇到刑案發生時，鑑識人員除了準備傳統的鑑識工作之外，也要跳出既定框架，積極蒐集刑案現場相關的 CCTV 紀錄或其他可作為佐證的數據。

　　此外，大數據的蒐集與應用包含兩個方面：組織內部運用以增加自己資訊的精確度，以及提供給外部使用以增加他人資訊的精確度（例如作數據分析服務業者）。綜合而言，用數據比較著重於數據的戰術運用，偏重於分析數據產生資訊輔助決策的方法論。而養數據則比較偏重於數據策略，是基於深入理解業務更高層次的商業決策 [5]。

第五節　大數據的警政應用

一、國外大數據警政應用情形

　　國外，尤其是美國已有一些實際案例，可以作為我國將來發展警察大數據應用的參考。

（一）2009 年美國國家司法研究所提供 200 萬美元的資金，資助芝加哥警察局發展犯罪預測系統。芝加哥警察局因而建立預測分析團隊 [10]，並開發犯罪地圖，以判斷城市區域的犯罪趨勢，幫助警方瞭解潛在的危險區域。並經由犯罪紀錄的社會網絡分析產生有潛在犯罪風險的「熱門名單」約 400 人，作為加強查訪勤務的參考，即把資源配置到正確的地方。

（二）洛杉磯警察局採用了一套用於預測地震餘震的數學模型，將過去 80 年內的 130 萬個犯罪紀錄（大數據）輸入模型進行分析，以幫助警察們更瞭解犯罪的特點和性質。從數據顯示，當某地發生犯罪案件後，不久之後附近發生犯罪案件的概率也跟著提升，並與地震後餘震發生的模式非常類似。洛杉磯警察局即根據演算法的預測結果，例如某區域在 12 小時內有可能有犯罪發生，調整勤務作為。結果成功地把轄區裡的盜竊犯罪降低了 33%，暴力犯罪降低了 21%，財產類犯罪降低了 12% [2]。

（三）2003 年美國維吉尼亞州的瑞奇蒙市（Richmond）由於每年跨年都會發生多起槍擊案件，很多人會朝向天空發射槍彈，造成子彈像雨林一般降落，最後造成無辜的傷亡。於是瑞奇蒙市警局運用過去槍擊案件的資料，整理出一份跨年槍擊案件的熱點地圖，在熱點周圍設立檢查哨，加強攔查與查扣武器。成功地讓瑞奇蒙市在 2004 年跨年槍擊案的件數比前一年少了約五成，扣押槍枝的比率比往年多了約 2 倍半 [9]。

（四）2010 年美國華盛頓特區發生狙擊手連續幾小時內在軍事用地槍擊的事件。心理醫生暨資訊研究專家柯林‧馬丘（Colleen McCue）針對槍擊地點進行研究，例如事發地點的社經情況和人口統計資料、地面樹葉堆疊的狀況，以及槍擊地點與高速公路之間的距離等因素，

在國土安全局的協助和高科技的輔助下，預測兩個未來最有可能發生槍擊事件的地點，其中第二個地點即為逮捕這位隨機殺人槍手的地點。馬丘在與《現代科技》（*Popular Science*）作的專訪提及：「你預期消費者在商店裡的移動動線是什麼樣子的？置物架上的商品應該如何陳列？警方的資料分析方式所作的事也是一樣的。罪犯通常在社區裡的移動動線會是如何？我們又該如何部署警力，達到嚇阻犯罪的效力？」類似這樣的分析可以破案，也可以降低犯罪的發生率 [9]。

（五）英國杜倫（Durham）的警察局利用大量的保險數據，找出了一批虛構車禍進行保險詐騙的案件。透過數據分析，他們成功打擊了一個利用虛構車禍進行保險詐騙的犯罪團體 [13]。

三、警察運用大數據的效益 [8]

（一）提升辦案效率

運用 Hadoop 大數據分析系統後，以往需要幾天、幾週甚至幾個月的數據資料分析工作，可在數小時內完成，大幅提升警察辦案的效率。

（二）降低犯罪率

透過犯罪預測軟體，預測罪犯假釋或者緩刑期間再犯罪的可能性、準確地進行犯罪模式的分析，以及發現犯罪熱點地區等，提前因應或調配警力預防犯罪發生，有效減少發案率。

（三）智慧導向的警務工作（intelligence led policing）

導入 proactive data mining 或 pre-crime investigative data mining 等資料探勘技術挖掘知識，經由分析預測犯罪的趨勢或可能發生犯罪的地區與型態，因時、因地及依犯罪特性，派遣適當警力加強巡邏，有效壓制犯罪，確保社會安全。

三、我國警政大數據應用情形

數據的應用可分為兩個層面：（一）找尋能夠驗證假設的數據以解決手上的問題；（二）分析數據所得到的資訊，預測可能發現的問題。國內在第

一個層面可以說作得非常好。只要犯罪者、被害者，或者犯罪現場，遺留有犯罪相關的大數據，在法律授權的範圍內，檢、警、調大多能據以調取通聯紀錄、金融交易紀錄、網路連線紀錄等蛛絲馬跡，抽絲剝繭重建犯罪原貌進而破案。第二個層面則處於摸索階段。將來努力的方向可分為四個方面：

（一）**內部營運數據的蒐集**：隨著電子化政府的推動，檢、警、調內部營運已大部分電子化，電子化營運除了仍需持續深化之外，在資料的標籤、儲存、擷取與分析方面，仍需持續完備，以便與其他數據整合作準備。

（二）**為民服務數據的蒐集**：檢、警、調在第一時間與民眾接觸時，應即逐漸輔以電子化方式，將相關資料數據化，以減少後續的人工輸入工作，及易於與其他的數據進行整合與分析。

（三）**開放空間資料的蒐集**：這個部分又可分為運用檢、警、調的勤務作為方式及群眾外包（crowdsourcing）的方式蒐集相關的大數據。運用勤務作為蒐集大數據，例如於重要路口建置 eTag 讀取器及 CCTV 蒐集車輛識別及影像資料 [6]；以及運用巡邏車（類似於 Google 的街景車）蒐集治安相關數據，例如基地台的方位資料 [7] 等。群眾外包為蒐集大數據重要的方式之一。「警力有限，民力無窮」，無論是民眾主動提供或者搜尋開放空間如部落格、推特貼文等，皆需逐步建立資料蒐集的機制。

（四）**大處著眼、小處著手**：《大數據的關鍵思考》作者車品覺認為，「數據扮演三個角色：第一個階段，有多少數據就蒐集多少數據，數據只從點指導營運，並不指導戰略和方向；第二個階段，數據要精準化，數據之間有了關係，擔當的角色從點到線或者面，就可作為戰略的參考；第三個階段，作數據模型，分析周邊數據變得異常重要，它可以為公司的下一個戰略找到出路。」換句話說，第一個階段在於蒐集資料；第二個階段在於累積整理相關資料；在前兩個階段紮下雄厚的基礎後，第三個階段才能發揮大數據功效解決問題，創造價值。因此在大數據的摸索階段，宜從目標具體可行的問題著手。以運用資料廣度而言，例如先解決僅分析組織所擁有的資料即可解決的問題，再逐步擴充到需整合組織外的資料才可解決的問題，最後再考慮需要自己建立資料蒐集機制的問題。以問題的深度而言，則從提供數據驗證假

設解決問題，延伸到運用數據模型發現可能的問題及研擬問題解決方案。

第六節　我國警政大數據工作方向芻議

一、培養人才

數據化營運意味著組織運作將高度仰賴數據的分析結果。我國警察機關除了可協調廠商合作進行相關技術的研究與開發之外，尚須培養大數據分析的技術人員。《大數據的關鍵思考》一書作者車品覺提出「混」、「通」、「曬」三個數據化營運的訣竅。「混」字訣表示數據分析師除了具備數據分析及統計相關的專長外，還需具備應用領域的商業知識。不但須具備可以由業務問題觀察數據的能力，也必須具備由數據觀察業務的能力，即必須具備跨領域的知識能力。此外，數據分析時還須具備管理決策及換位思考的能力，才能結合數據與決策框架，呈現數據及運用數據解決問題。因此我國警察機關必須積極遴選及培養大數據分析人才，以打通數據與管理決策的數據中間層，才能讓警察在適當的時間、地點，提供適當的服務給適當的國民。

二、成立大數據專責單位

有系統地蒐集資料、整合資料及探勘資料，可以發現隱含於資料的資訊，洞燭先機進而提升競爭力。2011 年麥肯錫研究報告以《海量資料：創新、競爭和生產力的下一個新領域》（*Big Data: The Next Frontier for Innovation, Competition, and Productivity*）為標題，足見大數據分析攸關創新、競爭力及生產力。近年來產業界亦已逐漸建立數據分析部門，以確保產業的競爭力。警察機關為了進一步提升效率及服務品質，與時俱進，大數據的蒐集與分析乃必然趨勢。然而警察業務相關大數據往往涉及人民隱私，如援用委託服務廠商建立資訊系統的模式，將資料委託給數據分析服務業者進行分析，必須考量資訊安全的維護問題。此外，大數據分析的結果主要為輔助管理決策，甚或取代管理決策，數據分析的結果如同組織營運的儀表板，快速洞察、迅速反應與資訊安全皆為必須考慮的重點。綜合上述，大數據的蒐集與分析以成立內部的專責單位較為適宜。

三、持續深化數據化營運

　　如前所述，電子商務公司舉凡接觸客戶的網頁瀏覽及商品介紹、交易進行及售後服務等環節，均以資訊系統與客戶接觸互動，甚至客戶評價也以資訊系統與網路進行蒐集，這是電子商務公司成功運用大數據最重要的關鍵因素。我國警察機關應持續深化電子化營運，舉凡內部的差勤管理及支援員警勤務，以及在第一時間與人民接觸，皆應朝全面電子化作業進行。除了提升效率外，更可經由建立服務的「分析─推薦─回饋─再推薦」自循環，進一步提升警察的效率與服務品質。此外，透過勤務作為方式及群眾外包方式蒐集開放空間的大數據，亦須建立適當的機制與管道以系統化地進行蒐集。例如研擬於重要路口增加建置汽車 eTag 資料蒐集系統及資料分析技術的可行性，以輔助現行的路口監視系統，進一步提升破案效率，有效壓制犯罪。

四、建立大數據蒐集體系

　　大數據在資料蒐集方面，以新北市警察局情資整合中心為例，在局長下成立情資整合中心，由局長任命警政監擔任主任工作，並由資訊室主任擔任副主任提供資訊科技方面的協助。在這樣的架構之下，整合警察局所屬各單位的資料，例如路口監視器的影像資料應可順利達成。但若欲整合新北市政府其他局處，甚或上級機關所蒐集的環境監控資料，例如高速公路（含隧道）行車監控資料、ETC 電子收費資料、停車導引及停車場車輛管理資料等，整合難度應較高。因此有關大數據的資料蒐集架構，應可參考災害防救法及災害防救體系，制定法規依據，在中央、內政部、警政署、縣市政府及縣市政府警察局分別設置大數據整合中心，以利大數據蒐集與整合工作。另外，中央、內政部、警政署及六都等較大單位應另設大數據分析研究單位，以研究及整合民間能量，善用資料分析技術以發揮大數據的功能。此外我國亦應積極推動資料公開法，透過立法規範與授權，減少大數據蒐集的阻力，以及充分運用資料的價值。

第七節 結論

　　隨著資訊科技及行動通訊裝置的廣為應用，人、物及其時間、空間的軌跡資訊，將即時地、廣泛地被蒐集儲存在數位世界中。如何自動化地爬梳這些如海量般巨大的資料，探勘知識以輔助或取代決策工作，已成為大數據時代極重要的課題。本文整理大數據的潛在價值包括：提高視野增加洞察、發現隱含的資訊及掌握先機提升競爭力，以及創造透明度、賦能經由實驗與數據分析發現需求、展現差異及提升績效、客戶分群及客製化服務、以演算法取代或支援人類的決策活動及創新商業模式、產品及服務等。大數據的處理技術包括：資料處理與演算法、機率統計、資料探勘、人工智慧、數學分析與系統模擬、視覺化技術及運算系統技術等。大數據的主要運用步驟包括「數據化營運」及「營運數據」兩個步驟。並蒐集整理國外大數據的警政實際案例，以及提出我國警政大數據應用工作方向的建議。

　　警察工作包羅萬象，舉凡人民的食、衣、住、行、育、樂等生活層面有涉及糾紛或違法行為皆為警察的工作範圍，運用大數據輔助警政工作治理乃極具挑戰的工作。人類智慧的結晶：化繁為簡分而治之（divide and conquer），與《大數據的關鍵思考》作者車品覺提出的方法：「大處著眼、小處著手」不謀而合。在摸索大數據警政運用的道路，找到具體且可建立「分析—推薦—回饋—再推薦」自循環的應用，循序漸進，應為導入大數據應用較佳的策略。

參考文獻

[1] 于明弘，2015，大數據應用於犯罪偵防——以芝加哥警局的預測分析團隊為例，中央警察大學資訊管理學系專題研究報告。

[2] 王萌，2014，警務大數據案例：大數據預測分析與犯罪預防，IT經理網，http://www.ctocio.com/ccnews/15551.html。

[3] 王朝煌，2015，運用大數據輔助警政工作治理——大數據警政應用之探討，警政署警政治安策略研討會論文集。

[4] 車品覺，2014，大數據的關鍵思考——行動×多螢×碎片化時代的商業智慧，

天下雜誌出版。

[5] 林俊宏譯，2013，大數據，天下文化（原著：Viktor Mayer-Schöberger and Kenneth Cukier, *Big Data-A Revolution That Will Transform How We Live, Work, and Think*）。

[6] 林品杉，2014，車輛識別應用於犯罪偵查之研究，中央警察大學資訊管理研究所碩士論文。

[7] 趙瑞昇，2015，整合行動裝置資料分析應用於犯罪偵查之研究，中央警察大學資訊管理研究所碩士論文。

[8] 劉朝陽，2013，警務2.0：用大數據預防犯罪，IT經理網，http://www.ctocio.com/ccnews/10940.html。

[9] iThome，2014，IT也能變身為解決社會問題的數位英雄，http://www.ithome.com.tw/article/88818。

[10] http://myshare.url.com.tw/show/662818。

[11] http://www.baike.com/wiki/重复購買率。

[12] https://zh.wikipedia.org/zh-tw/大數據。

[13] McKinsey Global Institute, 2011, *Big Data: The Next Frontier for Innovation, Competition, and Productivity*.

[14] Avi Silberschatz, Peter B. Galvin, and Greg Gagne, 2012, *Operating System Concepts*, 9th edition, Addison-Wesley.

[15] Pang-Ning Tan, Michael Steinbach, and Vipin Kumar, 2006, *Introduction to Data Mining*, Addison Wesley.

第三章　資料檢索技術與警察應用

第一節　緒論

電子計算機（俗稱電腦）自 1946 年發明以來，其應用領域即不斷地擴展。早期的應用主要在科學資料的計算及營運資料的處理。由於科學資料及營運資料具結構性，資料欄位固定、欄位資料型態及長度固定，較易以計算機加以處理。因此最早受到重視，處理技術也較為成熟及廣為應用，例如資料庫管理系統。計算機的廣為應用，進而促使人類知識累積的速度不斷提升，除了結構化資料量與日俱增外，半結構或非結構化的多媒體資料，如論文、報告、書籍、網頁、圖像、聲音、影像，以及部落格和社群媒體貼文等，也快速增加。如何有效管理數以兆位元組的電子文件及多媒體資料，便成為資訊時代的新挑戰，資料檢索技術也成為重要的研究課題。

資訊檢索（Information Retrieval），係一門有關資訊的組織、架構、分析、儲存、搜尋，以及傳遞的科學 [27]。資訊檢索系統的功能，主要為儲存文件資料及提供使用者的查詢服務，如圖書管理系統，即為資訊檢索技術的主要應用領域之一。我國警察機關自 60 年代起，即開始利用計算機處理資料，開啟警察資訊之先河 [7]。隨著時間的推移也逐漸累積大量的結構化或非結構化資料。由於非結構化資料的處理技術及中文電子化的發展較慢，警察資訊早期仍以處理較具結構的資料為主。結構化較弱的資料（如偵訊筆錄、偵查報告及一般公文書等），必須以人工轉換成固定結構資料才能加以處理，或僅能作部分處理。隨著警政資訊的廣為推行，資料電子化程度日益提升，如何運用資訊檢索及相關技術，協助警察機關處理勤、業務資料，甚至支援刑事案件偵辦工作（如從網路資訊獲取辦案資訊），遂成為警察資訊重要的研究課題。本文架構為：第二節介紹資料檢索技術；第三節介紹資料檢索技術於嫌疑犯資料管理之應用；第四節探討資料檢索於警政文件管理之應用；第五節為結論。

第二節 資料檢索技術

資訊檢索系統的發展，早期主要用於管理大量的科學文獻，並已被廣用於圖書管理以協助使用者找到所需的圖書及期刊等文件資料 [1, 6]。資訊檢索系統主要的功能為根據使用者的需求去搜尋資料庫，找出使用者所需的文件。至於判定某一文件是否為使用者所需，則取決於文件與使用者需求的接近程度。資訊檢索系統一般以描述詞或關鍵詞的集合作為文件的代表，使用者則以關鍵字或關鍵詞描述其查詢需求。資訊檢索系統再經由比對使用者輸入的查詢需求（關鍵字或關鍵詞）與文件的代表（描述詞或關鍵詞集合），計算每一文件與使用者查詢需求的接近程度，並據以提供資訊。綜合上述，資料檢索的關鍵技術包含文件描述詞或關鍵詞的設定、查詢需求與文件之比對、查詢比對模型及檢索效能評估等，分述如下。

一、文件描述詞或關鍵詞的設定

在資料庫系統中，紀錄的格式相同，每一紀錄皆由一組固定的欄位所構成，例如一筆人事資料包含員工姓名、住址、職稱、年齡及薪資等。使用者的需求一般針對特定欄位資料進行查詢（例如年齡高於 60 歲的員工），且所檢索的資料紀錄欄位值必須與使用者的需求完全符合，因此資料庫系統的比對工作較為單純。文件資料庫系統部分的比對及存取功能，基本上與資料庫系統類似。例如檢索某一作者之著作、某年份出版之著作，或某出版商出版之圖書等，其檢索技術與資料庫系統雷同。但由於文件資料系統的檢索功能尚有一大部分涉及文件內容。例如使用者的需求可以是「找出闡述有關台灣民主政治發展的書」，或「找出闡述有關量子計算機的論文」等。在處理這類的文件查詢需求時，通常必須使用一些描述詞來代表文件的內容[1]，其處理技術與一般的資料庫即有所差異。代表文件的描述詞一般又稱為關鍵詞或索引詞[2]。由於一個索引詞僅能描述文件的部分內容，因此通常需使用大量的索引詞才能描述或代表一個文件的內容。雖然一個描述詞僅能代表文件

---

[1] 理論上，文件檢索可直接比對使用者的需求與文件內容，但是文件內容文字甚多，逐字比對甚為費時而不切實際 [24]。

[2] 為便於描述，本文中描述詞、關鍵詞或索引詞三詞將交互使用。

的部分內容，但如能經由比對文件的描述詞與使用者需求，找出與使用者需求較為接近的文件，進而減少使用者檢索資料的時間，在資訊超載的時代，資料檢索技術仍具有重要的價值。如上所述，文件資料檢索取決於描述使用者需求的關鍵詞與代表文件的描述詞間的接近程度，藉以找出符合使用者查詢需求的文件。因此，找出適當的描述詞代表文件，攸關資訊檢索系統效能之良窳。

　　代表文件的描述詞可分為客觀及非客觀兩部分。客觀描述詞如文件的作者、出版日期、題名、出版商及頁數等。客觀描述詞的設定一般較為單純，但代表文件內容的非客觀描述詞，其設定則較無一致的標準。描述詞的設定一般可分為人工方式設定以及利用統計技術自動設定兩種，早期文件描述詞係以人工方式設定，為使所使用的描述詞接近一致，文件描述詞的設定人員必須接受專門訓練，且設定時必須遵照嚴謹的規則及參照標準術語表[6]。人工設定方式費時費力，於是有自動化描述詞設定技術的研發。自動化描述詞設定技術的原理乃利用字（詞）頻統計技術，首先對大量文件資料中的每一個字（詞）的使用頻率作統計，再對個別文件中的每一個字（詞）的使用頻率作統計。然後根據統計結果，找出在個別文件中使用頻率較高，且較少在其他文件資料使用的字（詞），兩個比值較大的字（詞）越能代表個別文件，較適合作為個別文件的描述詞。字（詞）的使用頻率可以電子計算機搜尋比對電子資料而得，根據使用頻率的設定方式，亦可免去人工設定方式容易流於主觀的缺陷。研究也顯示，以自動化設定文件描述詞的資訊檢索系統，其效能不亞於以人工設定描述詞的資訊檢索系統[24]。

　　根據字（詞）頻統計的結果，描述詞及其權重設定，可以下式計算[24]：

$$w_{ij} = tf_{ij} * \log \frac{N}{Cf_j}$$

其中 w_{ij} 代表第 i 個文件的第 j 個描述詞之權重，tf_{ij} 表示第 j 個描述詞在第 i 個文件中被使用的頻率，N 代表文件資料庫（母群體）的文件數，Cf_j 則表示使用過第 j 個描述詞的文件數。

二、查詢需求與文件之比對

一般而言，使用者的查詢需求與文件的比對方式有三種：即全文搜尋比對、簽名檔比對及逐字（詞）反轉檔比對 [8]。

（一）全文搜尋比對

全文搜尋比對乃將欲查詢的字詞與文件內文逐字比對是否完全符合，以檢查該文件是否包含欲查詢的字詞，若有則檢出。全文搜尋比對不需利用任何描述詞，亦不需額外的空間儲存索引結構。全文搜尋比對在空間的使用上最具效率，但由於逐字比對所需的運算時間相當大，必須運用特殊的硬體結構或比對演算法，提升比對速度，才具實用價值。一般而言，全文搜尋比對較適用於小型文件資料庫的檢索。

（二）簽名檔比對

簽名檔比對主要利用重疊編碼技術（superimposed coding），將文件轉換成一固定長度（例如 20 個位元）的簽名（signature）以加速比對工作。首先將每一個字（詞）轉化為固定長度的數字編碼作為其簽章（word signature），再將所有出現於個別文件中的字（詞）的簽章重疊（superimpose），即構成個別文件的簽章（document signature）。例如文件出現「computer」及「information」兩個字，簽章分別為「00100101010000001000」及「00100010010100001000」，則該文件的簽章為「00100111010100001000」，即將兩個簽章對應的位元以 OR 運算加總，如：

computer		00100101010000001000
information	OR	00100010010100001000
文件		00100111010100001000

將所有文件的簽章加以儲存即成為文件簽章資料庫。使用者的查詢亦以同樣的方法編碼轉換成查詢簽章（query signature），再將其與文件簽章資料庫的文件簽章逐一比對。若文件簽章與查詢簽章為「1」的相對應位元亦全為「1」，則屬簽章符合文件（需進一步檢測確認），否則剔除。檢測

確認方式可利用全文搜尋比對方式，將簽章符合的文件讀出，與查詢作逐字比對。簽名檔比對的主要優點為比對速度快，且所需的簽章資料庫空間較小（通常為文件空間之 10% 至 15%）。

（三）逐字（詞）反轉檔比對

逐字（詞）反轉檔比對主要基於查詢一般僅包含少數關鍵詞的現象，將以文件為主的文件──描述詞關係（即一文件含哪些描述詞）轉為以描述詞為主之描述詞──文件關係（即一描述詞代表哪些文件）。查詢時只須將描述詞所代表的文件檢出即可。逐字（詞）反轉檔雖需占用相當大的空間以儲存上述索引資料，但因其比對運算速度極快，大部分的資料檢索系統皆以逐字（詞）反轉檔比對技術為主。例如，當每一文件的描述詞確定後，文件與描述詞間的關係可以圖 3.1 之陣列代表。

	描述詞一	描述詞二	描述詞三	⋯	描述詞M
文件一	1	1	0	⋯	1
文件二	0	1	1	⋯	1
⋮	⋮				
文件N	1	1	0	⋯	1

圖 3.1　文件與描述詞陣列

第 i 列與第 j 行交叉點之值如為 1，代表描述詞 j 為文件 i 的代表描述詞，如其值為 0，則表示描述詞 j 不是文件 i 的代表描述詞。如文件與描述詞的關係以文件為主體儲存，則處理查詢時須將所有文件與使用者的查詢作比對，在文件數量極大時，其計算時間將極為冗長，恐難符合即時查詢需求。為提高查詢的檢索速度，實務上將圖 3.1 的陣列作轉置（transpose），改以描述詞為主體儲存，如圖 3.2 所示。

	文件一	文件二	文件三	…	文件N
描述詞一	1	0	1	…	1
描述詞二	1	1	0	…	1
⋮	⋮				
描述詞M	1	1	1	…	1

圖3.2 描述詞與文件陣列

第 i 列與第 j 行交叉點的值如為 1，表示文件 j 為描述詞 i 所代表描述的文件，如其值為 0，則表示文件 j 不是描述詞 i 所代表描述的文件。如此一來當處理使用者需求時，僅須將相關的描述詞紀錄（列）作處理。例如：當使用者要求系統找出含關鍵詞 A 及關鍵詞 B 的所有文件，則系統僅須處理描述詞 A 與描述詞 B 兩筆紀錄，即可找出所有符合使用者需求的文件，即兩筆紀錄（列）相對位置皆為 1 的行所對應的文件集合。

綜合而言，利用全文搜尋比對技術，雖不需額外的空間儲存索引結構，但搜尋比對的回應時間較長，一般較適合運用於資料量較少的文件資料庫。逐字（詞）反轉檔比對雖需大量的額外空間儲存索引（50% 至 100% 或更多）[12]，但其搜尋比對的回應時間較短。一般而言，以逐字（詞）反轉索引為主的檢索系統，其資料與索引的儲存空間通常為資料本身的 1.5 倍至 3 倍間 [11]，且索引須隨著資料庫的增刪而更新，適合運用於大型文件資料庫的檢索。簽名檔比對技術所需之額外空間約需增加 10% 至 15%，搜尋回應時間則介於全文搜尋比對技術與逐字（詞）反轉檔比對技術之間，一般適合運用於中型文件資料庫的檢索。

三、查詢比對模型

以描述詞或關鍵詞為代表的文件與查詢需求，比對方式主要可分為布林模式、延伸布林模式及向量空間模式三種。

（一）布林模式

查詢關鍵詞自動化設定，技術上雖可克服，但是如果每一次查詢皆須重複關鍵詞設定運算，時間及計算資源的消耗，恐將影響資訊檢索系統實際應用價值。因此實務上將使用者的查詢需求轉換成關鍵詞之組合，並為每一文件製作一組索引詞（即關鍵詞集合）。使用者的查詢需求轉成關鍵詞組合，以「OR」、「AND」及「NOT」等布林運算子連接。如使用者的需求以「OR」運算子連接（例如：關鍵詞 A OR 關鍵詞 B），則表示所有含關鍵詞 A 或含關鍵詞 B 的文件，皆符合使用者的查詢需求而須加以檢索。而以「AND」連接的使用者查詢需求（例如：關鍵詞 A AND 關鍵詞 B），則只有同時含關鍵詞 A 及關鍵詞 B 的文件才須要加以檢索。另外，以「NOT」連接的使用者查詢需求（例如：**關鍵詞 A AND NOT 關鍵詞 B**），則只有含關鍵詞 A 而不含關鍵詞 B 的文件才須要加以檢索。因為使用者的需求係以布林運算子連接，所建構的資訊檢索系統又稱為布林模式資訊檢索系統。

利用上述方法，對於使用者的查詢需求，可以下列策略檢索使用者所需文件：

1. 對於非以布林運算子連接的查詢，例如找出含「關鍵詞 i、關鍵詞 j、關鍵詞 k」的文件，只要將關鍵詞 i、關鍵詞 j 及關鍵詞 k 的紀錄合併，並將文件以其包含查詢關鍵詞個數的多寡順序列出即可。

2. 對於以布林運算子 AND 連接的查詢，例如找出含「關鍵詞 i AND 關鍵詞 j」的所有文件，只要將關鍵詞 i 及關鍵詞 j 的紀錄進行交集運算，將同時含有關鍵詞 i 及關鍵詞 j 的文件列出即可。

3. 對於以布林運算子 OR 連接的查詢，例如找出含「關鍵詞 i OR 關鍵詞 j」的所有文件，只要將關鍵詞 i 及關鍵詞 j 的紀錄進行聯集運算，並將含有關鍵詞 i 或關鍵詞 j 其中之一的文件列出即可。

4. 對於以布林運算子 NOT 連接的查詢，例如找出含「**關鍵詞 i AND NOT 關鍵詞 j**」的所有文件，首先分別列出含關鍵詞 i 及關鍵詞 j 的文件，將兩者以交集運算找出兼含關鍵詞 i 及關鍵詞 j 的所有文件。然後再將含關鍵詞 i 的所有文件與兼含關鍵詞 i 及關鍵詞 j 的文件合併，並將出現一次以上的文件剔除，即為含「**關鍵詞 i AND NOT 關鍵詞 j**」的文件。

以上述方法建構的資訊檢索系統，可以快速地處理查詢。查詢工作大部

分可以圖 3.2 描述詞與文件陣列，運用列的集合運算（聯集、交集、差集）完成。上述方法的缺點為：首先文件被列出的順序往往依文件編號順序，與文件的其他特性（如與使用者查詢需求的接近程度）無甚大關聯；其次以布林代數連接的查詢無法以確定性因素（certainty factor）控制檢出的文件數量，如條件太寬鬆，則可能因所檢出的文件為數眾多，而降低檢出文件的價值；如所設定的條件太嚴格，則可能因所檢出的文件太少，無法滿足使用者的查詢需求。另外，使用者亦無法將所欲查詢的關鍵詞賦予權重靈活運用查詢關鍵詞。因此，要設計良好的查詢策略，須有相當的訓練始可獲得較佳的檢索效果。

（二）延伸布林模式

為改進布林模式中每一關鍵詞與文件間的關係非 1 即 0 的缺點，資料檢索學者提出一些補救方法。首先經由統計運算計算每一關鍵詞與文件間的關係值（即權重，介於 0 與 1 之間）。文件與關鍵詞間的接近程度計算可分為 MMM [10]、Paice [16]、P-Norm [9] 三種方式，分述如下。

1. Mixed Min and Max 模式

每一關鍵詞與文件間的關係值可介於 0 與 1 之間，依據模糊集合理論（Fuzzy Set Theory），因子（元素）屬於聯集或交集之成員函數值（membership function value），可以下式計算：

$$d_{A \cap B} = \min(d_A, d_B)$$
$$d_{A \cup B} = \max(d_A, d_B)$$

其中 d_A（或 d_B）為一元素屬於集合 A（或集合 B）的成員函數值，$d_{A \cap B}$ 為一元素屬於集合 A 與集合 B 交集的成員函數值，$d_{A \cup B}$ 為一元素屬於集合 A 與集合 B 聯集的成員函數值。

假設文件 D 及其所含的關鍵詞 $A_1, A_2, A_3, ..., A_n$ 的權重[3] 分別為 $d_{A1}, d_{A2}, d_{A3}, ..., d_{An}$，而查詢為：

$$Q_{or} = (A_1 \text{ or } A_2 \text{ or } A_3 \text{ or } ... \text{ or } A_n)$$

3　相當於成員函數值。

$$Q_{and} = (A_1 \text{ and } A_2 \text{ and } A_3 \text{ and } ... \text{ and } A_n)$$

則查詢 Q_{or} 及 Q_{and} 與文件 D 的接近程度，$SIM(Q_{or}, D)$ 及 $SIM(Q_{and}, D)$，可分別以下列公式計算：

$$SIM(Q_{or}, D) = C_{or1} * \max(d_{A1}, d_{A2}, d_{A3}, ..., d_{An}) + C_{or2} * \min(d_{A1}, d_{A2}, d_{A3}, ..., d_{An})$$

$$SIM(Q_{and}, D) = C_{and1} * \min(d_{A1}, d_{A2}, d_{A3}, ..., d_{An}) + C_{and2} * \max(d_{A1}, d_{A2}, d_{A3}, ..., d_{An})$$

其中 C_{or1}, C_{or2}, C_{and1}, C_{and2} 為混合 min 及 max 值的混和係數。一般而言 $C_{or1} > C_{or2}$，$C_{and1} > C_{and2}$，$C_{or1} = 1 - C_{or2}$，$C_{and1} = 1 - C_{and2}$。由於混合（mixed）了 min 及 max 運算，故又名之為 MMM 模式。根據學者 Lee 的實驗 [14]，在 $0.5 \leq C_{and1} \leq 0.8$ 及 $C_{or1} > 0.2$ 的條件下，其檢索效能較標準的布林模式高出許多。

2. Paice模式

　　Paice 模式亦基於模糊集合理論，其計算文件與關鍵詞間的接近程度方式為：假設文件 D 及其所含關鍵詞 A_1, A_2, A_3, ..., A_n 的權重分別為 d_{A1}, d_{A2}, d_{A3}, ..., d_{An}，而查詢為：

$$Q_{or} = (A_1 \text{ or } A_2 \text{ or } A_3 \text{ or } ... \text{ or } A_n)$$
$$Q_{and} = (A_1 \text{ and } A_2 \text{ and } A_3 \text{ and } ... \text{ and } A_n)$$

則查詢 Q_{or} 及 Q_{and} 與文件 D 的接近程度，$SIM(Q, D)$，可以下列公式計算：

$$SIM(Q, D) = \sum_{i=1}^{n} r^{i-1} d_{Ai} / \sum_{i=1}^{n} r^{i-1}$$

當查詢的關鍵詞是以 OR 連結時，d_{Ai} 以降冪順序計算，而當查詢的關鍵詞是以 AND 連結時，d_{Ai} 以升冪順序計算。其中 r 為系統參數，學者 Lee 的實驗 [14] 顯示，在 AND 查詢時設定 r = 1，以及在 OR 查詢時設定 r = 0.7，可得較佳的檢索效能。

3. P-Norm模式

　　在 P-Norm 模式中，除了可設定文件中的關鍵詞權重之外，也允許使用

者對於其查詢所用關鍵詞加以設定其重要性（即權重），即查詢為：

$$Q_{orp} = (A_1, a_1) \, or_p \, (A_2, a_2) \, or_p \, , \, ..., \, or_p \, (A_n, a_n) \text{ 或}$$
$$Q_{andp} = (A_1, a_1) \, and_p \, (A_2, a_2) \, and_p \, , \, ..., \, and_p \, (A_n, a_n) \text{ }^{[4]}$$

假設文件 D 及其所含關鍵詞 $A_1, A_2, A_3, ..., A_n$ 的權重分別為 $d_{A1}, d_{A2}, d_{A3}, ..., d_{An}$，查詢 Q_{orp} 及 Q_{andp} 與文件 D 之接近程度可分別以下列公式求得：

$$\text{SIM} \, (Q_{orp}, D) = p \sqrt{\frac{a_1^p d_{A1}^p + a_2^p d_{A2}^p + \cdots + a_n^p d_{An}^p}{a_1^p + a_2^p + \cdots + a_n^p}}$$

$$\text{SIM} \, (Q_{andp}, D) = 1 - p \sqrt{\frac{a_1^p (1 - d_{A1}^p) + a_2^p (1 - d_{A2}^p) + \cdots + a_n^p (1 - d_{An}^p)}{a_1^p + a_2^p + \cdots + a_n^p}}$$

$$\text{SIM} \, (Q_{not}, D) = 1 - \text{SIM} \, (Q, D)$$

其中可經由改變 p 值得大小，調整檢索系統與標準布林模式的接近程度，較大的 p 值，則檢索效能較接近於布林模式。

（三）向量空間模式

向量空間模式 [20, 21] 亦為改進布林模式的缺點而發展之資訊檢索技術。其原理主要利用簡捷的向量內積計算，作為查詢需求與文件接近程度的計算方法。向量空間模式以關鍵詞組及權重分別表示查詢與資料庫文件，即查詢需求及文件皆各以關鍵詞向量表示，兩者間接近程度，則以向量內積計算求得。例如文件 D_i 及查詢 Q_j 各以下列公式表示：

$$D_i = (a_{i1}, a_{i2}, ..., a_{in}) \text{ 及}$$
$$Q_j = (q_{j1}, q_{j2}, ..., q_{jn})$$

其中 a_{ik}（稱為向量係數）及 q_{jk} 分別代表文件 D_i 或查詢 Q_j 含關鍵詞 k 的權重值。當文件 D_i（或者是查詢 Q_j）包含關鍵詞 k 時，通常設定 a_{ik}（或 q_{jk}）的值為 1，否則設定為 0。此外向量係數亦可以其他數值表示，而該值的大小，則可視該關鍵詞在文件或查詢的重要性而定。

4　其中 a_i 為關鍵詞 A_i 在查詢 Q 中之重要性。

　　假設用以描述文件的 n 個關鍵詞構成向量空間的基底，則每一個關鍵詞，可以一個向量 T 來表示。向量空間中，任一向量均可以 n 個向量的線性組合來表示。因此第 r 個文件 D_r 就可以下列公式表示：

$$D_r = \sum_{i=1}^{n} a_{ri} * T_i$$

　　在上式中，a_{ri} 代表 D_r 在向量 T_i 的分量（component）。向量空間中任何二個向量 X、Y 間的接近程度或距離，可以 X、Y 兩項量的內積（或稱為點乘積、純量積）X・Y＝∣X∣・∣Y∣cosα 求得。其中∣X∣及∣Y∣分別表示向量 X 及向量 Y 的長度，α 則表示二個向量的間夾角。因此，如以上述方式分別表示文件資料 D_r 與查詢 Q_s，兩向量的接近程度就能以下式計算求得：

$$D_r \cdot Q_s = \sum_{i,j=1}^{n} a_{ri} * q_{sj} * T_i \cdot T_j$$

在計算兩向量的接近程度時，除應考慮是否正確描述文件與查詢需求外，亦須充分瞭解任二項向量 T_i、T_j 之間是否為兩兩線性獨立。為了簡化問題，一般假設：

1. 向量空間具有 n 維，代表文件的關鍵詞個數亦為 n。
2. 各個 T 向量之間成線性獨立，亦即表示該空間的向量是兩兩正交。
3. a_{ik} 係第 i 個文件 D_i 在第 k 個向量 T_k 的分量。

　　上述假設雖與實際的向量空間可能有所出入，但因計算簡捷，且其結果尚可被接受等因素考量下，仍被廣泛運用。綜合上述，假設各基底向量間是線性獨立，即兩兩正交，則由上式接近程度的計算，可簡化為兩向量的內積：

$$SIM\,(D_r, Q_s) = \sum_{i=1}^{n} a_{ri} * q_{si}$$

四、檢索效能評估

　　一般而言，評估資料檢索系統的效能，主要可分為三方面：執行效率（execution efficiency）、空間的使用效率（storage efficiency）及檢索效能（retrieval effectiveness）等。

在執行效率方面，考量系統的實用性，每一查詢應在 10 秒內完成 [11]，即每筆查詢的搜尋比對時間（searching time）須在數秒內完成。建立索引所需時間（indexing time），可以提前於資料庫建檔時完成，通常不作比較。

在空間的使用效率方面，主要包括儲存資料本身所需的空間，以及儲存索引所需的空間。以本文所探討的三種搜尋比對技術而言，以逐字（詞）反轉索引所占用空間約為文件本身的 0.5 倍至 2 倍間，空間使用效率最低；簽名檔占用的空間約為文件本身的 10% 至 15%，空間使用效率次之；全文搜尋比對則不需額外的空間儲存索引。

在檢索效能評估方面，主要有二種標準：即查全率（recall）：R =（檢出文件中與使用者需求相關文件數）÷（資料庫中與使用者需求相關文件數），及查準率（precision）：P =（檢出文件中與使用者需求相關文件數）÷（檢出總文件數）。一般而言，查全率提高則查準率下降，查全率下降則查準率提高。另外，評估者亦可依查全率與查準率的重要性，評估資料檢索系統的檢索效能，其計算方式如下 [25]：

$$E = 1 - \frac{(1+b^2)PR}{b^2P+R}$$

其中 b 為重要性係數，例如設定 b = 2，表示查全率的重要性為查準率的 2 倍，如設定 b = 0.5，則查準率的重要性為查全率的 2 倍。

第三節　犯罪嫌疑犯資料之檢索

犯罪嫌疑犯的找尋方法與文件的檢索有極雷同之處。犯罪者依其生長環境差異，養成獨特的性格與行為特質，而這些特質也常反應於其犯罪行為上。在犯罪發生後，雖然犯罪者已經離去，但根據「痕跡論」與「無痕跡論」，犯罪行為雖具隱密性與消失性，但在犯罪現場必定留下跡證或犯罪徵候。這些跡證或犯罪徵候即為犯罪者獨特性格與行為特質的表徵 [5]，即犯罪模式[5]。因此，假設每一位犯罪者的獨特性格與行為特質皆加以分析並予

5　犯罪模式一詞，原出於拉丁文之 Modus Operandi，英文譯意為 methods of operation，簡寫成 M.O.，日本則譯為「犯罪手口」。一般而言，嫌犯鮮少願意自白犯罪行為，尤其自科學發達

存檔。當一新的犯罪發生時,即可由犯罪現場的跡證與罪犯資料庫的罪犯特質作比對,從而找出可能的涉嫌者。其中罪犯的行為特質有如每一文件的特徵,可加以特徵化,而犯罪現場的跡證有如資料檢索系統的查詢,亦可加以特徵化,進而將兩者加以比對。

　　許多犯罪學研究者利用官方和自我報告資料(self-report)發現,犯罪人口可以劃分成占大部分的偶發性犯罪人(occasional offenders)及少部分的習慣犯罪者(chronic offenders)。相關研究也發現少部分的習慣犯罪者,卻犯了相當大比例的犯罪行為。同時,他們常參與較嚴重和暴力性的犯罪行為,如強盜搶奪、傷害、強姦及闖空門等 [4]。是以犯罪案件常常是由習慣犯所為,在強盜及菸毒、竊盜等案件亦復如此。有鑑於此,如能建立一套資訊檢索系統,來幫助偵查人員判斷該案件究竟是屬於有前科者抑或是無前科者所為的話,就能大大地縮小偵查的範圍。

　　如上所述,犯罪嫌疑犯的找尋方法與文件的檢索有極相似之處,因此文件檢索技術應可運用於犯罪嫌疑犯資料的找尋,以提升偵查人員的生產力,有效打擊犯罪。本文嘗試建立一個以向量空間模式為基礎的犯罪嫌疑犯資料檢索系統 [2, 3],每一位罪犯均由一組經由分析偵查報告而獲得的剖析特徵(profile characteristics)所代表 [18]。剖析特徵係代表該嫌犯的人格特徵、犯罪工具及犯罪模式等情形,並以一組關鍵詞代表。每一個特徵亦分別賦予權重,以表示其重要性。在刑案現場所發現的特徵,經由與每一位罪犯的剖析特徵相比對,即可協助進一步釐訂偵查方向,達到縮小偵查範圍的目標。

　　建立犯罪嫌疑犯資料檢索系統,須先分析犯罪者的特徵,以及計算其特徵的權重,以建立犯罪者的特徵資料庫,提供後續查詢比對。另外,犯罪現場的跡證亦須加以分析並歸納犯罪特徵,以便與犯罪者的特徵資料庫的紀錄逐一比對。由於將犯罪現場的跡證加以分析特徵化的方法與分析犯罪者特徵

以後,不僅不願自白,甚至在犯罪現場也極力不留物證。警察人員很難、甚至不能在犯罪現場獲得有關偵查上證據資料,於是設法尋覓有形物證以外的資料,終至發明另一種可憑無形的證據,亦可從事偵查和破案的方法,這就是所謂的「犯罪模式」。根據簡明大英百科全書的解釋:「犯罪模式係犯罪學術語,指某罪犯特有的犯罪方式。據犯罪學家的觀察,不管罪犯從事何種活動——破門盜竊、偷汽車或貪污——職業罪犯往往會習慣地採用自己的獨特方式。例如,一個竊賊最初如果從屋頂進入房屋行竊,以後他很可能在條件許可時儘量採用此一方式。有些竊賊十分習慣於自己的作案方式,他們甚至會不斷利用同一地點或對同一類人家行竊。」

的方法雷同，本文僅就嫌疑犯特徵分析、特徵權重計算及實驗結果作探討。

一、嫌疑犯特徵分析

　　建立犯罪嫌疑犯資料檢索系統，須先以自動化或人工方式對未電子化的偵破報告進行分析，並將每一位嫌犯特徵化，從而建立嫌犯紀錄的犯罪特徵資料庫。日後再以類似方法分析刑案現場勘驗報告，將其轉化為查詢（query），以利搜尋比對之進行。嫌疑犯的犯罪特徵可以從其所犯案件的相關偵查報告內容分析求得。簡言之，偵查報告內容的分析乃過濾各嫌犯特徵的過程，亦即分析每一位落網嫌犯與其所犯案件的各項特徵，分別予以建檔。本文蒐集 1992 年台北縣（現新北市前身）、台北市警局所破獲共 102 件強盜案作為實驗母群體，並對每份刑案偵查報告進行解析，每位嫌犯各以一組特徵代表其犯罪特徵。經分析 102 件強盜案件後，1992 年台北縣、市警局所破獲 102 件強盜案的犯罪特徵共有十大類計 387 項 [3]。

　　另外，針對這 102 件強盜案嫌犯，本文追蹤蒐集其先前所犯案件的被害人報案筆錄合計 35 件，從中分析歸納每一犯罪案件的現場特徵，作為測試樣本。

二、嫌疑犯特徵權重設定

　　為使從犯罪特徵資料庫所檢出的嫌疑犯，能依其與查詢的接近程度順序列出，每一嫌犯的犯罪特徵必須依特徵的代表性賦予適當權重，作為計算接近程度的依據。本文嘗試分析強盜案件嫌犯、刑案現場特徵，藉以建立代表二者的向量。本文採用特徵頻率統計法 [13, 15, 19, 21]，例如，某一位強盜嫌犯具有持開山刀蒙面搶劫銀樓的特徵，則以「蒙面」、「持開山刀」及「銀樓」等特徵來代表該嫌犯。假設某一嫌犯犯下數十起類似案件，而且犯罪手法又固定以蒙面及持開山刀搶劫不同對象，如郵局、住家等時，則「蒙面」、「持開山刀」兩特徵，在該嫌犯涉案的現場勘驗報告或偵破報告中，必然較常出現。這些出現頻率較高的特徵，即可相當程度地代表該嫌犯的犯罪特徵。惟出現頻率較高的犯罪特徵，未必一定能代表該嫌犯或刑案現場的特徵。例如某一犯罪特徵為許多嫌犯的共同特徵時，該特徵即因具有共通性而降低其價值。因此，要對每一個犯罪特徵指定權重，以反映其相對的重要程度，必須將那些經常出現在某一嫌犯的犯行，但卻鮮少出現在其他嫌犯犯

行的獨特特徵，賦予較高的權重。亦即權重應為每一犯罪特徵在個別嫌犯的偵查報告與其在他嫌犯的偵查報告出現頻率比值的函數。基此，本文以下列公式計算犯罪特徵之權重：

$$w_{ij} = tf_{ij} * \log \frac{N}{Cf_j}$$

上式中，w_{ij} 代表第 i 個嫌犯的第 j 個犯罪特徵權重，tf_{ij} 表示第 i 個嫌犯的第 j 個特徵在與該嫌犯有關的偵查報告出現的頻率，N 代表犯罪特徵資料庫的嫌犯總數，而 Cf_j 則表示具有第 j 個犯罪特徵的嫌犯數。

三、實驗結果

本文將 102 件的嫌犯特徵分析建檔後，與前述 35 件現場特徵以向量模式作比對，計算出嫌犯與現場徵候的接近程度（即向量內積）。結果顯示，以現場特徵作為查詢時，各案真正的嫌犯與該查詢的接近程度極高。在 35 件測試案中，各真正嫌犯於所檢出嫌犯中的排名大部分在第 1 名至第 4 名內，最差的情況為第 15 名。統計 35 件測試案，各該真正嫌犯於所檢出嫌犯的平均排名為 3.14。如以本文嫌犯資料數 102 件計算，以本文所提方法，如嫌犯為習慣犯（即於犯罪特徵資料庫有紀錄者），平均約可將偵查範圍縮小為原偵查範圍（即未使用本文的方法）的 3%，大大地縮小偵查範圍。

第四節 資料檢索於警政文件管理之應用

警察機關受理民眾報案，累積相當多的文件資料。在所有的文件漸漸電子化後，如能利用資料檢索技術加以管理與運用，必可提升資料處理的效率與運用範圍。另外，由於警察是一組織嚴密的團體，其文件亦有較嚴謹的格式，在製作資料檢索時，勢必較其他文件的檢索系統可行。以下僅列舉犖犖大者，作為未來發展參考。

一、案例資料管理

警察機關處理的犯罪案件資料，在漸漸電子化後，除了可以傳統的檔案

管理方法管理外，亦可藉由資料檢索技術有系統地加以建檔。由於這類公文書皆有固定格式，甚或固定的寫法，而且其主要內容大都為犯罪案情描述的專門用語（如犯罪手法及涉嫌罪責等法用語），適合以資料檢索技術加以管理。除可方便員警查詢外，對於新進同仁的助益尤鉅，可經由資料檢索系統調閱相關案例作為辦案參考。且在案例資料量龐大時，資料檢索系統更可以在短時間內檢索所需案例。

二、警政主管決策資訊之檢索

在警察機關文件皆以電子化儲存後，如以資料檢索技術加以管理，則主管同仁可由檢索系統快速調閱機關文件資料作為決策參考，也可在議會備詢時提供輔助資訊，縮短資訊的搜尋時間，快速因應問題，提升管理效率。

三、網路資料檢索

隨著計算機網路之普遍運用，資源與資訊共享是未來趨勢。如何在浩瀚的網際網路中快速檢索資訊，將是能否善用網路資訊的關鍵。網路資訊檢索一般仰賴資料檢索系統，如 Google、Yahoo、Lycos、Harvest、WAIS 及 InfoSeek 等。此外，除了網頁資料的檢索外，在網際網路上的資料有些可能涉及不法，如能利用資料檢索及相關技術予以主動偵測，應有助於防患於未然。

四、網路資訊過濾

隨著計算機網路的普遍運用，未來將有更多的犯罪資訊在網路傳遞。未來的監聽業務將不僅止於電話語音，亦應包含網路資訊的過濾（information filtering）。然而，網路訊息的傳遞係以接近光速的電子速度進行，非一般人類的閱讀速度所能負荷。因此，網路資訊的過濾，如色情圖片的過濾、特定電子郵件的過濾及其他犯罪資訊的檢索等，端賴資料檢索及相關技術，始有成功的可能。

五、電子剪報

警察工作須掌握社會脈動，新聞剪報向來為警察主管所重視。早期的新聞剪報，蓋以人工方式為之，不但人力耗費頗鉅，而且時效仍有落差。隨著

電子新聞的普及，利用資料檢索技術協助警政相關新聞的剪報工作，不但可節省人力，且時效及詳盡度方面也可大幅提升。

六、電子文件資料檢索

隨著電子化程度的提升，除提升文件處理的品質與速度外，如能利用資料檢索技術將這些電子化資料加以管理，將可進一步提升資料處理的效能。警察機關累積龐大的電子文件資料，如偵訊筆錄、刑案現場勘查報告、交通事故現場勘察報告、偵查報告，以及其他各種書表等。這些文件如能以資料檢索技術加以管理，不但可快速存取，更可增加其傳播的速度與範圍，充分達到資源共享的目的。

七、多媒體資料檢索

隨著科技的發展及社會的進步，未來警察機關的多媒體資料，如聲紋資料、面貌圖像資料及影像資料等，將漸漸增加。資料檢索及相關技術，將是未來管理多媒體資料所必備的工具之一。

八、軟體元件檢索

隨著軟體工程技術的發展，許多軟體開發環境，已朝向系統整合的方向發展。軟體元件再使用將是未來軟體開發工作重要的一環。軟體元件的檢索也將是軟體元件管理的重要課題。我國警察機關資訊單位在警用軟體開發方面，亦可善用資料檢索技術，以提升軟體工作人員的生產力。

第五節　結論

本文討資料檢索技術及其於警察領域的應用。主要介紹文件資料的檢索技術，含關鍵詞及其權重設定，文件與查詢的比對技術（含全文搜尋比對、逐字反轉索引比對及簽名檔比對等）、查詢模型（含布林模型、延伸布林模型及向量空間模型等），以及資料檢索系統的效能評估等。另外，本文也摘錄資料檢索技術應用於犯罪嫌疑犯資料檢索的研究成果，期理論與實務兼容並蓄。本文最後探討資料檢索技術於其他警察文件資料管理的應用方向，範

圍涵蓋犯罪案例資料管理、警察主管資訊檢索、網路動態與靜態資料的檢索與過濾、警政電子剪報、警政電子資料檢索、多媒體資料檢索及軟體元件檢索等。

　　資料檢索技術適用於任何以文件為主的資訊處理工作，將來在多媒體檢索技術更趨成熟後，其應用範圍更可拓展到多媒體文件的檢索。多媒體資料檢索技術雖仍在研究階段，但是有些較特殊的應用，如「色情閘」已逐漸問世。未來將有更多一般化的多媒體資料檢索系統陸續問世。在迎接無紙化時代來臨之際，除了因應大量電子資料的檢索，以避免資訊太多造成資訊氾濫外，如何善用資料檢索技術以管理多媒體電子資料，亦將是資訊時代的重要課題。

參考文獻

[1] 卜小蝶，1996，圖書資訊檢索技術，文華圖書館管理資訊股份有限公司。

[2] 王朝煌、林燦璋，1995，資訊擷取應用於犯罪偵查之研究，國科會專題研究成國報告，計畫編號：NSC 84-2213-E-015-001。

[3] 王朝煌、林燦璋、謝慶欽，1997，犯罪嫌疑犯資訊擷取系統，中央警察大學學報，第30期，頁355～380。

[4] 許春金，1991，犯罪學，修訂新版，中央警官學校。

[5] 林吉鶴，1986，論犯罪偵查理論之研究取向，公共安全學術研討會論文暨會議紀錄，中央警官學校警政研究所。

[6] 黃慕萱，1996，資訊檢索，台灣學生書局。

[7] 廖有祿，1994，電子計算機概論——含警政電腦化簡介，中央警官學校印行，頁15-3～15-16。

[8] N. J. Belkin and W. B. Croft, 1987, "Retrieval Techniques," in *Annual Review of Information Science and Technology*, ed. M. Williams, Elsevier Science Publishers, pp. 109-145.

[9] E. A. Fox, 1983, "Extending the Boolean and Vector Space Models of Information Retrieval with P-norm Queries and Multiple Concepts Types," Cornell University.

[10] E. A. Fox and S. Sharat, 1986, "A Comparison of Two Methods for Soft Boolean

Interpretation in Information Retrieval," *Technical Report TR-86-1*, Department of Computer Science, Virginia Tech.

[11] W. B. Frakes, 1992, "Introduction to Information Storage and Retrieval Systems," chapter in *Information Retrieval: Data Structures and Algorithms*, ed. W. B Frakes, Prentice Hall, pp. 1-12.

[12] D. Harman, E. Fox, R. Baeza-Yates, and W. Lee, 1992, "Inverted files," chapter in *Information Retrieval: Data Structures and Algorithms*, ed. W. B Frakes, Prentice Hall, pp. 28-43.

[13] K. S. Jones, 1972, "A Statistical Interpretation of Term Specificity and Its Applications in Retrieval," *Journal of Documentation*, Vol. 28, No. 1.

[14] W. C. Lee and E. A. Fox, 1988, "Experimental Comparison of Schemes for Interpreting Boolean Queries," *TR-88-27*, Department of Computer Science, Virginia Tech.

[15] H. P. Luhn, 1957, "A Statistical Approach to the Mechanized Encoding and Searching of Literary Information," *IBM Journal of Research and Development*, Vol. 1, No. 4.

[16] C. P. Paice, 1984, "Soft Evaluation of Boolean Search Queries in Information Retrieval Systems," *Information Technology, Res. Dev. Applications*, Vol. 3, No. 1, pp. 33-42.

[17] V. V. Raghavan and S. K. M. Wong, 1986, "A Critical Analysis of the Vector Space Model for Information Retrieval," *Journal of the American Society for Information Science (JASIS)*, Vol. 37, No. 5, pp. 279-287.

[18] R. K. Ressler, A. W. Burgess, and J. E. Douglas, 1988, *Sexual Homicide: Patterns and Motives*, Lexington Books.

[19] G. Salton and C. S. Yang, 1973, "On the Specification of Term Values in Automatic Indexing," *Journal of Documentation*, Vol. 29, No. 4.

[20] G. Salton, 1975, "A Theory of Indexing," *Regional Conference Series in Applied Mathematics*, No. 18, Society for Industrial and Applied Mathematics, Philadelphia.

[21] G. Salton and A. Wang, 1975, "A Vector Space Model for Automatic Indexing," *Communications of ACM*, Vol. 18, No. 11.

[22] G. Salton and M. J. McGill, 1983, *Introduction to Modern Information Retrieval*, McGraw-Hill.

[23] G. Salton, 1986, "Another Look at Automatic Text-Retrieval Systems," *Communications of ACM*, Vol. 29, No. 7.

[24] G. Salton, 1989, *Automatic Text Processing: The Transformation, Analysis, and*

Retrieval of Information by Computer, Addison Wesley.

[25] C. J. van Rijsbergen, 1979, *Information Retrieval*, Butterworths.

[26] J. H. Wang and I.-L. Lin, 1993, "An Information Retrieval Model for Crime Investigation," *1993 Pan Pacific Conference on Information Systems*, National Sun Yat-Sen University.

[27] S. K. M. Wong, W. Ziarko, V. V. Raghavan, and P. C. N. Wong, 1988, "Extended Boolean Query Processing in the Generalized Vector Space Model," *Information Systems*, Vol. 14, No. 1, pp. 47-63.

第二篇

科技犯罪偵查

第四章　電腦網路犯罪偵查與鑑識

第一節　緒論

　　計算機廣為應用之後，計算機及網路系統已成為社會運營不可或缺的工具。政府機關及工商企業漸漸以計算機及網路系統作為資料處理的主要工具，許多設施也漸漸以電腦進行操控與管理。此外，新興的電子商務模式如 B2B、B2C、C2C 及 O+O 等，也逐漸改變人類的交易方式。電腦網路、社群媒體及通訊軟體已成為人們日常活動必備的工具之一，人類行為涉及電腦網路的程度與日俱增。

　　雖然電腦網路大幅提升人類生活與工作的效率及品質，但其偏差應用也使新興的犯罪模式得以日漸滋長，科技犯罪手法因而日趨複雜。根據內政部警政署 2022 年的警政統計年報電子書 [1]，台灣 2013 年至 2022 年全般刑案發生數約介於 30 萬餘件與 24 萬餘件間，犯罪案件發生數除了 2014 年及 2022 年較前一年略增外，其他 8 年呈遞減趨勢，如圖 4.1 所示。

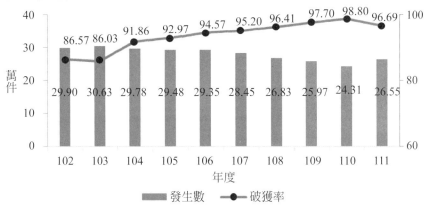

圖 4.1　台灣全般刑案發生數與破獲率

資料來源：內政部警政署 2022 年的警政統計年報電子書 [1]。

　　然而在 2013 年至 2022 年這 10 年間電腦網路犯罪案件發生數，除了
2014 年的 18,725 件及 2022 年的 16,128 件較高外，其他 8 年的發生數大都
介於 1 萬 2,000 件至 1 萬 5,000 件之間 [2]，電腦網路犯罪案件發生數呈居高
不下及隱約有上升現象，如圖 4.2 所示。

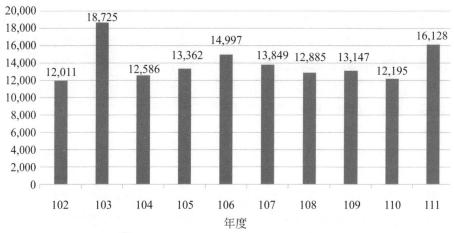

圖 4.2　台灣電腦網路犯罪刑案發生數

資料來源：內政部警政署 2022 年網路犯罪發生數 [2]。

　　電腦網路犯罪案件發生數雖無明顯上升的趨勢，但電腦網路犯罪案件數
占全般刑案的比率則有增加的趨勢。近年來電腦網路相關詐騙案件屢屢成為
媒體報導的焦點，顯已對社會造成巨大的衝擊。

　　電腦網路犯罪等新興犯罪得以滋長的主要原因有：一、防護電腦網路安
全技術不足；二、網路鄉民缺乏應有的安全意識與危機感。有心人乃利用電
腦網路環境作為遂行犯罪行為的工具與場所。例如不肖業者以虛設網站，誘
騙消費者購物或誘使民眾投資，在得手後即關閉網站逃逸無蹤，導致消費者
損失慘重，甚至血本無歸。為防範電腦網路等新興犯罪，除了強化電腦網路
安全防護技術及提升網路鄉民的安全意識與危機感外，修改法規以規範新興
的科技犯罪行為，以及提升電腦網路偵查與數位鑑識量能，有效遏制偏差行
為，也是不可或缺的一環。本文整理我國規範新興科技犯罪行為相關的法律
變革，以及介紹偵辦電腦網路犯罪的數位鑑識技術，期能啟發同好，共同為
遏制新興的電腦網路犯罪行為而努力。

第二節　電腦網路犯罪與規範

一、電腦網路犯罪分類

電腦網路的應用，主要可分為兩個層面：第一個層面為運用電腦網路協助處理或取代傳統的資訊處理工作，即將電腦網路科技嵌入或取代既有的資訊處理系統，前者如辦公室自動化作業，後者如以自動櫃員機取代臨櫃作業；第二個層面為運用電腦網路科技提升人類的資訊環境，例如人類資訊獲得的主要來源從平面媒體提升至電子媒體，從單向傳播媒體提升至雙向的互動式媒體，從語音通訊提升至即時視訊，以及從一對一提升至多對多的通訊活動等。

電腦網路雖然大幅地改善人類資訊處理及資訊環境，但由於防護電腦網路安全的技術遠落後於資訊科技的發展，導致利用電腦網路從事犯罪的案件有日益嚴重的趨勢。此外，由於網路鄉民缺乏應有的安全意識與危機感，也導致有心人利用電腦網路環境作為遂行犯罪行為的場所。利用電腦網路的犯罪案件，主要可分為系統性的攻擊及利用電腦網路環境遂行犯罪行為兩大類 [5, 9]。前者主要利用電腦網路科技嵌入業務處理系統後所產生的漏洞進行攻擊，例如盜取他人的金融卡假冒他人提款；後者主要以電腦網路環境為犯罪場所，運用電腦網路的匿名、不需面對面接觸，及網路鄉民涉世未深等特性，從電腦網路環境找尋被害者進行攻擊行為，例如利用電腦網路接觸被害者及利用電腦網路操作技術進行詐騙活動。

二、電腦網路犯罪行為規範

為規範電腦網路環境所產生的新興犯罪行為，我國刑法先後在 1997 年及 2003 年進行兩次主要的修正。在 2000 年以前電腦及網路的使用對象主要限縮在政府機關、學術單位、研究機構及軍事機構，因此電腦網路犯罪者以白領工作者為主，約占 85% [11]。我國於 1997 年第一次修正刑法，主要以修改既有條文增加犯罪構成要件，或增加處罰條文，以規範新興的電腦犯罪行為。2000 年以後電腦網路成為一般大眾的日常設施，不但電腦網路使用者層面變廣，電腦網路的應用深度也日益增加。為規範電腦網路環境廣為應用所產生的犯罪行為，我國於 2003 年再度修正刑法，不但增列刑法第

三十六章妨害電腦使用罪，增訂刑法第 358 條至第 363 條，並調整相關條文以因應日趨複雜的電腦網路環境。另外，為了讓電腦網路犯罪的構成要件更為明確、增加未遂犯的處罰及加重處罰等，我國刑法也分別在 2005 年、2014 年、2019 年酌作修正。電腦網路犯罪相關的刑法條文如表 4.1 所示。

表 4.1　規範電腦網路犯罪主要的刑法條文及內容

條目	條文內容
第220條	在紙上或物品上之文字、符號、圖畫、照像，依習慣或特約，足以為表示其用意之證明者，關於本章及本章以外各罪，以文書論。 錄音、錄影或電磁紀錄，藉機器或電腦之處理所顯示之聲音、影像或符號，足以為表示其用意之證明者，亦同。
第315條	無故開拆或隱匿他人之封緘信函、文書或圖畫者，處拘役或九千元以下罰金。無故以開拆以外之方法，窺視其內容者，亦同。
第318-1條	無故洩漏因利用電腦或其他相關設備知悉或持有他人之秘密者，處二年以下有期徒刑、拘役或一萬五千元以下罰金。
第318-2條	利用電腦或其相關設備犯第三百十六條至第三百十八條之罪者，加重其刑至二分之一。（利用電腦之業務妨害秘密罪）
第339-1條	意圖為自己或第三人不法之所有，以不正方法由收費設備取得他人之物者，處一年以下有期徒刑、拘役或十萬元以下罰金。 以前項方法得財產上不法之利益或使第三人得之者，亦同。 前二項之未遂犯罰之。
第339-2條	意圖為自己或第三人不法之所有，以不正方法由自動付款設備取得他人之物者，處三年以下有期徒刑、拘役或三十萬元以下罰金。 以前項方法得財產上不法之利益或使第三人得之者，亦同。 前二項之未遂犯罰之。
第339-3條	意圖為自己或第三人不法之所有，以不正方法將虛偽資料或不正指令輸入電腦或其相關設備，製作財產權之得喪、變更紀錄，而取得他人之財產者，處七年以下有期徒刑，得併科七十萬元以下罰金。 以前項方法得財產上不法之利益或使第三人得之者，亦同。 前二項之未遂犯罰之。
第358條	無故輸入他人帳號密碼、破解使用電腦之保護措施或利用電腦系統之漏洞，而入侵他人之電腦或其相關設備者，處三年以下有期徒刑、拘役或科或併科三十萬元以下罰金。
第359條	無故取得、刪除或變更他人電腦或其相關設備之電磁紀錄，致生損害於公眾或他人者，處五年以下有期徒刑、拘役或科或併科六十萬元以下罰金。

表 4.1　規範電腦網路犯罪主要的刑法條文及內容（續）

條目	條文內容
第360條	無故以電腦程式或其他電磁方式干擾他人電腦或其相關設備，致生損害於公眾或他人者，處三年以下有期徒刑、拘役或科或併科三十萬元以下罰金。
第361條	對於公務機關之電腦或其相關設備犯前三條之罪者，加重其刑至二分之一。
第362條	製作專供犯本章之罪之電腦程式，而供自己或他人犯本章之罪，致生損害於公眾或他人者，處五年以下有期徒刑、拘役或科或併科六十萬元以下罰金。
第363條	第三百五十八條至第三百六十條之罪，須告訴乃論。

三、電腦網路犯罪偵查規範

　　電腦網路廣為應用的環境，使用者（或網路鄉民）一般利用終端設備的應用程式，藉由網際網路連接到平台網站系統，再由平台網站系統業者整合雲端系統的計算資源，提供使用者所需的服務。使用者與網際網路、平台網站系統及雲端系統的關係結構如圖 4.3 所示。

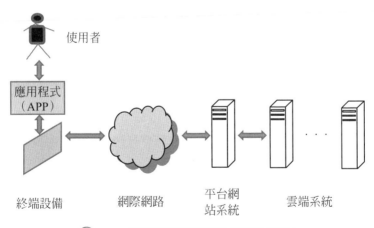

圖 4.3　電腦網路環境關係結構示意圖

　　從蒐證的觀點，數位證據主要儲存在終端設備、網際網路、平台網站系統及雲端系統。終端設備一般為當事人的設備，而網際網路、平台網站系統及雲端系統一般歸類為第三人的設備。歸類不同，偵查規範也略有差異。刑

事訴訟法數位證物蒐證相關的規範，如表 4.2 所示。

表 4.2　電腦網路犯罪當事人與第三人蒐證的刑事訴訟法規範

條目	條文內容
適用於犯罪當事人與第三人搜索的條文	
第128條	搜索，應用搜索票。 搜索票，應記載下列事項： 一、案由。 二、應搜索之被告、犯罪嫌疑人或應扣押之物。但被告或犯罪嫌疑人不明時，得不予記載。 二、應加搜索之處所、身體、物件或電磁紀錄。 四、有效期間，逾期不得執行搜索及搜索後應將搜索票交還之意旨。 搜索票，由法官簽名。法官並得於搜索票上，對執行人員為適當之指示。 核發搜索票之程序，不公開之。
第128-1條	偵查中檢察官認有搜索之必要者，除第一百三十一條第二項（逕行搜索）所定情形外，應以書面記載前條第二項各款之事項，並敘述理由，聲請該管法院核發搜索票。 司法警察官因調查犯罪嫌疑人犯罪情形及蒐集證據，認有搜索之必要時，得依前項規定，報請檢察官許可後，向該管法院聲請核發搜索票。 前二項之聲請經法院駁回者，不得聲明不服。
第130條	檢察官、檢察事務官、司法警察官或司法警察逮捕被告、犯罪嫌疑人或執行拘提、羈押時，雖無搜索票，得逕行搜索其身體、隨身攜帶之物件、所使用之交通工具及其立即可觸及之處所。
第131-1條	搜索，經受搜索人出於自願性同意者，得不使用搜索票。但執行人員應出示證件，並將其同意之意旨記載於筆錄。
第133條	可為證據或得沒收之物，得扣押之。 為保全追徵，必要時得酌量扣押犯罪嫌疑人、被告或第三人之財產。 對於應扣押物之所有人、持有人或保管人，得命其提出或交付。 扣押不動產、船舶、航空器，得以通知主管機關為扣押登記之方法為之。 扣押債權得以發扣押命令禁止向債務人收取或為其他處分，並禁止向被告或第三人清償之方法為之。 依本法所為之扣押，具有禁止處分之效力，不妨礙民事假扣押、假處分及終局執行之查封、扣押。
適用於當事人終端設備搜索的條文	
第122條 第1項	對於被告或犯罪嫌疑人之身體、物件、電磁紀錄及住宅或其他處所，必要時得搜索之。

表 4.2　電腦網路犯罪當事人與第三人蒐證的刑事訴訟法規範（續）

條目	條文內容
適用於平台網路系統搜索的條文	
第122條第2項	對於第三人之身體、物件、電磁紀錄及住宅或其他處所，以有相當理由可信為被告或犯罪嫌疑人或應扣押之物或電磁紀錄存在時為限，得搜索之。
第135條	郵政或電信機關，或執行郵電事務之人員所持有或保管之郵件、電報，有左列情形之一者，得扣押之： 一、有相當理由可信其與本案有關係者。 二、為被告所發或寄交被告者。但與辯護人往來之郵件、電報，以可認為犯罪證據或有湮滅、偽造、變造證據或勾串共犯或證人之虞，或被告已逃亡者為限。 為前項扣押者，應即通知郵件、電報之發送人或收受人。但於訴訟程序有妨害者，不在此限。

　　除了刑事訴訟法之外，電信法及通訊保障及監察法針對儲存於第三人的數位證據也有相關的規範，電信法及相關法規的規範主要如表 4.3 所示，通訊保障及監察法的規範主要如表 4.4 所示。

表 4.3　電信法及相關法規有關通信資料蒐證的規範

條目	條文內容
電信法	
第7條	電信事業或其服務人員對於電信之有無及其內容，應嚴守秘密，退職人員，亦同。 前項依法律規定查詢者不適用之；電信事業處理有關機關（構）查詢通信紀錄及使用者資料之作業程序，由電信總局訂定之。 電信事業用戶查詢本人之通信紀錄，於電信事業之電信設備系統技術可行，並支付必要費用後，電信事業應提供之，不受第一項規定之限制；電信事業用戶查詢通信紀錄作業辦法，由電信總局訂定之。
電信事業處理有關機關查詢電信通信紀錄實施辦法	
第3條	有關機關查詢通信紀錄應先考量其必要性、合理性及比例相當原則及並應符合相關法律程序後，再備正式公文或附上電信通信紀錄查詢單（格式如附件），載明需查詢之電信號碼、通信紀錄種類、起迄時間、查詢法律依據或案號、資料用途、機關全銜、連絡人姓名、連絡電話、傳真機號碼及列帳電話號碼等，加蓋機關印信及其首長職章，送該電信用戶所屬電信事業指定之受理單位辦理。但案情特殊、情況緊急之查詢，得由法官、軍事審判官、檢察官、軍事檢察官、查詢機關首長或其書面指定人於電信通信

表 4.3　電信法及相關法規有關通信資料蒐證的規範（續）

條目	條文內容
	紀錄查詢單署名並加蓋職章及連絡人之資料，視同機關正式公文書先傳真之，並經回叫確認為之，查詢後應於三個工作日內補具正式公文或加蓋印信之電信通信紀錄查詢單正本。未於三個工作日內補具公文或查詢單者，電信事業得拒絕受理其再次傳真查詢。 前項之查詢，經查詢機關與電信事業雙方認證同意，得以經加密之電子郵件或資訊系統為之，該電子郵件或資訊系統之電子表單，視同正式公文或電信通信紀錄查詢單正本。
電信事業處理有關機關（構）查詢電信使用者資料實施辦法	
第3條	下列情形得依法向電信事業查詢使用者資料： 一、司法機關、監察機關或治安機關因偵查犯罪或調查證據所需者。 二、其他政府機關因執行公權力所需者。 三、與公眾生命安全有關之機關（構）為緊急救助所需者。 依前項第一款、第二款規定查詢者，應敘明其法律依據。

表 4.4　通訊保障及監察法有關通信資料蒐證的規範

條目	條文內容
第11-1條	檢察官偵查最重本刑三年以上有期徒刑之罪，有事實足認通信紀錄及通信使用者資料於本案之偵查有必要性及關連性時，除有急迫情形不及事先聲請者外，應以書面聲請該管法院核發調取票。聲請書之應記載事項，準用前條第一項之規定。 司法警察官因調查犯罪嫌疑人犯罪情形及蒐集證據，認有調取通信紀錄之必要時，得依前項規定，報請檢察官許可後，向該管法院聲請核發調取票。 檢察官、司法警察官為偵辦最輕本刑十年以上有期徒刑之罪、強盜、搶奪、詐欺、恐嚇、擄人勒贖，及違反人口販運防制法、槍砲彈藥刀械管制條例、懲治走私條例、毒品危害防制條例、組織犯罪防制條例等罪，而有需要時，得由檢察官依職權或司法警察官向檢察官聲請同意後，調取通信紀錄，不受前二項之限制。 第一項之急迫原因消滅後，應向法院補行聲請調取票。 調取票，應記載下列事項： 一、案由。 二、應調取之通信紀錄或使用者資料。 三、有效期間，逾期不得執行調取及調取後應將調取票交回之意旨。 第一項、第二項及第四項之聲請經法院駁回者，不得聲明不服。 核發調取票之程序，不公開之。 有調取第七條之監察對象通信紀錄及通訊使用者資料必要者，由綜理國家情報工作機關向電信或郵政事業調取，不受前七項之限制。

　　搜索票的聲請理由依搜索對象（當事人或第三人），以及搜索標的性質（一般物品或通訊資料），規範略有差異。例如搜索當事人的聲請理由，一般以認有必要為已足，即提供本乎刑事專業經驗智慧的綜合判斷認為有必要提出聲請。搜索第三人的聲請理由以有相當理由（或然率大於 50%），或有事實足認為有必要（或然率大於 80%），提出相關的佐證資料提出聲請。

第三節　電腦網路犯罪偵查與鑑識

一、電腦網路犯罪偵查

　　犯罪偵查的主要內涵為依法蒐集之資訊、證據與鑑識報告，以及運用邏輯推理重建犯罪過程。而鑑識的主要內涵為蒐集犯罪現場的證據、分析及解譯其成因，提供證據資訊以輔助偵查作為。傳統犯罪偵查的「凡發生過的，必留下痕跡」痕跡理論，在計算機及網路廣為應用後，已漸漸演進成為「凡發生過的，或多或少也會留下電子軌跡」，犯罪現場與電腦網路間的關係如圖 4.4 所示。

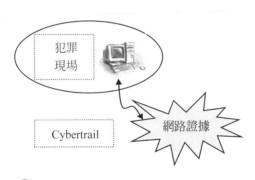

圖 4.4　電腦網路相關的犯罪現場示意圖

　　實體證據如指紋、凶刀、體液、鞋印、車輛等，雖仍為藉以推論犯罪過程或事實的重要依據，但隨著人類行為（含犯罪行為）涉及電腦網路程度的日漸增加，數位證據如電腦檔案、數位圖像、CCTV 視訊、錄音、錄影、監聽譯文、通聯紀錄等數位資料，在犯罪偵查的重要性與日俱增。因此，從電腦網路找尋犯罪相關的證據，已成為刑事鑑識的重要領域之一。實體證據與數位證據兩者相輔相成，皆為重建犯罪不可或缺的證據與資訊。

二、數位鑑識

數位鑑識或稱計算機鑑識，乃以周延的方法及程序保存、識別、抽取、記載，及解讀電腦媒體數位證據與分析其成因之科學 [3, 10, 11]。數位證據乃任何足以證明犯罪構成要件及任何可以證明犯罪與被害者間或犯罪與犯罪者間關聯之數位資料，例如文字、圖像、聲音及影像等 [8]。數位證據在犯罪重建之重要性，主要分為三個層面：（一）提供物件與物件或犯罪者的關聯性資訊；（二）提供物件的功用或如何被使用的功能性資訊；（三）提供事件發生的時序關係的時間性資訊。

（一）關聯性資訊

電腦系統在儲存資料的過程，除了將檔案的內容儲存於永久儲存媒體外，也會建立檔案的描述資料（metadata），例如作者資料、隸屬公司資訊及建立的應用程式，如圖 4.5 所示。

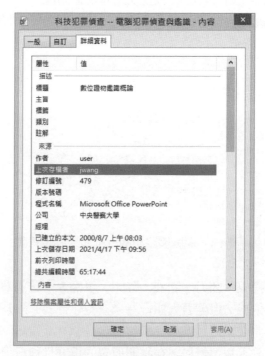

圖 4.5　檔案的描述資料

　　經由檢視比對檔案的描述資料及當事人所擁有電腦的識別資料，可將檔案與當事人的電腦產生關聯，作為偵查的參考。另外，也可將兩個或以上來源的資料整合分析，間接產生關聯資訊。例如歹徒利用贓車作案為常見的作案手法，其主要目的乃利用偷來的交通工具進行犯案，以製造警察偵查的斷點。警察除了查詢 CCTV 視訊資料及車牌辨識系統掌握嫌疑犯的行蹤之外，還可進一步查詢嫌疑犯所乘交通工具曾出現地點的基地台註冊資料，過濾與嫌疑犯所乘交通工具相關聯的手機，進而縮小偵查範圍。如嫌疑犯所乘交通工具曾出現在多處地點，偵查人員更可以經由多個關聯集合的交集運算，快速縮小偵查範圍，如圖 4.6 所示。

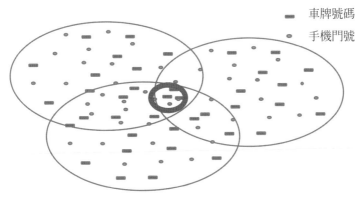

圖 4.6　交通工具與手機門號關聯示意圖

（二）功能性資訊

　　當事人的終端設備或是被入侵的系統，如發現有特殊的應用程式，可由應用程式的使用情形，推論當事人或入侵者的意圖。例如網路管理軟體 SATAN，乃網路管理人員用於掃描網路的弱點，以改善強化網路安全的管理工具。但有心人卻也可運用 SATAN 發現網路的弱點，尋找入侵標的。又如網路竊聽軟體 Sniffer、TCPDump、NetXray 常被有心人用於蒐集區域網路的資料封包，以監控或竊取通訊資料。如發現檔案內容或軟體與犯罪案件相關，可據以推論犯罪手法與案情。

（三）時間性資訊

　　電腦系統在儲存資料的過程，除了將檔案的內容儲存於永久儲存媒體外，也會建立檔案的描述資料，例如檔案內容的大小（位元組數）、儲存位置、檔案類型，以及檔案的建立、修改、存取時戳等。經由比對相關的時戳，可以推論事件發生的先後順序。例如檔案系統在製作檔案的副本時，一般保留檔案的修改時戳，圖4.7中左邊檔案（檔名：電腦犯罪與計算機鑑識）的建立及修改時戳分別為 2019 年 3 月 12 日下午 4 點 16 分 41 秒及 2019 年 3 月 15 日下午 2 點 47 分 28 秒，而圖 4.7 右邊名稱相同的檔案之建立及修改時戳分別為 2019 年 3 月 15 日下午 2 點 50 分 05 秒及 2019 年 3 月 15 日下午 2 點 47 分 28 秒。左邊檔案的位置為 G:\科技犯罪偵查，右邊檔案的位置為 C:\Users\jwang\Desktop，兩個檔案的大小相同、配置的磁碟空間也相同。比較檔案的建立及修改時戳以及相關的描述性資料，初步可推論圖 4.7 右邊檔案為圖 4.7 左邊檔案的副本。

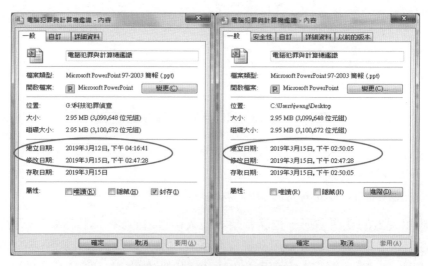

圖 4.7　檔案拷貝的時戳變化

　　數位鑑識的基本原則為：（一）在不改變或破壞證物的情況下取得原始證物；（二）證明所抽取的證物來自扣押的證物；（三）在不改變證物的情況下進行分析 [11]。

（一）在不改變或破壞證物的情況下取得原始證物

　　從電腦媒體尋找數位證據，如同從犯罪現場找尋犯罪證據，必須在不改變或破壞證物的情況下取得原始證物。從犯罪現場找尋犯罪證據重要的原則之一為避免破壞犯罪現場，但如因救助傷患導致破壞犯罪現場，則必須詳加說明，以避免誤導犯罪偵查方向。因此，從電腦媒體尋找數位證據也必須避免改變或破壞電腦媒體的情況。且由於電腦媒體儲存的資料屬軟體，任何經由電腦系統使用者介面的操作，皆有可能改變儲存媒體的狀態，例如單純地開啟、關閉檔案，檔案的存取時戳即跟著改變。因此，在抽取電腦媒體的證據時，一般經由低階的作業系統介面，將電腦儲存媒體作完整的拷貝（full copy），又稱為位元串流拷貝（bitstream copy）。

（二）證明所抽取的證物來自扣押的證物

　　由於數位證據屬軟體資料，其改變不若硬體易於以肉眼察覺差異，因此，從電腦媒體尋找數位證據，必須證明所抽取的證物來自扣押的證物。除了常用於保存犯罪現場的攝影、錄音及錄影外，從電腦媒體抽取數位證據，一般須以數位簽章工具如 MD5、SHA 或 CRCMD5 等製作數位簽章，以證明所抽取的數位證據來自扣押的電腦媒體且未被更動。

（三）在不改變證物的情況下進行分析

　　分析檢驗數位證據的過程，必須確保在不改變證物的情況下進行分析與檢驗。由於運用電腦系統的使用者介面檢驗數位證據，皆有可能改變儲存媒體的狀態，一般將抽取的數位證據複製兩份完整的拷貝，並僅以其中一份進行檢驗分析，另一份則始終保持抽取時的原始狀態[1]。

三、數位蒐證範圍

　　數位蒐證的範圍涵蓋檔案系統、隨機記憶體及網路系統。

（一）檔案系統蒐證

　　檔案系統的蒐證又可細分為一般檔案、加密檔案、已刪除檔案及剩餘空

1　原始證物如硬碟，除了蒐證時必要的拷貝外，宜儘量避免直接存取，以免損壞。

間的儲存內容等。一般檔案的蒐證可運用作業系統工具，如 Unix 的 grep、find 及 Windows 的尋找，以案件相關關鍵字或字串搜尋檔案的內容。經過加密的檔案，可以詢問當事人、尋找密碼、以常用密碼檔，或進行密碼分析等方式破解還原後，再以案件相關關鍵字或字串搜尋檔案的內容。已刪除檔案如其儲存空間尚未被覆蓋，仍可以作業系統工具或檔案還原工具，如 undelete 或 unerase 還原後，再以案件相關的關鍵字或字串搜尋檔案內容。以 FAT（file allocation table, FAT）檔案管理系統為例，檔案管理系統在儲存 file.dat 檔案時，除了將 file.dat 4,000 位元組資料寫入第 34 個及第 35 個磁叢（cluster）[2] 外，也同時建立 file.dat 的目錄結構，以便後續存取 file.dat，如圖 4.8 所示。

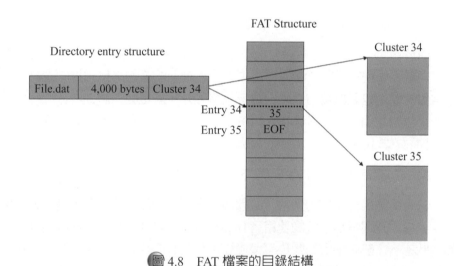

圖 4.8　FAT 檔案的目錄結構

　　FAT 檔案系統的目錄結構包括目錄紀錄及檔案配置表。一個目錄紀錄的儲存空間為 32 個位元組，主要用以儲存檔案的主檔名、副檔名、屬性、創立及更新時戳、存取日期，以及儲存檔案內容第一個磁叢的位址等，主檔名長度如超過 8 個位元組，則結合多個目錄紀錄加以儲存。檔案配置表主要功能為串連儲存檔案的磁叢，以便檔案管理系統按圖索驥存取檔案內容。儲存

2　系統配置給檔案的空間通常以 2 的次方數如 1、2、4、8……個磁區為單位，稱為磁叢。

目錄紀錄的起始位置，以及檔案配置表的個數與儲存位置則記錄於開機磁區。

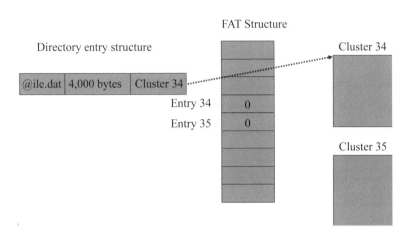

圖 4.9　FAT 檔案刪除後的目錄結構

　　FAT 檔案管理系統在檔案遭刪除後，系統並未立即將檔案內容刪去，僅將檔案目錄的第一個字元改為 sigma 字元（十六進位碼為 E5），以及將配置給該檔案的 FAT 紀錄清為 0，即將儲存刪除檔案目錄資料及檔案資料的儲存空間標記為可用空間，仍可以工具還原檔案的大部分目錄資料及檔案內容 [4, 6, 7]，如圖 4.9 所示。

　　剩餘空間位於配置給檔案儲存空間的最後一個磁叢。由於檔案內容的長短不一，系統配置給檔案最後一段的儲存空間，即配置給檔案的最後一個磁叢，通常不會剛好被檔案最後一段的內容完全填滿，剩下的磁碟空間稱為剩餘空間（slack space）。剩餘空間常殘留已遭刪除檔案的部分內容，如圖 4.10 所示。

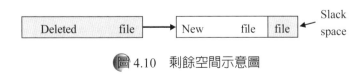

圖 4.10　剩餘空間示意圖

　　此外，有的系統在將主記憶體的檔案內容存回磁碟時，會將配置給檔案最後一個磁叢的多餘空間，以接續檔案內容後的主記憶體內容填充（稱為 memory slack），或以預設的資料填充。另外，有心人也會利用工具將機密資料存入剩餘空間，逃避偵查鑑識。

（二）隨機記憶體蒐證

　　電腦在執行程式的運算或處理數位資料，都必須將程式或資料載入主記憶體後，再由電腦的中央處理機依程式指令加以運算及處理，之後再將處理完成的資料存回次級儲存媒體（如硬碟）永久儲存。主記憶體一般稱為揮發性記憶體（volatile memory），其特性為儲存的內容在關機時即自然消失。雖然主記憶體的儲存內容屬過渡性質，但有些仍具證據價值，例如當事人從鍵盤鍵入的密碼明文或網路超連結，仍可經由搜尋主記憶體的內容獲取。主記憶體的鑑識方法主要有利用 core dump 軟體傾倒記憶體內容，利用 gcore 取得行程（process）之資料區段（data segment）及堆疊區段（stack segment）內容，以及利用主記憶體取證軟體如 DumpIt、FTK Imager、Live RAM capture 將主記憶體內容存檔等。

（三）網路系統蒐證

　　電腦網路使用者一般以客戶端電腦的應用程式接取網路服務，客戶端的電腦再經由網路連線到提供服務的伺服端電腦，如圖 4.11 所示。

　　網路連線係透過中繼路由器（router）層層轉接連通，為了能將網路訊息傳遞至伺服端，每一個中繼路由器建立進線號碼及出線號碼的對照表。區域網路以網卡號碼作為電腦識別號碼，而網際網路則以 IP 位址作為電腦識別號碼。區域網路在連接網際網路的路由器會建立網卡號碼與 IP 位址對照表，經由查詢路由器的網卡與 IP 位址對照表即可追溯網路訊息的來源資訊，如圖 4.12 所示。

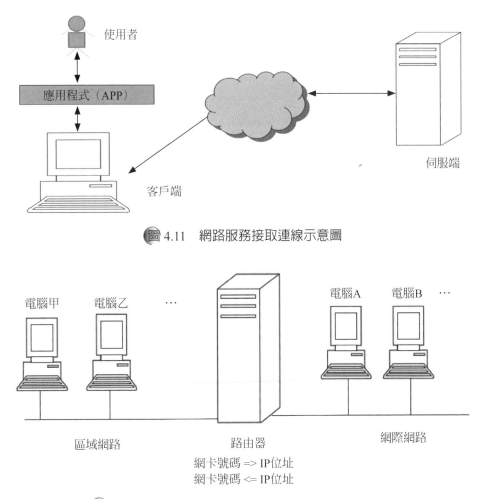

圖 4.11　網路服務接取連線示意圖

網卡號碼 => IP位址
網卡號碼 <= IP位址

圖 4.12　區域網路路由器之網卡與 IP 位址對照示意圖

　　另外，當使用者以撥接方式連接網路接取服務者（Internet Service Provider, ISP），撥接路由器（dial-up router）提示使用者登入帳戶名稱及密碼，ISP 的遠端使用者撥入驗證服務（Remote Authentication Dial In User Service, RADIUS）伺服器在確認使用者的身分後，即經由動態主機協定（Dynamic Host Configuration Protocol, DHCP）伺服器配置 IP 位址給使用者的電腦。遠端使用者撥入驗證服務並記錄每一連線的使用者、配置的 IP 位址及上線時段，ISP 則以電信服務的來電顯示（caller ID）記錄連線的電話

號碼，如圖 4.13 所示。當連線或訊息的來源端為動態配置的 IP 位址，可查詢 ISP 的紀錄及電信業者的使用者資訊追查使用者的來源。

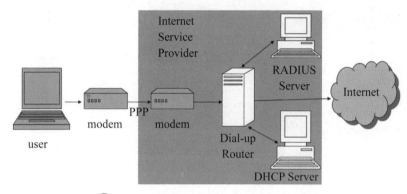

圖 4.13　撥接連接網路接取服務示意圖

此外，各種應用程式也會建立連線資料，以利追溯訊息的來源。本文以電子郵件的標頭為例，說明電子郵件的追溯方法。一封電子郵件從寄件者發出後，往往需經電子郵件伺服器（或稱信差）層層轉接傳遞才會到達收件者，如圖 4.14 所示。電子郵件源頭的發送端資訊記載於信件標頭的最下方，而信件目的地的接收端資訊記載於信件標頭的最上方。電子郵件的傳遞過程，可由信件標頭的最下方，依序往上追溯。電子郵件源頭的發送端資訊記錄於信件標頭最下方的「Received: from」後，而在「Received: from」下一行「by」之後記錄第一站電子郵件伺服器（接收端）資訊；電子郵件從 IP 位址為 192.168.167.16〔網域名稱不明（unknown）[3]〕的電腦發出，信封上寄件者的電子郵件信箱[4]為 lena@world-genecongress.com；郵件經第一站郵件伺服器 lucky1-01.263.net〔IP 位址 211.157.147.130〕進行轉接傳遞；信件標頭最下方第二個「Received: from」記錄郵件伺服器 lucky1-01.263.net 將信件轉傳給接收端的垃圾郵件過濾伺服器 spam.cpu.edu.tw〔IP 位址 163.25.6.5〕。電子郵件在經過接收端垃圾郵件過濾伺服器 spam.cpu.edu.tw

---

3　該 IP 位址未註冊網域名稱。
4　一封電子郵件含有兩個「from」電子郵件信箱，mail from 為寄件者的電子郵件信箱；enve-lope-from 為信封上的回信電子郵件信箱（即信件無法傳遞時的退回電子郵件信箱）。

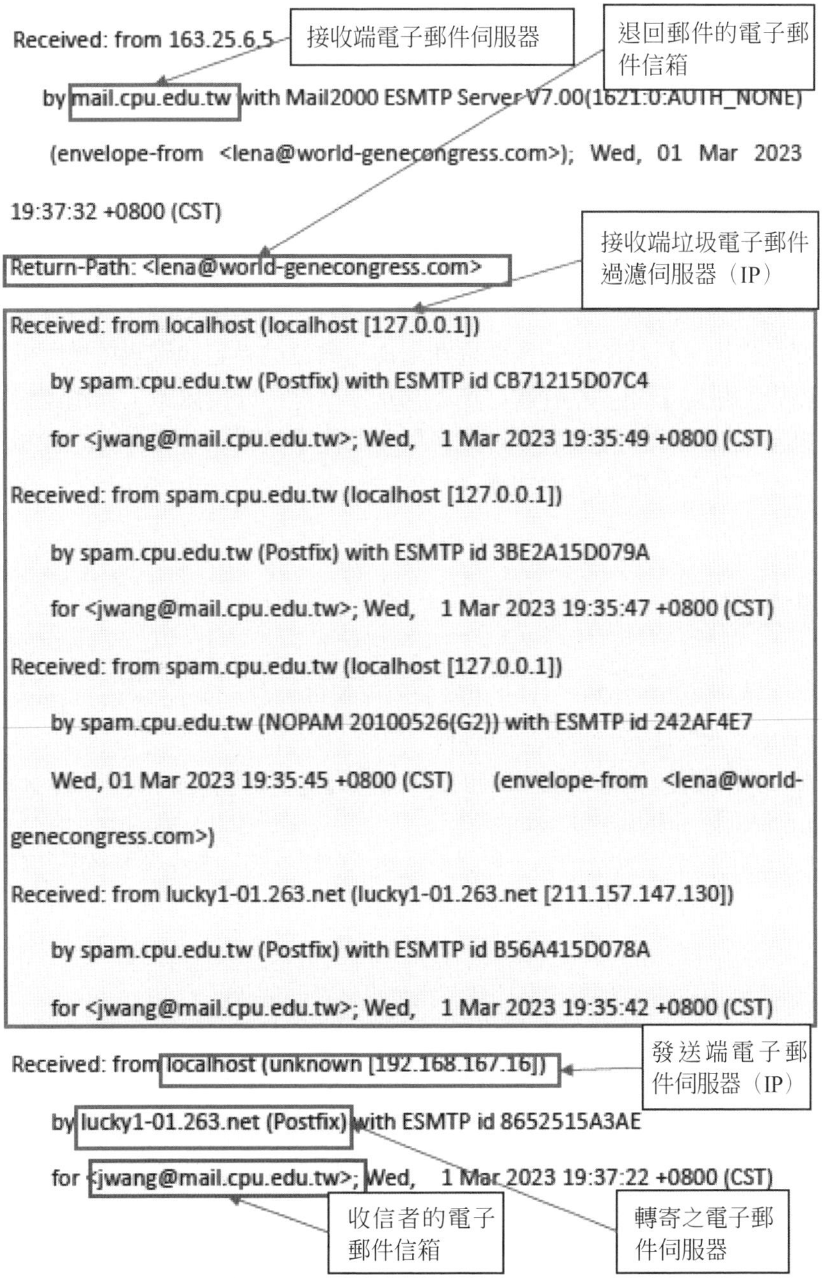

Received: from 163.25.6.5 ← 接收端電子郵件伺服器

退回郵件的電子郵件信箱

by mail.cpu.edu.tw with Mail2000 ESMTP Server V7.00(1621:0:AUTH_NONE)

(envelope-from <lena@world-genecongress.com>); Wed, 01 Mar 2023

19:37:32 +0800 (CST)

接收端垃圾電子郵件過濾伺服器（IP）

Return-Path: <lena@world-genecongress.com>

Received: from localhost (localhost [127.0.0.1])

　　by spam.cpu.edu.tw (Postfix) with ESMTP id CB71215D07C4

　　for <jwang@mail.cpu.edu.tw>; Wed, 1 Mar 2023 19:35:49 +0800 (CST)

Received: from spam.cpu.edu.tw (localhost [127.0.0.1])

　　by spam.cpu.edu.tw (Postfix) with ESMTP id 3BE2A15D079A

　　for <jwang@mail.cpu.edu.tw>; Wed, 1 Mar 2023 19:35:47 +0800 (CST)

Received: from spam.cpu.edu.tw (localhost [127.0.0.1])

　　by spam.cpu.edu.tw (NOPAM 20100526(G2)) with ESMTP id 242AF4E7

　　Wed, 01 Mar 2023 19:35:45 +0800 (CST)　　(envelope-from <lena@world-genecongress.com>)

Received: from lucky1-01.263.net (lucky1-01.263.net [211.157.147.130])

　　by spam.cpu.edu.tw (Postfix) with ESMTP id B56A415D078A

　　for <jwang@mail.cpu.edu.tw>; Wed, 1 Mar 2023 19:35:42 +0800 (CST)

Received: from localhost (unknown [192.168.167.16])

發送端電子郵件伺服器（IP）

by lucky1-01.263.net (Postfix) with ESMTP id 8652515A3AE

for <jwang@mail.cpu.edu.tw>; Wed, 1 Mar 2023 19:37:22 +0800 (CST)

收信者的電子郵件信箱

轉寄之電子郵件伺服器

圖 4.14　電子郵件標頭溯源

過濾軟體多重的過濾後，傳遞給收件者的電子郵件伺服器 mail.cpu.edu.tw〔IP 位址 163.25.6.14〕，再由電子郵件伺服器放置於收件者的電子郵件信箱 jwang@mail.cpu.edu.tw。

第四節　結論

「凡是發生過的，必留下痕跡」，在數位世界一樣適用。隨著資通訊科技普及之後，科技濫用的案件逐漸增加，數位世界犯罪線索蒐集將漸成為犯罪偵查的重點工作。瞭解數位鑑識的基本原理，善用蒐證工具鑑識終端設備，以及依據法律規範索取平台業者保存的佐證資料，將成為有志從事資訊科技偵查工作者必備的基本知識。

參考文獻

[1] 內政部警政署，2023，111年警政統計年報電子書，https://www.npa.gov.tw/static/ebook/Y111/mobile/index.html。

[2] 內政部警政署，2023，網路犯罪發生數，https://www.npa.gov.tw/ch/app/analysis/list?module=analysis&id=18089。

[3] 王朝煌，2003，數位證物之鑑識與蒐證，警學叢刊，第34卷第3期，頁133～156。

[4] 王朝煌、許純菁，2004，磁碟儲存之原理及檔案系統數位證物蒐證技術之研究，第八屆資訊管理學術暨警政資訊實務研討會論文集。

[5] 王朝煌，2020，社群媒體鑑識——以行動上網為例，明辨雜誌，第12期，頁4～13。

[6] 李茂炎、王朝煌，2001，檔案系統數位證據擷取技術之研究，第五屆資訊管理學術暨警政資訊實務研討會論文集，頁247～255。

[7] Brian Carrier, 2005, *File System Forensic Analysis*, Addison Wesley.

[8] Eoghan Casey, 2000, *Digital Evidence and Computer Crime: Forensic Science, Computers and the Internet*, Academic Press.

[9] Urjashee Shaw, Dolly Das, and Smriti Priya Medhi, 2016, "Social Network Forensics:

Survey and Challenges," *International Journal of Computer Science and Information Security*, pp. 310-316.

[10] Jau-Hwang Wang, 2005, "Cyber Forensics – Issues and Approaches," chapter in *Managing Cyber Threats: Issues, Approaches and Challenge*, Kluwer Academic Publishers.

[11] G. Kruse II Warren and Jay G. Heiser, 2002, *Computer Forensics – Incident Response Essentials*, Addison Wesley.

第五章　數位鑑識概論

第一節　緒論

　　電子計算機（俗稱電腦）自 1946 年發明以來，早期的應用主要以科學計算、企業電子資料處理及設施控管為主。但其應用領域不斷地擴展，尤其在網路連線科技及全球資訊網（WWW）盛行之後，舉凡食、衣、住、行、育、樂、金融、軍事國防，甚至電子商務，都可見到計算機應用的實例，人類對其仰賴的程度與日俱增。但由於防護計算機安全的技術遠落後於資訊科技的發展，導致利用計算機及網路從事犯罪的案件不但相對增加，且有日益嚴重的趨勢。根據 2001 年美國電腦安全學會（Computer Security Institute, CSI）的電腦犯罪及安全問卷調查（Computer Crime and Security Survey），1998 年美國聯邦調查局處理有關電腦入侵的案件有 547 件，1999 年有 1,154件，犯罪案件呈現上升趨勢。調查也同時發現，美國 85% 的企業或政府機構有曾遭入侵的經驗，且 64% 的受調者證實遭受財產損失。美國聯邦調查局估計電腦及網路犯罪所造成的損失在 2000 年即超過 100 億美元 [23]。2002 年的調查報告更發現美國 90% 的企業或政府機構曾遭入侵，且 80% 遭受財產損失。其中 223 個問卷回應者的實際財產損失即高達 455,848,000 美元。種種跡象顯示電腦犯罪問題有日益嚴重的趨勢 [11]。

　　根據痕跡理論，傳統的犯罪者往往會在犯罪現場留下物理跡證，如指紋、血跡、毛髮等，偵查人員可據以推斷犯罪者與犯罪現場之關聯。類似地，電腦犯罪者往往也會在電腦和網路中留下電子跡證（electronic trail 或cybertrail），偵查人員往往可以從電腦及網路中蒐集到偵查犯罪所需的犯罪線索或起訴犯罪所必需的證物（或稱數位證物）。例如台北大學箱屍案件之偵辦，即是由電子布告欄伺服器之訊息備份取得破案線索[1]。

　　刑事鑑識為犯罪偵查的主要工作之一，其目的在於發現犯罪事實及蒐集相關的犯罪證據，以確認嫌犯、起訴犯罪者、保護無辜、瞭解犯罪行為與動機。雖然刑事鑑識科學的發展可追溯至百年以前 [17]，而相對地數位證物鑑

---

[1]　2001 年 2 月 11 日中時電子報及 2 月 12 日聯合晚報。

識或電腦鑑識（cyber forensics）領域發展的時間約僅 20 餘年，但刑事鑑識科學的基本理論與技術仍可應用於鑑別數位證物及相關證物的證據價值。所不同的是，傳統的刑事鑑識專家利用指紋、彈道、血跡、毛髮等肉眼可查覺的實體證物，來證明犯罪相關當事人的關係，而數位鑑識專家必須開發新的工具以蒐集、保存、檢驗、萃取，及評估肉眼看不到的電子跡證或數位證物（digital evidence）以瞭解犯罪意圖、圖謀、動機、犯罪方式與方法，及評估電腦相關犯罪行為所造成的財產損失。電子跡證類似傳統犯罪現場跡證，但是其獨特的儲存方式及易於修改的特性，使得其搜尋工作及相關證物的保存、運送、處理、分析，較傳統的刑事鑑識工作複雜許多。因此如何從電腦及網路中蒐集與犯罪有關的資訊，以協助犯罪偵查，進而達成維護治安的任務，將成為資訊時代犯罪偵查嚴峻的挑戰之一。

　　由於數位證據一般儲存於電腦系統的電磁媒體，其易於修改且不留痕跡的特性（軟性證據，soft evidence）與一般的物理證物（硬性證物，hard evidence）迥異。因此偵辦電腦犯罪或與電腦相關的犯罪，有關計算機系統數位證物的蒐證、運送、保存與鑑識等處理過程，均須研擬周詳與嚴謹的處理程序及分析方法，以發覺犯罪事實及確保數位證物的證據能力與證明力。此外，由於網際網路與全球資訊網的蓬勃發展，犯罪行為往往跨越空間的限制，使得追蹤犯罪者的工作面臨嶄新的挑戰。在 1990 年前，電腦安全威脅有 80% 源自企業或組織的內部，但在電腦與通訊結合之後，源自內部的電腦安全威脅與來自網路的威脅已非常接近 1：1 的比例[2][20]。又網路的安全問題有日益嚴重的趨勢，因此瞭解網際網路的特性及研究網際網路數位證物的蒐集與追蹤技術，亦成為數位證物鑑識不可或缺的一環。近年來國內這方面的研究有日漸增加的趨勢，並陸續有相關的論文提出[2, 5, 7, 8, 10]。

　　由於計算機系統為構成網際網路及虛擬空間（Cyber Space）的基礎，本文擬先探討計算機系統數位證物鑑識方法，再進而探討網際網路數位證物之搜尋空間與技術。本文架構為：第二節探討數位證物的概念與處理；第三節探討計算機系統數位證物的蒐證方法；第四節探討網際網路數位證物的蒐集與追蹤；第五節為結論。

2　這種比例改變的主因為網路犯罪的增加，2002 年美國電腦安全學會的電腦犯罪及安全問卷調查，更顯示 74% 的受訪者認為安全威脅來自網路較來自企業內部為高。

第二節　數位證物與處理

一、數位證物

　　數位證物是指任何足以證明犯罪構成要件之數位資料，或任何可以證明犯罪與被害者間或犯罪與犯罪者間關聯之數位資料。數位資料係指可以數字組合表示之文字、圖像、聲音、影像等資料，為物理證物之一種。數位資料具有備份與原件完全相同、證據如遭修改可以工具檢測及不易銷毀等特性 [12]。例如通聯紀錄、交易紀錄（如提款、購物、轉帳等）、電子郵件備份、網路連線紀錄及 BBS 備份皆為常見的數位證物。隨著計算機的廣為應用，數位證物在偵查過程的重要性也與日俱增。例如台北大學學生箱屍案的主要破案線索即來自 BBS 備份，而美國伊朗軍售醜聞案主要的證物也是來自諾斯（Oliver North）中校刪除的電子郵件。

　　數位證物可分為硬體（即實體原件）與資訊（即資料及程式）兩大類 [26]。硬體部分包括：（一）管制的硬體或犯罪所產生的硬體，例如通訊的截聽設備或被竊的硬體；（二）作為犯罪工具的硬體，例如專供犯罪使用的特殊 Sniffer；（三）其他硬體證物，如用以將色情圖片數位化的掃描器。類似地，資訊部分包含：（一）管制的資訊或犯罪所產生的資訊，如加密軟體或被竊的軟體；（二）作為犯罪工具的資訊，如作為入侵的軟體：Password Cracker 及 Sniffer 等程式；（三）資訊證物，如各種日誌（log）資料及通聯紀錄。將數位證物作分類的主要目的，在於將來執行搜索扣押時處理原則的訂定；管制的軟、硬體本身為法律禁止持有的物品，進行扣押應無疑義。犯罪的產生物（如偷得的設備）本身即為不法所得，依法須進行扣押保留證據。作為犯罪工具的數位證物亦應進行扣押以防止其被繼續用來犯罪。其他的數位證物〔如網路服務業者（Internet Service Provider）的通聯紀錄〕，則應視其是否與犯罪行為相關再進行扣押。

　　數位證物與傳統的人證、物證或書證等證物的性質截然不同，其證據方法可分為書證、物證及其他新證據等三種。例如儲存在電腦內的客戶名單為書證；色情光碟則為物證；其他如電腦程式、網頁程式等應視其功能來決定其證據方法 [6, 9]。類似於傳統的刑事鑑識工作，數位證物鑑識在犯罪重建的重要性主要有三項：（一）提供物件與物件或犯罪者之關聯；（二）提供物

件的功用或其被使用的方式;以及(三)提供事件發生的時序關係等。

　　數位證物的儲存型態不像一般證物來得具體明確,且非能直接以語言、書面或意義表達,一般必須經由特殊的工具加以解讀。數位資料的儲存方式,主要以電磁紀錄方式儲存。但在光儲存技術的精進及普遍使用的情形下,有越來越多的數位資料係以其他的方式儲存。例如以光碟上的凹凸、氣泡、物質的結晶狀態等,係以其對光的反射、偏移程度及穿透差異情形作為儲存 0 與 1 的數位資料。其他古老的儲存方式還有打孔紙帶、打孔卡片等[16]。因此蒐證工作除需具備一般鑑識專業素養外,並需具備資訊專長,以正確運用適當的工具進行蒐證,才能確保證物的證據能力與證明力[3]。

　　綜合而言,數位證物鑑識的相關專業知識包含電腦科學、鑑識科學及行為證據分析科學。電腦科學提供瞭解數位證物的專業知識;鑑識科學提供處理證物的方法與步驟;而行為證據分析科學則提供犯罪重建理論與方法以推論犯罪行為與動機。

二、數位證物處理

　　我國警政署所頒布的「警察偵查犯罪手冊」規定電腦犯罪的處理原則及應注意事項如下 [1]:

(一)執行扣押時以扣押整套電腦為宜,包含電腦主機、螢幕、鍵盤、電源線等周邊設備。

(二)電腦證物應儘量使用原設備的包裝或紙箱,避免受損影響其證據能力,並小心拆裝搬運。

(三)磁碟片、光碟片等電腦輔助記憶體的數量應確實清點,並詳載於搜索扣押證明筆錄中,並避免置於強光、高溫及磁場環境,以及避免多灰塵場所。

(四)電腦鑑識時應於備份資料執行非破壞性鑑識,必要時才可就原始資料鑑識。

　　該規範可謂言簡義賅,提供警察處理電腦犯罪基本的處理原則與方向。但在人權保障聲浪日益高漲的時代,警察處理電腦相關犯罪,有必要作更細緻的規範。美國學者 Eoghan Casey 在其《數位鑑識與電腦犯罪》

3　證據能力乃指證據之適格能力,證據之證明力乃指證據用以證明待證事實之強弱。

一書中，歸納數位證物的處理主要包含四種工作 [12]：（一）證物的辨識（recognition）；（二）證物的保存（preservation）；（三）證物的蒐集（collection）與記載（documentation）；（四）證物的分類（classification）、比對（comparison）與個化（individualization），摘述如下。

　　證物的辨識主要包含兩項工作：分辨含有數位證物的硬體，及從硬體中分辨與犯罪案件有關或可提供犯罪相關訊息的資訊，因此蒐證人員平常必須時常接觸相關的軟、硬體環境，以培養其敏銳的辨識能力。

　　在辨識相關的軟、硬體後，蒐集人員必須利用特殊的工具，盡可能在不改變數位證物及其相關屬性的前提下進行數位證物的蒐集工作。並以雜湊軟體 4（如 MD5）對數位證物進行驗證（authentication）的工作，以證明數位證物在蒐集時的原始狀態。由於以電磁方式儲存的數位證物，其內容可以在被修改後不漏出痕跡，稱之為軟性證據（soft evidence），為確認數位證物的原始狀態，有必要於蒐集數位證物時分別製作數位證物清單及其個別的雜湊值（hash value），並當場列印清單讓相關當事人加以確認（如簽名、捺印指紋等）。另外，由於數位證物通常以電磁感應或光電效應儲存於特殊媒體，且其讀寫機械也是特殊設計，保存及運送時須注意環境因素可能對數位證物或機械造成破壞。例如磁性儲存媒體須遠離塵土、流體、潮溼（適宜溼度 20% 至 80%）、撞擊、過熱或過冷（適宜溫度華氏 50 度至 90 度）、磁場、靜電等環境。

　　相關的硬體如本身即為管制的硬體，則應即查扣。但如硬體本身僅為含有數位證物的物品，則查扣時即有見仁見智的看法。例如是否立即關閉電源即有討論空間：如入侵者仍然於線上，關閉電源可能打草驚蛇及中斷其他使用者的工作。但如繼續監看入侵者的活動，雖可獲得更多線索，但所遭受到的侵害可能繼續擴大，且證物也有遭刪除的疑慮。如決定即刻關閉電腦，切斷電源時宜從電腦的後方拔除電源為佳，以避免誤觸犯罪者預置的機關而引起爆炸或資料刪除動作等。如需查扣部分電腦設備，則須遵守獨立元件原則（Independent Component Doctrine）[26]，即僅蒐集管制物品、犯罪工具、本身為證物的獨立元件，切忌拆解電腦僅扣押零件，如硬碟。如有製造數位

4　雜湊軟體為一種程式，其功能乃將資料轉換為一組碼字，以作為驗證之依據。

證物相關的周邊設備如掃描器，及其他相關的列印表報，應一併查扣[5]。警察於犯罪偵查時雖可依公權力對犯罪相關的證物進行處分。但如處分過於嚴厲，例如在非必要的情形下扣押企業的電腦主機，致使受害企業不能繼續正常運作，將導致企業日後再遭受類似的災害時，選擇以私了或不追究的方式處理。再者如警察處理時未能保守秘密致使受害機構名譽受損（例如銀行遭到入侵），日後受害機構也有可能選擇掩蓋案情不報案。因此在執行軟、硬體扣押及案件偵辦時，必須兼顧案件偵查的必要性，避免造成受害者的二次傷害。

對於所查扣的軟、硬體證物應詳細記載（如攝影存證），以便說明硬體與證物的原始情況、證明呈庭證物與查扣的證物相同，及作為犯罪現場重建的參考。並特別注意證物鏈的管理，即證物的每個處理流程其時間、地點、處理人員及工作內容均需詳細記載，且環環相扣。由於數位證物易於竄改的特性，證物鏈管理應更為嚴謹。

數位證物分類乃將特徵相近的物件，例如將同屬一個應用程式所產生的物件，歸納為同類型。例如分為電子郵件、文件（.doc、.txt）、圖像（image、.gif、.jpg、.tiff）等。數位證物的比對與個化乃將證物與已知的物件作特徵比對，尋找證物與涉嫌者的直接關聯。例如以 Word 97 製作的文件即含有特殊的特徵。例如電腦主機的網路卡位址（ethernet address）為 0080ADAB3F63，則其 Word 97 軟體所產出的檔案以 Wordpad 檢視時可檢出包含下列資訊：

· _PID_GUID ？ A N {246DAE60-0FFF-11D1-9ECA-**0080ADAB3F63**}

三、影響數位證物的動態因素

證物處理與分析最大挑戰之一為動態因素（evidence dynamics）。動態因素指證物從扣押到判決之間，因為鑑識人員未預見或因證物處理過程所造成無可避免的移動、內容變化、模糊或毀損等情形，皆可能因而影響證物的證據能力與證明力。通常證物分析師很少能在證物的原始狀態下檢視。因此

---

5 在美國，是否扣押證物的決定權在法庭，但警察在法庭的授權下於緊急時仍可作適當之處分 [12]。

在考量數位證物的證據力或證明能力時，必須納入影響證物的動態因素，以合理地推斷評估數位證物的價值。常見的證物動態因素有 [13]：

（一）緊急應變人員的應變措施可能影響證物的狀態：例如電腦可能因為火災燒毀或於滅火過程中遭到水漬。此外，電腦緊急應變人員為確保已受攻擊的系統避免再遭受濫用或攻擊而移動電腦，也可能造成證物狀態的改變、因果轉移，及帶入額外跡證等破壞現場的情形。

（二）證物分析師在證物的處理過程中，也可能因為意外或於處理證物時，改變、移動、毀損或毀滅證物。例如以刀片刮取在軟碟上的血跡，可能無意間造成儲存媒體資料的流失。

（三）被告湮滅證據的行為：例如犯罪者可能將硬碟資料刪除以湮滅證據。

（四）被害者可能在沮喪或避免受窘的情形下刪除電子郵件。

（五）遭入侵的電腦可能因為善意第三者的再使用而造成二次破壞。

（六）系統管理者為了避免系統再遭受攻擊而刪除入侵者所開啟的帳號或其植入的程式。

（七）電腦儲存媒體的資料可能遭受磁場的干擾而毀損。

（八）磁性儲存媒體可能因年代久遠 [6] 消磁而無法讀取。

四、處理數位證物指導原則

Eoghan Casey 並歸納處理數位證物的指導原則 [12]，摘述如下：

（一）數位證物辨識

1. 尋找硬體：除了桌上型電腦外，尋找手提式電腦、掌上型電腦、外接式硬碟、軟碟，數位相機或其他儲存設備，以及其他周邊設備如印表機、掃描器、數據機等。

2. 尋找軟體：如果產生數位證物的軟體工具為特殊軟體，搜尋原版安裝磁片或光碟以利檢視證物。

3. 尋找可拆解式儲存設備：例如軟碟、ZIP/JAZZ 磁碟、備份磁帶、光碟片。犯罪者通常會以這類儲存媒體隱藏與犯行有關的資訊。

4. 尋找與硬體、軟體及可拆解式儲存設備有關的說明文件。這些文件有助

6　一般磁性媒體於室溫環境的安全儲存期限約 7 年至 10 年。

瞭解軟、硬體及備份程序的細節，利於偵查程序的進行。

5. 尋找通行碼（password）或電腦及其周邊的電話號碼。電腦駭客通常會保有許多連線服務提供者的電話號碼、帳號及其通行碼。

6. 從垃圾桶中尋找電腦報表或相關的證據。這些報表常常含有寶貴的資料，並可用來比較其與電腦系統資料的差異程度。

7. 尋找連結至網路系統的跡證。

（二）數位證物的保存與記載

1. 錄影，特別注意線路連接情形：與一般的現場攝影一樣，有助於保全現場及增加證據力。

2. 對重要的螢幕畫面記載、攝影或錄影。如果發現有磁碟格式化程式或檔案刪除程式正在執行，應儘速將電腦主機後端的電源拔除。

3. 儘量列印相關證據，並令嫌犯當場捺印指紋或簽名，以資驗證。

4. 繪製現場簡圖，並作筆記，記錄蒐證過程，以利現場重建。

5. 對每一證物，均加註標號、註明日期時間、蒐集人員，切實作好證物鏈的管理。

6. 如需查扣整部電腦：

   (1) 接線及連接埠均加標籤，未用的連接埠亦以「未用」標示之。

   (2) 以空白的磁片，插入軟碟機，以資保護。

   (3) 以證物膠帶封閉電腦機盒及磁碟機，以避免不必要的碰觸。

   (4) 審慎裝箱，避免塵土、流體、潮溼、撞擊、過熱或過冷、磁場、靜電。

7. 如不需查扣整部電腦，但需查扣所有數位證物：

   (1) 以另一開機片重新開機。

   (2) 記錄電腦系統的日期與時間，以及實際日期與時間[7]的差異情形。

   (3) 拷貝兩份，以完整拷貝[8]（bit-stream copy）為之。

   (4) 對證物標號、加註日期時間、蒐集人員，並載明電腦型式及其作業系統種類版本，以及拷貝用的軟體名稱。

   (5) 記載磁碟檔案系統的情形，如檔案的創設時間、修改時間等時戳，計

---

7 電腦系統的日期、時間與現實的日期、時間或有差距，應詳細載明以確保證物之證據能力。

8 一般的拷貝僅能備份檔案系統中的檔案內容，完整的拷貝可視為將磁碟內容以位元為單位一一備份。

算所有檔案及磁碟的雜湊值（或稱訊息摘要 message digest），並載明
證物之所以被蒐集的理由。
8. 如只需查扣部分數位證物：
   (1) 記錄電腦系統的日期與時間，以及當時實際的日期與時間。
   (2) 拷貝兩份（必要時以完整拷貝為之），並確認之。
   (3) 對證物標號、加註日期時間、蒐集人員，並載明電腦型式及其作業系
統種類版本，以及用於拷貝的軟體名稱。
   (4) 記載磁碟檔案系統的情形，如檔案的創設時間、修改時間等時戳，計
算所有檔案及磁碟的雜湊值或訊息摘要，並載明證物的重要性及其之
所以被蒐集的理由。

（三）證據之分類、比對與個化

1. 分類：詳細檢查特徵並加以分類，例如證物存在電腦的作業系統為
Windows、Unix 或 Linux，其應用軟體的種類與名稱，及是否為特殊軟、
硬體環境所產生等。
2. 比對與個化：將證物與已知的樣本比對與確定其來源，並檢查有無特殊可
作為鑑別的特徵。

（四）犯罪重建

1. 記錄重建時所作的每一動作。
2. 可能的話，重複證物的產生過程，以釐清案情。
3. 以資料回復工具，找回遭刪除或破壞的數位證物。
4. 以特殊軟體搜尋 slack space 或 swap files 的內容。
5. 重建物件與物件或犯罪者的關聯。
6. 重建物件的功用或如何被使用。
7. 重建事件發生的時間關係。

第三節　計算機系統數位證物蒐證方法

　　計算機系統為構成網路世界的基礎。網路世界的組成單元除了傳輸媒
體外，可以說是由大小不一的計算機系統所構成。例如網路世界每一個主

機系統一般為完整的通用計算機系統（general purpose computer system），
而網路的閘門或者路由器亦可視為一種特殊功能的計算機系統（dedicated
computer system）。因此如何從計算機系統搜尋數位證物，自然成為數位鑑
識工作最重要的一環。計算機系統中的資料儲存機制依其功能與特性，主要
可分為檔案系統（file system）、隨機儲存媒體（random access memory）及
輔助儲存媒體（secondary memory）等。本節探討計算機系統資料儲存機制
及相關的資料搜尋與回復技術。

一、檔案系統原理

（一）磁碟組織

　　計算機系統的主要儲存單元為磁碟。磁碟一般由一個或多個磁面
（platter）所組成，磁面又劃分為許多同心圓，稱為磁軌（track），每一磁
軌再細分成許多扇形，稱為磁扇（sector）。而為有效管理起見，每一檔案
的配置空間單元一般以數個磁扇為單位，稱為磁叢（cluster）[9]。磁碟的組織
如圖 5.1 所示。

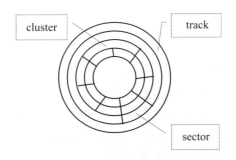

圖 5.1　磁碟的組織構造示意圖

（二）檔案系統組織

　　計算機系統儲存資料的管理單元可以視為計算機系統的圖書館，稱為檔

9　每一磁面的磁軌數目、每一磁軌的磁扇數目及配置單位的磁扇數目，會因規格或系統而有所
　　差異。

案系統或檔案子系統。檔案管理的原理基本上與圖書管理類似，例如圖書館為提供讀者的借書服務，必須另外建立許多相關的資料（如圖書目錄）與機制（如目錄查詢）。類似地，檔案系統為提供使用者檔案的存、取服務，也需建立許多的資料與機制。管理單元除了儲存使用者的檔案內容外，必須另外儲存檔案的描述資料。且於儲存資料之前，計算機系統必須先將儲存空間作一完整的規劃，劃分儲存空間為資料區或者為目錄區，如圖 5.2 所示。

圖 5.2　儲存空間規劃

　　目錄區存有每一檔案的描述資料，一般包含檔案的創設時間、最後修改時間及最後存取時間、檔案的類型、長度、創設者、存取權限、檔案的儲存位置等。此外，為有效管理儲存空間，每一磁碟空間的配置情形也需依實際的使用情況加以記載。而這些資料的組織架構，則會因作業系統及檔案系統而有所差異，例如常用於 Windows 的 FAT 檔案系統[10]與 Unix 檔案系統（UFS）的組織方式即有顯著差異。

1. Unix 檔案系統組織

　　Unix 檔案系統主要可分為兩個物件：目錄及檔案。目錄基本上為一具有固定紀錄格式的檔案，其中的每一紀錄描述一個檔案；檔案的內容則以區塊（block）方式配置記憶體加以儲存，每一區塊的大小一般介於 512 位元組至 8,192 位元組間。此外，Unix 檔案系統將檔案的相關訊息及檔案內容所在的區塊位置資訊，用一索引結（index node or I-node）表示。Unix 檔案系統組織如圖 5.3 所示。直接資料區塊指標記錄資料區塊在磁碟的位置，單層間接資料區塊指標記錄儲存指標的區塊在磁碟的位置，依此類推。

---

10 Windows 作業系統依其版本的差異可搭配不同的檔案系統，如 FAT16、FAT32、NTFS、HPFS 等，其檔案系統的組織亦有所不同，詳細情形可參考作業系統相關書籍。

目錄：

索引結 234：

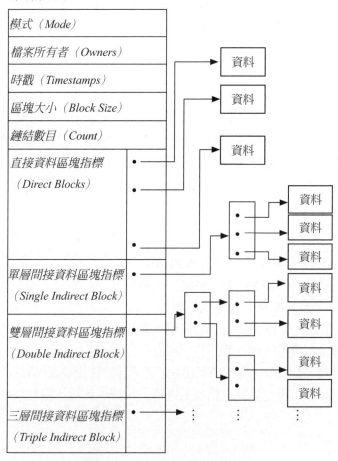

圖 5.3　Unix 檔案系統組織

2.FAT 檔案系統組織

　　有別於 Unix 的索引結檔案組織，FAT 檔案系統則以檔案配置表（File Allocation Table, FAT）組織檔案的配置區塊（磁叢），FAT 檔案系統組織如圖 5.4 所示。

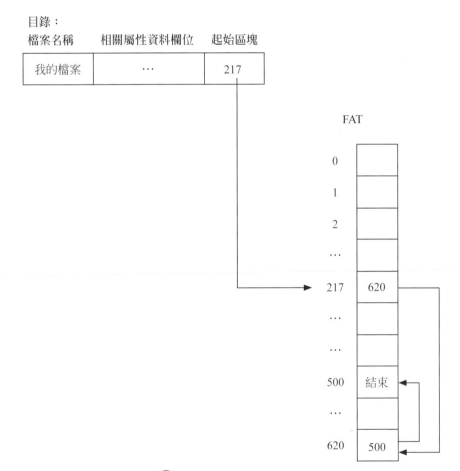

圖 5.4　FAT 檔案系統組織

二、檔案資料的萃取與分析

　　一般硬碟的容量少則幾十個 GB，大則幾百個 GB，甚至幾個 TB。如何從龐大的檔案系統中找尋與案件有關的資料，實為計算機鑑識的一大挑戰，為剔除與案件無關的檔案，可利用下列方法 [13]：

（一）剔除已知的檔案

　　如果蒐集有一大量的檔案庫，而且已知這些檔案與案件無關，例如一些公用程式或檔案，首先將這些檔案分別計算其雜湊值並加以儲存。如果所蒐集的檔案其雜湊值與檔案庫中任一檔案的雜湊值相同，則可加以剔除。此外，為加速前述剔除工作的進行，可將已被剔除檔案的雜湊值加以儲存，以作為剔除重複檔案（duplicates）的依據。由於這些工作量極大，應以自動化的方法進行，可自行撰寫程式或利用如 Encase [11] 及 AccessData FTK [12] 等套裝軟體進行處理。

（二）剔除其他不必要的檔案

　　依照案情的特性，可先確認與案情相關的檔案類型。例如與案情有關的資料僅止於文字檔（text file），則其他的檔案類型如二進位（binary）的程式檔、影像檔等皆可剔除，而不至於影響案件的偵查。但應注意有些檔案的副檔名與其檔案型態或不相吻合，在剔除檔案前應先驗證檔案的表頭內容及其副檔名，在確認檔案的真正型態後，才進行檔案的剔除工作。驗證檔案內容表頭與副檔名可以特殊軟體工具，如 Maresware [13] 進行比對。

（三）剔除重複檔案

　　重複檔案的剔除，除考慮檔案內容的雜湊值外，仍需考慮其他的屬性，例如檔案所在的位置、檔案的名字、創設時間及存取時間等。刪除重複檔案前，必須與偵查人員討論這些屬性的改變是否影響案情的釐清。在確定這些屬性的改變並不影響案情的情況下，才可將重複檔案剔除。

---

11 http://www.encase.com.
12 Forensic Tool Kit, http://www.accessdata.com.
13 http://www.maresware.com.

（四）辨別加密檔案與解密

經加密的檔案必須先行解密，以利發現與案情有關的資料。可利用軟體工具，如 AccessData 的 Forensic Tool Kit 及 Password Recovery Tool Kit 進行辨識及破解加密檔案。

（五）分離電子郵件檔案

將電子郵件檔案分離並另外儲存於電子郵件資料夾。

三、資料之回復技術

（一）刪除檔案之回復

一般檔案系統在刪除檔案時，僅將目錄中的檔案紀錄及資料的儲存區塊標示為可利用空間，並未將儲存資料的媒體區域進行消磁歸零工作。例如 FAT 檔案系統僅將目錄中檔案紀錄的第一個字元改為 sigma 字元（十六進位碼為 E5），及將配置給該檔案的 FAT 紀錄清為 0，但檔案內容並未真正刪除，仍可以特殊工具如 Lost&Found [14] and RecoverNT [15] for NTFS 將磁區資料回復（data recovery）。Unix 檔案系統僅將目錄中的檔案紀錄設定為未使用，並將 I-node block 設為未使用，但檔案名稱仍可以 strings 指令檢視目錄而顯現；Linux 系統則在 I-node block 仍保留 12 個直接資料區塊指標 [27]。雖然所有資料所在的區塊設定為未使用狀態，但其內容仍然存在。因此在檔案遭刪除後，仍可利用特殊軟體回復，如 Encase 軟體工具或 Coroner's Toolkit [16]。這些已刪除的檔案雖可利用特殊工具加以回復，但由於已刪除檔案的配置空間均由檔案系統標記為可再利用的空間，因此如果系統再將其空間配置給新的檔案，則其資料的回復即非常困難或不可能。

（二）已配置剩餘空間與系統剩餘空間資料的回復

已配置剩餘空間（slack space）是指配置給檔案的末端磁叢，因為檔案大小不一，有部分空間可能未被填滿。如圖 5.5 所示。

---

14 http://www.powerquest.com/.

15 http://www.lc-tech.com/Forensicsuite.asp.

16 http://www.porcupine.org/forensics/, or http://www.fish.com/forensics/.

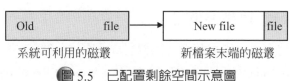

圖 5.5　已配置剩餘空間示意圖

　　該磁叢如果之前曾配置給其他檔案，未被填滿的部分可能殘存有該舊檔案的資料。由於一般的應用軟體並不會顯示殘存資料，因此殘存資料必須以特殊軟體加以蒐集。

　　系統剩餘空間（unassigned clusters or free space）是指檔案系統可利用的空間。又可分為尚未配置給任何檔案的磁區，以及曾經配置給其他檔案但已標註回收的磁區。屬於後者的系統剩餘空間也可能殘留有舊檔案的資料。換句話說，已配置剩餘空間與系統剩餘空間資料的蒐集，亦為數位證物鑑識蒐證的重要部分。

（三）隨機儲存媒體資料之回復

　　隨機儲存媒體（random access memory），一般為揮發性的儲存媒體（volatile storage）。隨機儲存媒體乃現代計算機執行程式及處理資料所必需的暫時儲存場所，其記憶內容會隨著電源的關閉而消失，故稱為揮發性的儲存媒體。有些駭客會利用此一特性，在成功入侵植入程式後，將檔案系統中的程式刪除以湮滅證據。因此，隨機儲存媒體的資料有時候亦可能成為證明犯罪的唯一證物。隨機儲存媒體資料的回復，可利用「core dump」軟體傾倒記憶體內容，或利用「gcore」取得行程（process）的資料區段（data segment）及堆疊區段（stack segment），或利用系統指令「kill -STOP pid」暫停行程（「kill -CONT」再啟動），或利用特殊的軟體如 The Coroner's Toolkit 加以蒐集。有些 Unix 系統會將執行中的程式碼及資料區另外儲存於檔案系統 [28]，如表 5.1 所示。因此如發現有幽靈程式執行情形，可將其程式碼及行程執行的狀態資料加以儲存，以作為進一步分析的依據。

表 5.1　程式執行時執行碼暫存位置

Attribute of Process	Solaris	FreeBSD	Unix
Executable Code	/proc/pid/object/a.out	/proc/pid/file	/proc/pid/exe
Process Image	/proc/pid/as	/proc/pid/mem	/proc/pid/mem
Memory Map	/proc/pid/map	/proc/pid/map	/proc/pid/maps

（四）儲存媒體資料的回復

　　磁力覆寫結果會因原有資料的不同而有所差異。譬如在原來儲存「0」的位置覆寫「1」，其磁力強度可能為 0.95，但如在原來儲存「1」的位置覆寫「1」，其磁力強度可能為 1.05。另外，讀寫頭的位置偏差亦有可能讓原來的資料殘存於磁性儲存媒體。磁力強度的差異及殘存資料可以磁力顯微鏡（magnetic force microscopy）技術加以顯現。理論上被重複覆寫七次的資料仍有可能回復 [14, 15, 18]。

四、檔案證物的保存

　　在資料蒐集完成後，由於後續的分析有可能改變資料的屬性或內容，因此在進行分析前必須進行資料的保存程序。首先須詳列資料的清單及其對應的雜湊值，作為日後驗證的依據。檔案的雜湊值乃利用特殊的雜湊軟體，將檔案的整體內容對應至一特殊型態的碼字，例如 32 個十六進位碼，稱為雜湊值或數位簽章（digital signatures）。例如 MD5 軟體可將下列僅有一字之差的檔案內容分別對應至明顯不同的雜湊值：

輸入的檔案內容	輸出的雜湊值
The suspect's name is John	7e6c8f0d5e3a218a5b9387f1c764a784
The suspect's name is Joan	c48d0f4fe739b278428922597b7e07e3

　　雜湊軟體如 MD5 的功能與特性為：將輸入的數位物件（如檔案內容）對應至一雜湊值，未經修改的同一檔案永遠對應至同一雜湊值，而不同的檔案對應至同一雜湊值的機率微乎其微。因此如要以人工的方式創造出兩個雜

湊值相同的檔案，其困難度極高 [17]。MD5 的功能如圖 5.6 所示。

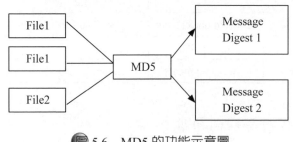

圖 5.6　MD5 的功能示意圖

除 MD5 外，SHA 及 CRCMD5 亦具類似的功能。此外，為提高驗證的準確性與破解難度，亦可考慮同時利用兩個或兩個以上的雜湊軟體。雖然有些資訊密碼學專家亦有能力撰寫類似的雜湊軟體，但為提高公信力起見，仍以使用市面上的套裝軟體為宜，其中以 MD5 最廣為使用 [22]。

五、檔案資料的彙整與整理

將所蒐集資料依遭刪除的檔案資料、剩餘空間的資料、解密的資料、電子郵件資料，及未被剔除的資料分別儲存於不同的資料夾。必要時並進行索引 [18] 的建構工作，以利後續搜尋工作之進行，或直接以「strings」或 Windows 的內容搜尋功能檢視檔案內容，尋找與案情有關的檔案。例如要尋找程式包含有網頁的超連結字串，在 Unix 系統可以下列指令進行搜尋：

strings -f /usr/bin/* | grep http | less

第四節　網際網路數位證物的蒐集與追蹤

如前所述，在 1990 年前電腦安全威脅有 80% 源自企業或組織的內部，但在電腦與通訊結合後，源自內部的電腦安全威脅與來自網路的威脅已非常

---

17 約需 2^{64} 個運算。

18 建立索引可能需要許多時間，但如果資料量極大且後續的搜尋工作相當頻繁，整體而言索引仍可提升搜尋的效率。索引工作亦可以特殊軟體如 dtSearch（http://www.dtsearch.com）為之。

接近 1：1 的比例，且威脅來自網路的比重有日益增加的趨勢。因此暸解網際網路的特性及研究網際網路數位證物的蒐集與追蹤技術，亦為數位證物鑑識不可或缺的一環。本節探討網際網路基本的組織架構及數位證物搜尋技術。

一、網際網路原理

（一）網際網路基本架構

為了使計算機間能夠交換訊息，計算機作業系統必須提供處理訊息交換的機制。訊息交換的機制主要包含硬體設施及複雜的網路軟體程式。網路軟體程式一般稱為網路子系統（network subsystem），由於訊息交換工作非常複雜，網路子系統的建造方式，通常以模組化方式（modularization），將軟體程式系統規劃為多個層級分別建置。最上層級提供使用者及應用程式間的介面，直接與使用者或應用程式交換訊息，最下層級則負責將相關訊息轉成電子訊號透過媒體向遠端傳送，及負責接收遠方傳來的電子訊號並將之轉成固定的訊息格式。層級間的運作方式為：在傳送端層級間以分工的方式，將使用者的資訊進行各種分解與再包裝，轉換成媒體可傳送的格式；在接收端層級間則將媒體傳來的資訊分別進行各種組裝與整理，還原成使用者可接受的格式。最廣為普遍使用的網路架構為傳輸控制協定／網際網路協定（Transmission Control Protocol/Internet Protocol, TCP/IP）的架構，如圖 5.7 所示。

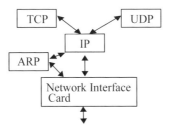

圖 5.7　TCP/IP 網路架構

通訊協定主要規範計算機間訊息的傳遞方式，其中 IP 主要負責選擇傳送路徑與傳送資料，TCP 負責資料切割，以簡化 IP 所傳送的資料。圖 5.7 中的 Network Interface 為網路介面，相當於計算機的網路卡；一般歸類為資

料連結層（data link layer），負責計算機與傳輸媒體間的訊息交換工作。各層級的程式系統為了能順利運作，通常保存有傳遞訊息的相關資訊（如日誌）。此外，由於媒體傳輸技術的特質，使運用特殊的設備監控其傳輸內容成為可行。例如訊息在網路層級係以計算機的 IP 位址 [19]（IP address）作為訊息接收端與傳送端的識別資訊，但在資料連結層則以網路卡號碼〔或稱 MAC（Media Access Control）位址 [20]〕作為訊息接收端與傳送端的識別訊息。網路層與資料連結層間識別位址的轉換，則透過位址轉換協定（address resolution protocol）完成。因此在網路的路由器（router）存有 IP 位址與 MAC 位址轉換映射表。此外，網際網路間封包則係以跳點（hopping）的方式傳送，即網路主機在接到封包時，經由檢視封包的接收端 IP 位址，選擇與其連線的適當主機傳送，封包以一站一站向前邁進的旅行方式傳遞，直到抵達接收端為止。為確保封包傳遞的效率，每一網路主機儲存一路由表（routing table），以快速有效地將封包往下一站傳遞，路由表一般由網路主機自動學習建立。因此通常在穩定的網際網路中，接收端與傳送端皆相同的封包在網際網路傳遞的路徑是固定的。另外，在區域網路中，訊息封包係以廣播的方式（broadcasting）傳送，接收端在比對 MAC 位址確認後加以接收，因此在區域網路中，可以特殊軟體進行封包的監控與偵測。

（二）網際網路的服務架構

　　網際網路的主要功能為提供資訊交換與連結服務。由於其快速、方便、不受時空限制及多元化的媒體功能，儼然成為影響力最大的媒體。網際網路的主要服務有：全球資訊網（WWW）、電子郵件（Email）、檔案傳輸（FTP）、檔案搜尋系統（archie system）、地鼠系統（gopher system）、

---

19 網際網路上每一主機均配置一個獨一無二的 IP 位址，作為計算機的識別號碼。IP 位址由四個號碼所組成，每個號碼介於 0 至 255 間，號碼間以點（dots）隔開，例如 192.168.0.55。另為便於人類識別，每一個 IP 位址通常亦有相對應的領域名（domain name），例如 www.cpu. edu.tw，其中 www 表示全球資訊網（World Wide Web）伺服主機，cpu 為機構名稱，在此為中央警察大學（Central Police University），edu 表示教育機構（education），tw 則為地理名稱，在此代表台灣，詳細介紹可參考一般計算機概論書籍。因訊息封包傳送時係以 IP 位址為其來源端與目的地的識別資訊，系統必須提供領域名與 IP 位址的轉換程式及資料（address resolution）。

20 MAC 位址由 12 個十六進位碼所組成，前六碼為製造廠商的識別碼，後六碼為設備的系列號碼（serial number）[12]。

新聞群組（newsgroups）、電子布告欄（BBS）、線上即時交談服務（synchronous chat network）、網路電話（I-Phone）、搜尋引擎及網路遊戲等。這些建構在網路系統的服務雖然操作容易，但這些系統的構造卻也非常複雜，必須以分層或梯（tier）的方式建置，如圖 5.8 所示。

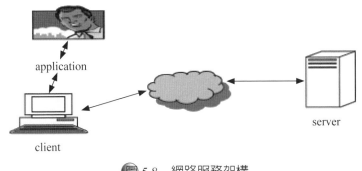

图 5.8　網路服務架構

　　例如在全球資訊網擷取資料，早期使用者必須開啟探險家（Internet Explorer, IE）或網景（Netscape）等瀏覽器應用程式，使用者由應用程式所提供的介面鍵入所要擷取資料的全球資源位址（Universal Resource Locator, URL），應用程式再以超文件傳輸協定（Hyper Text Transfer Protocol, HTTP）利用顧客端（client）電腦系統的網路子系統，將全球資源位址傳給遠方的 Web 伺服器（web server）。Web 伺服器則以類似方式將資料或訊息反方向傳遞給客戶端的應用程式轉給使用者。由此可知，網際網路使用者一個單純的資料擷取事件，往往需由網際網路及計算機系統多個單元繁複地、系統化地完成一系列的程序始可完成。這些相關單元或因為效率因素、或因為會計需要及安全考量，每個單元通常留有事件的相關紀錄，例如顧客端計算機的 cookies、registries，以及伺服端的日誌（logs）等。

二、網際網路服務與犯罪現場的關係

　　如前所述，在全球資訊網開始盛行後，電腦及網路的安全問題有日益嚴重的趨勢，因此網際網路上數位證據的追蹤與蒐證亦為數位證物鑑識重要的一環。由於網際網路具超越地理空間的特性及虛擬空間容易隱匿身分的特性，犯罪者往往利用這些特性作為掩護進行犯罪或隱匿證物。例如在進行攻

擊發動前先繞行至其他的系統作為跳板,以逃避追蹤。常見的網際網路與犯罪現場間的關係,如圖 5.9 所示。

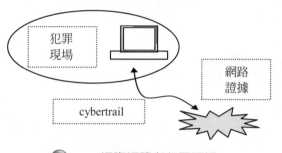

圖 5.9 網際網路與犯罪現場

雖然犯罪者可利用網際網路的特性進行犯罪,但網際網路分散的特性亦使得湮滅證據較為不易。因此如何從網際網路空間搜尋與案件相關的資料,以發現犯罪行為與事實,便成為數位鑑識的重要課題。鑑識人員必須具備從區域網路或廣域網路搜尋數位證據的能力,以因應網際網路犯罪偵查的需求。

三、網際網路數位證物與蒐集

(一)應用層

犯罪者常於電腦留存與犯罪的相關訊息,如電子郵件訊息、聊天室的對談內容、BBS 訊息備份、cookies 等。這類的資料可運用應用軟體本身的搜尋功能或搜尋引擎進行搜尋,或利用作業系統所提供的工具程式加以蒐集。例如台北大學林姓學生箱屍命案主要的破案線索即來自 BBS 備份,而美國伊朗軍售案主要證物則來自遭諾斯中校刪除的電子郵件,此皆為應用層數位證物搜尋的實例。

(二)運輸及網路層

運輸及網路層的伺服器通常留有日誌紀錄及系統狀態表 [12],如圖 5.10 所示。

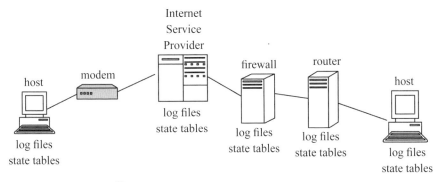

圖 5.10　網際網路日誌及系統狀態表

　　各種日誌檔保存網頁的存取及電子郵件來源等相關訊息，這些資料一般只有該伺服器的系統管理人員才有權限存取。因此蒐集這些資料通常需聯繫相關的系統管理人員，以取得相關資料。系統管理人員的聯繫資訊，在國內可洽機構資訊部門（如學校的電算中心或企業的資訊處等）的網管人員，國外部分可利用 Whois 資料庫[21]。Unix 系統常見的日誌檔有：

1. acct 或 pact：系統使用者所鍵入的每一個指令紀錄。
2. aculog：記載以數據機向外撥接的紀錄。
3. lastlog：記載使用者上次登錄的紀錄。
4. loginlog：登錄失敗的紀錄。
5. messages 或 syslog：包含各種事件的紀錄，亦可經由組態規劃將路由器及防火牆的紀錄登錄於此日誌檔內，為主要的日誌檔。
6. sulog：記載任何試圖以系統管理者或根使用者（root）身分的登錄事件。
7. utmp 及 utmpx：記載正在使用系統的使用者，可以「who」指令讀取此日誌檔。
8. wtmp 及 wtmpx：記載系統的啟動紀錄及所有的登錄紀錄，可以「last」指令讀取。
9. vold.log：記載所有存取外接儲存媒體（如光碟機及軟碟機）失敗的紀錄。
10. xferlog：記載所有以「ftp」傳輸檔案的紀錄。

---

21 http://whois.arin.net/whois/arinwhois.html.

新版的 Unix 作業系統一般將日誌檔存於 /var/adm 或 /var/log 目錄內，舊版的 Unix 作業系統則存於 /var/adm，但 utmp 及 wtmp 亦有存於 /etc 目錄情形。除了 utmp 及 wtmp 可分別以「who」及「last」指令讀取外，其他的日誌檔可以文字檔編輯器（如「vi」）或瀏覽器（如「more」或「less」）讀取。亦可搭配其他的指令如「grep」進行搜尋，例如：

cat/var/log/syslog | grep sendmail | more

上述指令將 /var/log/syslog 日誌檔含有「sendmail」字串的紀錄分頁依序顯示於螢幕。另外，系統狀態表記錄最近的網路連線情形，可以「netstat」指令，如「netstat -f inet」顯示。惟須注意，系統狀態表會隨著系統電源關閉而消失，因此必須將其內容轉換為檔案方式儲存。

運輸層及網路層所保存的資料通常為通訊事件的描述資料（meta data）。因此數位證據僅能提供犯罪行為與電腦主機及事件發生的先後關係，雖不能直接證明犯罪行為與涉嫌者的關係，但可用以縮小偵查範圍及作為犯行的佐證資料。

（三）資料連結層

由於在資料連結層訊息係以網路卡號碼或稱 MAC 位址作為訊息接收端與傳送端的識別資訊，但在網際網路層訊息係以 IP 位址作為訊息接收端與傳送端的識別資訊，因此訊息在經過網際網路層與資料連結層介面時，必須透過位址轉換協定轉換 IP 位址與 MAC 位址，因而在網路的路由器暫存有 IP 位址與 MAC 位址轉換映射表。使用者如私自竄改其主機的 IP 位址，一方面可於命令提示下（或 DOS 模式）以指令「ipconfig /all」顯示其主機的 MAC 位址（或稱實體位址，physical address）；另一方面可於路由器的主控台以指令「arp -a」查詢 IP 位址與 MAC 位址轉換映射表，惟須注意，一般其暫存時間僅在 20 分至 2 小時間。另外必要時可以 Sniffer 等網管工具進行資料連結層封包的擷取與分析。

四、網際網路追蹤

常見的網際網路追蹤方法包括電子郵件的追蹤、IRC（Internet Relay

Chat）聊天室訊息的追蹤、封包傳遞路線的追蹤、撥接來源的追蹤，及電子布告欄訊息的追蹤等，其中電子郵件的追蹤及撥接來源的追蹤在第四章已有詳盡的描述，有興趣的讀者，請參考第四章第三節。

（一）IRC聊天室訊息的追蹤

IRC 為網路聊天室的一種。基本上網路聊天室的訊息仍須經由 IRC 網路轉遞。但在轉遞過程經過的網站一般皆不留下任何通聯紀錄，因此無法在事後從網站中搜尋通聯有關的訊息，但有些參與聊天的使用者會於自己的電腦中留下一些通聯紀錄，可以試著去尋找相關的跡證。於線上則可利用 /whois、/whowas 或 /who 等指令，追蹤對方的電子郵件帳號、所使用的 IRC 頻道及所使用的 IRC 伺服器的名稱等資料。

（二）封包傳遞路線的追蹤

由於每一網路主機儲存有路由表以決定網路封包的傳遞路徑，因此通常在穩定的網際網路中，接收端與發送端皆相同的封包在網際網路傳遞的路徑是固定的。欲追蹤主機與遠端主機間 IP 封包的傳遞路線，可於主機系統提示鍵入「traceroute」指令，以顯示封包的傳遞路徑及三個測試封包之往返時間，例如：

%traceroute w3.cc.ntu.edu.tw
1. ct5000.cpu.edu.tw (163.25.6.254) 0.465 ms 0.333 ms 0.325 ms
2. 163.25.6.252 (163.25.6.252) 0.747 ms 0.675 ms 0.667 ms
3. 134.208.51.115 (134.208.51.115) 11.920 ms 7.030 ms 7.043 ms
4. TANet-NTU.edu.tw (203.72.38.112) 9.036 ms 8.567 ms 11.229 ms
5. r7513-CC.ntu.edu.tw (140.112.5.7) 9.653 ms 10.717 ms 15.585 ms
6. w3.cc.ntu.edu.tw (140.112.8.130) 13.960 ms 9.302 ms 10.097 ms

（三）電子布告欄訊息的追蹤

電子布告欄的使用者必須先註冊成為正式使用者方可發表任何文章或訊息，因此每一個電子布告欄伺服器理論上皆留有使用者的相關資訊，例如電子郵件信箱。如欲追蹤電子布告欄使用者，可從其伺服器的管理者獲得相關資訊。有些電子布告欄伺服器亦提供聊天室的服務，其追蹤方法類似前述 IRC 聊天室訊息的追蹤。

第五節　結論

在個人電腦及全球資訊網廣為盛行之後，電腦及網路活動已漸成為一般社會大眾工作與生活重要項目之一。人類生活及行為涉及電腦與網路的程度也日漸增加，相對地犯罪行為之全部或部分與電腦網路關聯程度亦日益提升。因此如何從電腦及網路中蒐集與犯罪有關的資訊，以協助犯罪偵查，進而達成維護治安的任務，將成為資訊時代犯罪偵查的嚴峻挑戰之一。由於數位證據一般儲存於電腦系統中之電磁媒體上。其易於更改且不留痕跡的特性與一般的物理證物迥異，因此偵辦電腦犯罪或與電腦有關的犯罪，有關計算機系統數位證物的蒐證、運送、保存與鑑識等處理過程，均必須研擬周詳與嚴謹的處理程序及分析方法，以發覺犯罪事實並確保數位證物之證據能力與證明力。

計算機系統為構成網際網路及虛擬空間的基礎，因此數位證物鑑識的範圍主要包含計算機系統數位證物鑑識及網際網路數位證物之搜尋與追蹤。計算機檔案系統的數位證物依其性質分布於檔案及目錄、資料區段、索引結及磁區配置表，以及磁性儲存媒體等各個不同層次。類似地，網際網路的數位證物主要亦分散於應用層、網路層、資料連結層等。基本上越接近應用層其資料量越多，資料的連續性則較清楚可辨。鑑識的主要困難在於如何從大量的資料中搜尋與犯罪案件有關之資料；相對地越接近實體層，資料的回復技術變得越困難，通常必須仰賴特殊的工具方能進行。而且資料片段間的關係越來越鬆散，如何將雜亂的片段資料拼湊成有用的資訊，將是一大挑戰。

本文探討了計算機系統與網際網路數位證物之原理與相關技術，雖可提供有興趣者一些指引，但由於計算機及網路系統的多樣性，以及其技術發展仍然日新月異，以現階段而言，建構一個完整的探討是不切實際的。數位證物鑑識領域的發展迄今雖已有 10、20 年，但在國內這個領域仍屬於嬰兒期，仍待有興趣的學界同仁共同努力。

參考文獻

[1] 內政部警政署，1999，警察犯罪偵查規範。

[2] 王朝煌、張維平，2000，電腦及網路犯罪偵查，警察百科全書七：刑事警察，正中書局。

[3] 王朝煌，2003，數位證物之鑑識與蒐證，警學叢刊，第34卷第3期，頁133～156。

[4] 李茂炎，2001，檔案系統數位證據擷取技術之研究，中央警察大學資訊管理研究所碩士論文。

[5] 李茂炎、王朝煌，2001，檔案系統數位證據擷取技術之研究，第五屆資訊管理學術暨警政資訊實務研討會論文集，頁247～255。

[6] 林一德，2001，電子數位證據於證據法上之研究，台灣大學法律研究所碩士論文。

[7] 林宜隆、陳雷琪，2002，數位證物初探，第六屆資訊管理學術暨警政資訊實務研討會論文集。

[8] 林煒翔、廖有祿、王朝煌，2000，電腦犯罪偵查之探討——偵查程序之建構，警學叢刊，第31卷第1期，頁218～240。

[9] 蔡震榮、張維平，2000，電腦犯罪證據之研究，刑事法雜誌。

[10] 蘇清偉，2002，網路犯罪入侵案件之數位證據蒐證研究，國立交通大學管理學院碩士論文。

[11] CSI/FBI, 2003, "The 2003 CSI/FBI Computer Crime and Security Survey," http://www.gocsi.com/press/20020407.html.

[12] Eoghan Casey, 2000, *Digital Evidence and Computer Crime: Forensic Science, Computers and the Internet*, Academic Press.

[13] Eoghan Casey, 2002, *Handbook of Computer Crime Investigation*, Academic Press.

[14] Dan Farmer and Wietse Venema, 2000, "Forensic Computer Analysis: An Introduction," http://www.ddj.com/documents/ddj0012h.

[15] Simson L. Garfinkel and Abhi Shelat, 2003, "Remembrance of Data Passed: A Study of Disk Sanitization Practices," *IEEE Security & Privacy*, Vol. 1, No. 1.

[16] W. B. Frakes and R. Baeza-Yates, 1992, *Information Retrieval: Data Structures & Algorithms*, Prentice Hall.

[17] Sir Francis Galton, 1888, "Personal Identification and Description – I," *Nature*, pp. 173-177.

[18] Peter Gutmann, 1996, "Secure Deletion of Data from Magnetic and Solid-State Memory," *proceedings of the Sixth USENIX Security Symposium*, San Jose, California, pp. 22-25, http://www.cs.auckland.ac.nz/~pgut001/pubs/secure_del.html.

[19] David Icove, Karl Seger, and William VonStorch, 1995, *Computer Crime: A Crimefighter's Handbook*, O'Reilly & Associates.

[20] G. L. Kovacich and W. C. Boni, 2000, *High-Technology Crime Investigatot's Handbook*, Butterworth Heinemann.

[21] Warren G. Kruse II and Jay G. Heiser, 2002, *Computer Forensics: Incident Response Essentials*, Addison-Wesley.

[22] Vipin Kumar, Jaideep Srivastava, and Aleksandar Lazarevic, 2005, *Managing Cyber Threats: Issues, Approaches and Challenge*, Springer.

[22] Kevin Mandia and Chris Prostise, 2001, *Incident Response:Investigating Computer Crime*, Osborne/McGraw-Hill.

[23] Albert J. Marcella and Robert S. Greenfield, 2002, *Cyber Forensics: A Field Manual for Collecting, Examining, and Preserving Evidence of Computer Crimes*, Auerbach Publications.

[24] Richard Saferstein, 1981, *Criminalistics – An introduction to Forensic Science*, 2nd edition, Prentice Hall.

[25] Abraham Silberschatz and Peter Baer Galvin, 1998, *Operating System Concepts*, 5th edition, Addison-Wesley.

[26] USDOJ, 1994, *Federal Guidelines for Searching and Seizing Computers*, http://www.usdoj.gov/criminal/cybercrime/search_docs/toc.htm.

[27] Wietse Venema, 2000, "File Recovery Techniques," http://www.ddj.com/documents/s=878/ddj0012h/0012h.htm.

[28] Wietse Venema, 2000, "Strangers in the Night," http://www.ddj.com/documents/s=879/ddj0011g/0011g.htm.

第六章　社群媒體犯罪與鑑識——以行動上網為例

第一節　緒論

隨著社群媒體的廣為應用，人類行為涉及社群媒體的比例不斷增加。由於社群媒體具有快速與跨越國境的優勢，以及具隱密、匿名等特性，致使社群媒體逐漸成為有心人遂行犯罪的工具與管道。近年來社群媒體相關的犯罪案件呈現日漸增加的趨勢，社群媒體鑑識的重要性因而與日俱增。犯罪者利用社群媒體進行網路詐騙、恐嚇及霸凌等行為屢見不鮮，甚至有利用社群媒體聚眾鬥毆，或散布假消息企圖影響大選等，不一而足。搜尋社群媒體的資料以佐證犯罪，乃成為執法機構追訴犯罪與釐清相關當事人責任的重要工作之一。

社群媒體犯罪依攻擊的來源，可分為內部攻擊與外部攻擊 [7]。內部攻擊乃社群媒體使用者間的犯罪行為，例如網路霸凌、網路詐騙、網路身分竊盜或散播不實消息等；外部攻擊乃針對社群媒體平台業者網站系統的攻擊行為，例如運用分散式阻斷服務攻擊（Distributed Denial-of-Services, DDoS），癱瘓網站系統的正常運作，或駭入網站系統盜取使用者的註冊資料等。社群媒體的犯罪依攻擊對象，可分為對社群媒體使用者的攻擊與對社群媒體平台業者網站系統的攻擊。社群媒體平台業者網站系統通常擁有強而有力的安全防禦措施，一般比較不會成為犯罪者的攻擊對象。然而由於社群媒體使用者的組成來源非常廣泛與多元，且使用者的資訊安全觀念與防護措施均較平台業者薄弱，比較容易成為犯罪者的攻擊對象。社群媒體犯罪攻擊對象的特質與犯罪類型歸納詳如表 6.1。

表6.1　社群媒體犯罪

攻擊對象 組成特質與攻擊來源	社群媒體使用者	社群媒體平台業者
組成特質	1. 組織鬆散的網路鄉民 2. 資訊安全觀念薄弱，一般僅具基本的帳號密碼防護措施	1. 有組織的工商企業或團隊 2. 資訊安全觀念較強，且具備強大的安全防禦措施
攻擊來源	1. 社群內部 2. 群組成員對其他成員的攻擊（如霸凌、詐騙、竊用身分）	1. 社群外部 2. 有競爭關係的同業或有敵意或不滿意的網路鄉民的攻擊（如 DDoS）

　　本文探討以社群媒體使用者為攻擊對象的社群媒體犯罪鑑識課題，並以行動上網為例，說明社群媒體犯罪的鑑識方法。另外，本文也整理國內有關社群媒體蒐證的法律規範與實務見解，期能作為數位鑑識學術研究及鑑識實務之參考。本文架構為：第二節探討社群媒體及其證據價值；第三節說明社群媒體鑑識範圍與規範；第四節介紹社群媒體的鑑識方法；第五節為結論。

第二節　社群媒體及其證據價值

一、社群媒體

　　社群乃一群人基於共同興趣或目標而成立的組織，成員間透過共同活動來強化社群組織的凝聚力。根據維基百科 [1]，社群媒體乃社群化媒體，能夠以多種不同形式呈現，包括文本、圖像、音樂和影片等。常見的 Facebook（臉書）、LINE、Instagram、Plurk（噗浪）、X、Google+、Snapchat、Dcard、LinkedIn、PTT 及 Weibo（微博）等，乃以提供虛擬空間（或網路空間）給網路鄉民建立網路社群，以及提供社群成員互動管道服務的社群媒體平台業者。以台灣盛行的 LINE 為例，網路鄉民在安裝 LINE APP 軟體並完成註冊後，即成為社群媒體的使用者，可以成立群組及邀請好友組成社群。群組成員針對群組發表或轉傳訊息，群組成員藉由線上交換訊息產生更多的內容。群組的內容既面向群組，也來自群組。群組內部存在著頻繁的內容生

產和訊息交換的活動，這種訊息交換方式為群組成員對群組成員，是「多對多」訊息交換型態。

近年來社群媒體如 Facebook、X、Weibo、LINE 及 Whatsapp 等，如雨後春筍般地蓬勃發展。目前 Facebook 約有 25 億的使用人口，X 及 Weibo 也各擁有約 3 億及 4 億個註冊用戶。以 Facebook 為例，台灣註冊帳號數已接近 2,000 萬。根據台灣網路資訊中心 2019 年「台灣寬頻網路使用調查」報告顯示 [2]：台灣地區家戶上網率達 90.1%；個人上網率也高達 88.8%。台灣社群媒體使用率高達 89%，在亞洲地區排名第一。社群媒體市場概況，Facebook 使用率為 98.9%，其次 Instagram 使用率為 38.8%，台灣社群媒體市場的使用率詳如圖 6.1 所示。由於國內使用社群媒體及通訊軟體的人數逐漸增加，不法分子也開始利用這些管道來進行犯罪行為，主要犯罪類型包括：不法蒐集、利用他人個人資料，實施詐騙行為，實施性交易相關行為，以及發表妨害名譽言論等 [3]。

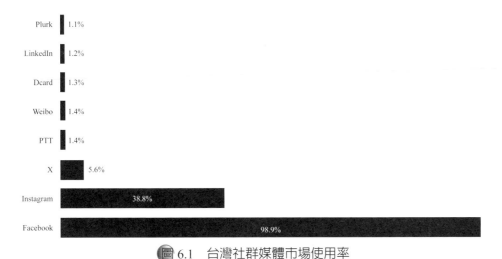

圖 6.1　台灣社群媒體市場使用率

資料來源：台灣網路資訊中心。

二、社群媒體的組成

社群媒體的組成，除了社群媒體使用者及社群媒體平台業者外，通常還包括提供資訊軟硬體基礎設施的雲端業者，如圖 6.2 所示。社群媒體平台業

者，除了可以選擇購置軟硬體設備作為建置網站系統的基礎設施外，也可以選擇租用雲端業者的軟硬體設備作為建置網站系統的基礎。由於社群媒體的資料量非常龐大，通常一個使用者所需的儲存空間即可達 10 MB 以上，有些使用者的儲存空間甚至超過 100 MB。為滿足眾多社群媒體使用者的儲存空間需求，社群媒體平台業者或雲端業者通常將資料以分散的方式儲存在眾多的電腦系統或資料中心。

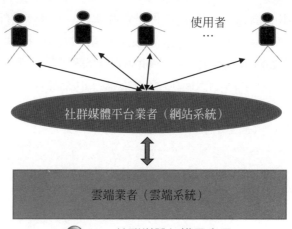

圖 6.2　社群媒體架構示意圖

　　社群媒體資料分散的儲存方式，不但增加了社群媒體犯罪取證的複雜度，也使數位鑑識面臨新的挑戰。由於社群媒體的資料已不再僅儲存於少數的電腦系統硬碟，傳統查扣主機及將硬碟作位元串流拷貝（bit-stream copy）的取證技術乃不敷使用。社群媒體的資料除了一部分儲存於搭載社群媒體 APP 的電腦系統或行動裝置外，使用者的註冊資料、活動內容，以及資料變動的歷史紀錄等，一般儲存於社群媒體平台業者的網站系統。且網站系統通常以分散的方式將資料儲存在眾多的電腦系統或資料中心。因此，傳統查扣主機及將硬碟作位元串流拷貝的取證方法，已不足以應付社群媒體犯罪的取證工作 [6, 7]。

三、社群媒體的證據價值

　　社群媒體資料包括使用者的基本資料、活動資料、網絡關係資料、貼

文內容及詮釋資料（metadata）等 [5]。使用者基本資料如姓名、生日、電子郵件信箱、居住城市等；活動資料為使用者活動的相關資料，如上網時間、上網地點及貼文（發文、推文或貼文）的時間、地點等；網絡關係資料，以 LINE 為例，如隸屬群組、群組成員、我的最愛及好友關係等；以 Facebook 為例，如朋友清單、共同好友、校友關係等。貼文除發文內容外，還包括按讚、按倒讚及上傳的圖像與影片等；詮釋資料為網路活動的相關資訊，包括發文或上網的時間戳記（timestamp）、地點標註（location tag）、上網的設備（電腦、手機或平板）及所使用 IP 位址與網路等。社群媒體的證據價值，包括根據使用者的通訊可以探知一個人的心理狀態（計畫、故意或無知）；日常的線上活動紀錄可以推論一個人的在場或不在場證明；上傳的日常照片可以佐證一個人的生活花費型態，或推論其經濟狀況，以及推論其身體健康情形；上傳的日常照片也可以證明一個人的活動軌跡，及佐證與其互動的夥伴與關係；網路行為也可佐證一個人是否涉及網路霸凌、網路騷擾，或是網路詐騙；社群網站的註冊資料可以佐證一個人是否涉及假冒他人名義，或是盜用他人身分，此外，註冊資料也可以用來檢查嫌疑人或證人的背景；貼文的時戳資料可以重建事件發生的先後次序，釐清嫌疑人究為原創或者單純轉傳行為 [5]。隨著社群媒體的多元應用，社群媒體的犯罪型態也將漸趨多元化，社群媒體資料的證據種類與價值亦將呈現逐漸增加的趨勢。

第三節　社群媒體鑑識範圍與規範

一、社群媒體證據蒐集範圍

　　社群媒體證據的蒐集範圍，除了螢幕畫面的截圖外，還需蒐集相關的輔助證據，才能提供足夠的資訊作為起訴或審判的依據 [5]。由於數位證據易於更改的特性，增加了其證據力的不確定性，因此相關輔助證據的蒐集亦極為重要。例如除了螢幕畫面截圖的證據外，如有目擊證人（witness）的證詞，可增加截圖的證據力。另外，被告或嫌犯的註冊資料、上網設備及上網 IP 位址，以及網站的日誌資料等，亦可以作為間接證據，以確認被告或嫌犯的網路活動，或證明被告或嫌犯的帳號乃遭到盜用所致。此外，被告或嫌

犯的貼文時戳以及貼文的來源，可以作為推論被告或嫌犯為貼文的原創且另有圖謀，或僅為單純轉傳的散布行為，以釐清涉案人的責任。

二、社群媒體證據蒐集規範

社群媒體證據，除了部分儲存於使用者（被害人、被告或嫌犯）的上網設備外，大部分儲存在社群媒體平台業者的網站系統。被告或嫌犯上網設備的證據蒐集，可依刑事訴訟法第 122 條第 1 項以及第 133 條有關搜索、扣押之相關規定蒐集。社群媒體平台業者網站系統的資料除可依刑事訴訟法第 122 條第 2 項、第 133 條及第 135 條等搜索、扣押相關規定蒐集外，亦可透過社群媒體平台業者網站系統的應用程式介面（Application Programming Interface, API）蒐集之 [5, 6, 7]。

另外，社群媒體即時通訊的監察，以及使用者間私密留言的監察，也須依通訊保障及監察法的相關規定辦理。通訊保障及監察法第 3 條第 1 項規定，通訊的定義為：利用電信設備發送、儲存、傳輸或接收符號、文字、影像、聲音或其他信息之有線及無線電信、郵件及書信、言論及談話等；第 2 項規定保護的要件：需有事實足認受監察人對其通訊內容有隱私或秘密之合理期待者為限。據此，社群媒體的即時通訊受到通訊保障及監察法的保護，應無疑義。另外，社群媒體的留言紀錄，可分為公開的群組留言及私密留言兩部分。群組留言的對象為所有好友（或群組成員），本質屬公開性質，因不具隱私或秘密之合理期待的要件，不在通訊保障及監察法的保護範圍，應無疑義。使用者間私密留言所留下的紀錄，實務上認為本質乃已儲存在某寄件者或收件者電腦中之電子郵件，屬範圍、對象均已特定之「既存證據」，而不在通訊保障及監察法的保護之列 [4]。因此社群媒體既存的群組或私密留言紀錄，可以依刑事訴訟法第 122 條、第 133 條及第 135 條等搜索、扣押相關規定進行蒐證。但如預定在一特定的期間對使用者間的私密留言進行監察，則仍應依通訊保障及監察法的規定辦理。刑事訴訟法與通訊保障及監察法中有關社群媒體蒐證的規定詳如表 6.2。

表 6.2　社群媒體蒐證相關規範

法規與條目	內容
刑事訴訟法 第122條	對於被告或犯罪嫌疑人之身體、物件、電磁紀錄及住宅或其他處所，必要時得搜索之。 對於第三人之身體、物件、電磁紀錄及住宅或其他處所，以有相當理由可信為被告或犯罪嫌疑人或應扣押之物或電磁紀錄存在時為限，得搜索之。
刑事訴訟法 第133條	可為證據或得沒收之物，得扣押之。 為保全追徵，必要時得酌量扣押犯罪嫌疑人、被告或第三人之財產。 對於應扣押物之所有人、持有人或保管人，得命其提出或交付。 扣押不動產、船舶、航空器，得以通知主管機關為扣押登記之方法為之。 扣押債權得以發扣押命令禁止向債務人收取或為其他處分，並禁止向被告或第三人清償之方法為之。 依本法所為之扣押，具有禁止處分之效力，不妨礙民事假扣押、假處分及終局執行之查封、扣押。
刑事訴訟法 第135條	郵政或電信機關，或執行郵電事務之人員所持有或保管之郵件、電報，有左列情形之一者，得扣押之： 一、有相當理由可信其與本案有關係者。 二、為被告所發或寄交被告者。但與辯護人往來之郵件、電報，以可認為犯罪證據或有湮滅、偽造、變造證據或勾串共犯或證人之虞，或被告已逃亡者為限。 為前項扣押者，應即通知郵件、電報之發送人或收受人。但於訴訟程序有妨害者，不在此限。
通訊保障及 監察法 第3條	本法所稱通訊如下： 一、利用電信設備發送、儲存、傳輸或接收符號、文字、影像、聲音或其他信息之有線及無線電信。 二、郵件及書信。 三、言論及談話。 前項所稱之通訊，以有事實足認受監察人對其通訊內容有隱私或秘密之合理期待者為限。

第四節　社群媒體的鑑識方法

　　本文以行動裝置上網的社群媒體為例，說明社群媒體證據的蒐證方法。行動上網的社群媒體架構如圖 6.3 所示。如前所述，社群媒體資料除了部分儲存於搭載社群媒體 APP 的電腦或行動裝置外，社群媒體使用者的註

冊資料、活動資料,以及資料變動的歷史紀錄等,大部分儲存於社群媒體平台業者的網站系統。另外,搭載社群媒體 APP 的電腦或行動裝置,以及社群媒體平台業者的網站系統上的資料狀態,隨時都會因為使用者的訊息接收或傳遞而更動。另外,如前所述,社群媒體平台業者網站系統的資料,極可能分散儲存於為數眾多的電腦系統或資料中心,使得傳統查扣主機及將硬碟作位元串流拷貝的取證方法不敷使用,必須研擬新的蒐證技術。

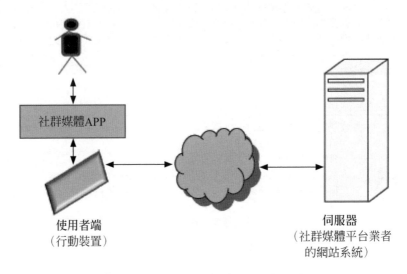

社群媒體APP

使用者端
(行動裝置)

伺服器
(社群媒體平台業者
的網站系統)

圖 6.3　以行動裝置上網的社群媒體架構

　　由於數位證據易於更改的特性,僅僅提供使用者端行動裝置的螢幕畫面相片或截圖,一般已不足以讓法官採信作為審判的依據,還需蒐集相關的輔助證據,進一步佐證被告或嫌犯的網路活動,才能增加證據的證明力。由於大部分的輔助證據,例如被告或嫌犯的註冊資料、上網設備及上網 IP 位址,以及網站的日誌資料,儲存於社群媒體平台業者的網站系統,因此除了蒐集使用者端行動裝置上的資料之外,社群媒體平台業者網站系統上證據的蒐集,也是重要的一環。

　　被告或嫌犯行動裝置上的證據蒐集,如前所述,可依刑事訴訟法第 122 條第 1 項及第 133 條有關搜索、扣押之相關規定,查扣主機及將硬碟作位元串流拷貝加以蒐集,在此不再贅述。關於社群媒體平台業者網站系統證據的

蒐集，如果業者在台灣設置有分公司及聯絡窗口，可依刑事訴訟法第 122 條第 2 項、第 133 條及第 135 條等搜索、扣押相關規定，備妥令狀函請社群媒體平台業者提供被告或嫌犯網站的相關資料。如果業者在台灣沒有設置分公司及聯絡窗口，一般只能透過社群媒體平台業者網站系統的應用程式介面，以社群媒體快照（social snapshot）方式加以蒐集 [6, 7]。

　　由於社群媒體的資料具高動態性，隨時都會因為使用者的訊息接收或傳遞而跟著更動，因此一般只能採集某一時間點的網站資料內容狀態，稱之為社群媒體快照 [6]。換言之，社群媒體快照乃在沒有加工或編輯的情境下，儲存社群媒體網站在一時間點的內容，包括文本、圖像、音樂和影片等。社群媒體快照的蒐證方法，乃撰寫蒐證程式，透過呼叫社群媒體平台業者網站系統的應用程式介面，下載社群媒體網站的內容。此外，蒐證程式在呼叫應用程式介面時，必須提供使用者的認證資料（如帳號密碼或權杖），以及欲取得的網站資料參數。使用者網站的認證資料，可以徵詢使用者的同意提供，或從查扣的被告或嫌犯的行動裝置中查找。知名的鑑識廠商 Cellebrite 最近發表的 UFED Cloud Analyzer，即是透過呼叫社群媒體平台業者網站系統的應用程式介面的蒐證工具。UFED Cloud Analyzer 可利用蒐集到的驗證碼或帳號密碼登入 Gmail、Google Drive、Facebook、X、Dropbox 及 Kik 等網站，並下載相關訊息內容及其歷程、文件及通聯紀錄 [5]。綜合而言，目前市面上的社群媒體鑑識工具仍然不多，有待進一步研發。

第五節　結論

　　由於數位證據易於更改的特性，社群媒體證據的蒐集範圍，除了螢幕畫面的截圖外，還需蒐集相關的輔助證據，才能提供足夠的資訊作為起訴或審判的依據。以行動上網為例，社群媒體資料分別儲存於搭載社群媒體 APP 的電腦或行動裝置，以及社群媒體平台業者的網站系統。電腦或行動裝置及網站系統的社群媒體資料均須加以蒐證，以提供足夠的佐證資訊作為起訴或審判的依據。另外，由於社群媒體資料的高動態性以及社群媒體資料的分散儲存方式，只能採集某一時間點的社群媒體快照作為證據。本文探討行動裝置蒐證及社群媒體網站系統蒐證相關的法律規範與實務見解，並介紹社群媒

體快照與其蒐證方法。除了期盼能提供數位鑑識學術界及鑑識實務界參考外，也企盼能拋磚引玉，激發數位鑑識領域先進，更深入研究社群媒體快照蒐證技術。

參考文獻

[1] 維基百科，https://wiki.mbalib.com/zh-tw/社群媒體。

[2] 台灣網路資訊中心，2019，台灣網路報告，https://report.twnic.tw/2019/。

[3] 全國法規資料庫，社群網站犯罪行為，https://law.moj.gov.tw/SmartSearch/Theme.aspx?T=40。

[4] 法務部，2017，法檢字第10604533580號函，https://mojlaw.moj.gov.tw/LawContentExShow.aspx?media=print&id=B%2C20171002%2C003&type=Q。

[5] Humaira Arshad, Aman Jantan, and Esther Omolara, 2019, "Evidence Collection and Forensics on Social Networks: Research Challenges and Directions," *Digital Investigation*, Vol. 28, pp. 126-138.

[6] Markus Huber, Martin Mulazzani, Manuel Leithner, Sebastian Schrittwieser, Gilbert Wondracek, and Edgar Weippl, 2011, "Social Snapshots: Digital Forensics for Online Social Networks," *Proceedings of the Annual Computer Security Applications Conference*.

[7] Urjashee Shaw, Dolly Das, and Smriti Priya Medhi, 2016, "Social Network Forensics: Survey and Challenges," *International Journal of Computer Science and Information Security*, pp. 310-316.

第七章　刑案犯罪特徵之比較研究

第一節　緒論

　　我國警察機關自 1970 年起使用電腦處理資料，已累積龐大的犯罪資料。雖然從辦案工作中累積經驗智慧，深入瞭解犯罪特性為傳統而自然的工作方式，但從工作中累積經驗智慧，通常需花費很長時間進行觀察與分析，而且這種方式有人才培養不易、侷限於特定的時空環境及人員遷調使經驗智慧不能完全遞移等缺點。近年來由於資訊科技的進步，資料分析技術已有長足的進步，尤其資料探勘（data mining）技術已日趨成熟。資料探勘主要功能在於從資料中發現隱含的（implicit）知識或型態（pattern）[6]。為提升犯罪資料的分析效率與效益，實有必要研究犯罪資料分析技術，以輔助犯罪資料的分析與犯罪情報的獲取。

　　刑案紀錄乃承辦員警於刑事案件發生後填寫有關於刑案的重要紀錄。刑案紀錄主要的功用在於提供前科資訊給警察官、檢察官及法官，作為辦案、起訴或量刑的參考。當刑事案件發生後，承辦員警須填寫刑案紀錄表，內容包含案件基本資料及犯罪模式等相關資料。基本資料如案件類別、案發時間、案發地點、嫌犯及被害人資料等；犯罪模式包含犯罪成因、犯罪習癖、準備措施、犯罪方法及犯罪工具等五項資料。如能進一步加以探勘與分析，從中萃取隱性資訊或知識，定能提高犯罪資料的效益。

　　經初步分析 2004 年至 2008 年台北市轄內刑案紀錄，破獲數共 186,357件，嫌疑人共 141,219 人，其中累犯有 30,578 人，占全部嫌疑人 21.65%，累犯共犯下 85,931 件刑案，占總案件數之 46.11%。尤其累犯中犯案 10 次以上計 2,246 人，占全部嫌疑人 1.59%，卻犯下 27,307 件刑案，占總案件數之14.65% [2]。本文以台北市 2004 年至 2008 年間已破獲的搶奪犯罪與住宅竊盜犯罪為研究對象。案件包括一人犯一案、一人犯多案、多人犯一案、多人犯多案等犯案性質。如案件資料缺少發生地點的座標資料，則排除於研究範圍。搶奪犯罪有效資料之蒐集共計 1,504 人／件次，住宅竊盜犯罪有效資料之蒐集為 5,443 人／件次。逐一統計犯罪成因、犯罪習癖、準備措施、犯罪

方法、犯罪工具、犯罪時段及犯案區域特性等欄位的資訊熵值與機率分布，並比較搶奪與住宅竊盜犯罪的特性，以作為犯罪偵查及發展犯罪關聯模式的參考。本文架構為：第二節探討相關文獻；第三節比較分析搶奪與住宅竊盜犯罪的特性；第四節歸納研究發現與結論。

第二節　文獻探討

本文運用的理論及技術主要包含犯罪模式、犯罪時段特性、犯罪區域特性及資訊熵值相關理論，分述如下：

一、犯罪模式

「犯罪模式」原出於拉丁文的「Modus Operandi」，英譯為「methods of operation」，日本譯為「犯罪手口」，國內有人譯稱為「犯罪方式」或謂「犯罪手法」，意指慣行犯於作案時所慣用的犯罪手段、方法或形式。根據奧地利刑事法學者漢斯克魯茲的研究結果，犯罪模式具必存性、反覆性（慣行性）及固定性等特性 [10]。犯罪模式主要應用於連續犯、常業犯及職業犯的犯罪行為特徵分析。由於犯罪者的理性選擇，如安全考量、容易得手及實質利益等因素，往往會反覆運用自己最得意的手段與方法從事犯罪行為，因此可從犯罪者的作案手段、方法或形式分析歸納建檔 [3, 10, 12]，作為偵辦刑案的參考。此外，犯罪人口可以劃分成大部分的偶發性犯罪人（occasional offenders）及少部分的習慣犯罪者（chronic offenders）。由於少部分的習慣犯罪者犯了相當大比例的犯罪案件，因此如果將犯罪者的獨特性格與行為特質歸納分析其犯罪模式並建立資料庫，當犯罪發生後，經由分析案件的犯罪模式與特徵，即可據以比對搜尋資料庫，找出可能的涉嫌者或疑似犯罪集團的連續犯行。

二、犯罪時段特性

犯罪時段乃犯罪的重要因素之一，例如闖空門竊盜犯罪多發生於白天上班時間，而搶劫落單上班族的犯罪案件大多發生於傍晚。雖然每個人的一天都是在時間與空間的路徑當中 [9]，但以「小時」為變數的單位分析犯罪，

其範圍變化是非常大的，可以再作更細緻的層次劃分，例如一星期有 168 小時，可先將一個星期劃分為星期日、星期一、星期二、……、星期六等，然後再將一天劃分為多個時段。學者費爾森（Marcus Felson）與波爾森（Erika Poulsen）提出以凌晨 5:00 作為一天的起始，因為夜生活的人在此時大多已經返家，而早起的人也大多在此時開始活動，因此一天是由凌晨 5:00 開始，到隔天的凌晨 4:59 結束。同時利用中位數及第 1、3 四分位數作為犯罪分析的指標，據以分析犯罪的集中與離散程度 [7]。

三、犯罪區域特性

犯罪乃社會變遷，如經濟情況、社會文化等各種因素交互影響的結果 [8]。例如遷徙活動較少及社會較為穩定的地區犯罪率通常較低、地域性城市的暴力犯罪與竊盜犯罪可能較高，而大都會地區毒品濫用的程度可能較市郊嚴重等，可見地域特性乃重要的犯罪因素之一。地域特性又可分為「自相關性」與「負的空間自相關」。自相關性指鄰近地區事件有較大的相互影響作用，即鄰近地區間的相關性較高，而遠離地區間的相關性較低，亦稱為正的空間自相關。反之若與鄰近地區間的差異性較大而與遠離地區間的差異性較小，則稱為負的空間自相關 [5]。如前所述，每個人的一天都是在空間與時間的路徑當中。相關實證研究結果也顯示：連續搶奪犯罪案件間的關聯強度與案件發生地點間的距離具反比關係 [4]。本文分別統計台北市搶奪連續犯罪與住宅竊盜連續犯罪的間隔距離分布，並據以比較搶奪連續犯罪與住宅竊盜連續犯罪兩者的地域特性差異。

四、資訊熵值

在資訊理論中，熵常被用來衡量一個隨機變數的期望值。1949 年克勞德‧艾爾伍德‧夏農將熱力學的熵，引入到資訊理論，因此它又被稱為夏農熵（Shannon Entropy）。資訊熵也稱為信源熵、平均資訊量 [11, 13, 14]。一個值域為 {x_1, x_2, x_3, ..., x_n} 的隨機變數 X，熵定義為：$H(X) = E(I(X))$，E 代表期望值函數，而 I(X) 是 X 的資訊量，I(X) 本身為隨機變數。以一個二進位的編碼系統而言，如果 P 代表 X 的機率分布（probability distribution），$P = \{P(x_1), P(x_2), P(x_3), ..., P(x_n)\}$，則 X 的平均資訊量熵 H(X) 可以下列公式計算求得：

$$H(X) = \sum_{i=1}^{n} p(x_i) \quad I(x_i) = -\sum_{i=1}^{n} p(x_i) \log_2 p(x_i)$$

其中 $I(x_i) = -\log_2 p(x_i)$，而熵值 H(X) 的單位為位元（bit）。

例如若 26 個英文字母（letter, L）在文章中出現次數平均的話，一個字母 L 的平均資訊量（編碼所需位元數之平均）為：

$$H(L) = I(L) = -\log_2 \frac{1}{26} = 4.7$$

又若文章使用 3,000 個漢字（character, C），且每個漢字在文章中出現頻率相同，則一個漢字 C 的平均資訊量為：

$$H(C) = I(C) = -\log_2 \frac{1}{3000} = 11.6$$

在符號（漢字或英文字母）皆為平均出現的情形下，使用 3,000 個漢字的文章，一個漢字 C 的平均資訊量為 11.6 位元，遠大於使用 26 個英文字母的文章中字母 L 的平均資訊量 4.7 位元。比較中文漢字的平均資訊量與英文字母的平均資訊量，在符號平均出現的情形下，文章內含符號越多（即隨機變數值域越大），則符號的平均資訊量也越大。

如果符號出現的機率不一，則一個字母或漢字編碼所需位元的平均數，可以上述 H(X) 的計算公式求得。例如一篇含 3,000 個英文字母的文章中，字母「A」出現 2,975 次，而「B」至「Z」等 25 個字母各出現一次，則字母的平均資訊量 H(X) 為：

$$-\left(\frac{2975}{3000} * \log_2 \frac{2975}{3000} + 25 * \frac{1}{3000} * \log_2 \frac{1}{3000}\right) = 0.11$$

上例中，英文字母的平均資訊量僅 0.11 位元，遠低於在符號平均出現的情形下，使用 26 個英文字母的文章中字母 L 的平均資訊量 4.7 位元。

綜合而言，在符號分布固定的情形下，隨機變數值域越大，則隨機變數值的平均資訊量越大；類似地，在隨機變數值域固定的情形下，符號分布越平均，符號的平均資訊量也越大。由於平均資訊量的計算公式與熱力學熵的玻爾茲曼公式一樣，所以也被稱為熵（entropy）。

第三節　搶奪與住宅竊盜犯罪特性之分析與比較

一、犯罪模式特性

犯罪模式包含如犯罪成因、犯罪習癖、準備措施、犯罪方法及犯罪工具等五個模式變數。本文蒐集台北市警察局 2004 年至 2008 年間搶奪案 1,504 件及住宅竊盜案 5,443 件。每個模式變數刪除未填代碼者或填「其他」值，然後分析每個變數值的平均資訊量。搶奪案的犯罪習癖變數熵值詳如表 7.1；住宅竊盜案的犯罪習癖變數熵值詳如表 7.2；搶奪案及住宅竊盜案其他的模式變數熵值，詳見章末附錄表 7.7 至表 7.14。

表 7.1　搶奪犯罪習癖變數值分布與熵值

代碼	犯罪習癖（x_i）	次數	機率 $p(x_i)$	$-\log_2 p(x_i)$	資訊熵 $-p(x_i)*\log_2 p(x_i)$
7	趁人不備或熟睡或入浴	638	0.7234	0.4672	0.3380
37	無犯罪習癖	146	0.1655	2.5948	0.4295
11	有把風或共犯	66	0.0748	3.7402	0.2799
8	闖空門（趁人不在、無人）	6	0.0068	7.1997	0.0490
15	自行攜帶工具作案	6	0.0068	7.1997	0.0490
9	獨行盜	4	0.0045	7.7846	0.0353
20	自備交通工具搬運贓物	4	0.0045	7.7846	0.0353
1	專偷商店	4	0.0045	7.7846	0.0353
29	帶面具手套作案	3	0.0034	8.1997	0.0279
25	恐嚇不得報警	2	0.0023	8.7846	0.0199
13	遺留攜帶物	2	0.0023	8.7846	0.0199
6	專偷特定物品（如女人用品）	1	0.0011	9.7846	0.0111
	合計	882	1.00		1.33

表 7.2 住宅竊盜犯罪習癖變數值分布與熵值

代碼	犯罪習癖（x_i）	次數	機率 $p(x_i)$	$-\log_2 p(x_i)$	資訊熵 $-p(x_i)*\log_2 p(x_i)$
7	趁人不備或熟睡或入浴	600	0.3827	1.3859	0.5303
8	闖空門（趁人不在、無人）	419	0.2672	1.9039	0.5088
3	專偷住宅	300	0.1913	2.3859	0.4565
37	無犯罪習癖	220	0.1403	2.8334	0.3975
6	專偷特定物品（如女人用品）	8	0.0051	7.6147	0.0389
15	自行攜帶工具作案	7	0.0045	7.8074	0.0349
5	專偷辦公室含企業機關學校	4	0.0026	8.6147	0.0220
24	調戲或強暴婦女或性虐待	2	0.0013	9.6147	0.0123
28	故意破壞現場	2	0.0013	9.6147	0.0123
2	專偷工廠倉庫	2	0.0013	9.6147	0.0123
1	專偷商店	1	0.0006	10.6147	0.0068
29	帶面具手套作案	1	0.0006	10.6147	0.0068
32	作案前喝酒或服用禁藥	1	0.0006	10.6147	0.0068
13	遺留攜帶物	1	0.0006	10.6147	0.0068
合計		1,568	1.00		2.05

搶奪案與住宅竊盜案的犯罪模式變數資訊熵值如表 7.3 及圖 7.1 所示。

表 7.3 搶奪與住宅竊盜犯罪模式變數資訊熵值

案類 ＼ 變數	犯罪原因	犯罪習癖	準備措施	犯罪方法	犯罪工具
搶奪	0.19	1.33	2.17	1.01	1.04
住宅竊盜	0.27	2.05	2.02	3.75	2.61

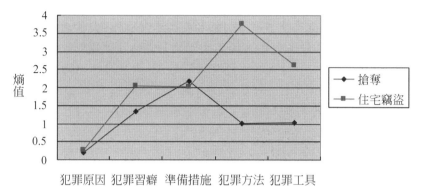

圖 7.1　搶奪與住宅竊盜犯罪模式變數資訊熵值比較

　　搶奪案犯罪模式變數熵值高低依序為：準備措施、犯罪習癖、犯罪工具、犯罪方法及犯罪成因；住宅竊盜案犯罪模式變數熵值高低依序為：犯罪方法、犯罪工具、犯罪習癖、準備措施及犯罪成因。搶奪案犯罪模式變數熵值以準備措施最高，甚至高於住宅竊盜案準備措施的熵值，但由於搶奪案準備措施變數值域遠小於住宅竊盜案的準備措施（詳見表 7.8 及表 7.12），可見搶奪犯罪的準備措施變數值的分布較為隨機。住宅竊盜案犯罪模式變數熵值以犯罪方法最高，且住宅竊盜案犯罪模式變數除準備措施外，其他變數的熵值均相對高於搶奪案，此乃因住宅竊盜案的犯罪模式變數值域相對較大所致。搶奪案與住宅竊盜案犯罪模式變數中熵值最小者皆為犯罪原因，主要乃因搶奪案與住宅竊盜案的犯罪原因皆集中於「貪心謀財或投機圖利」，分別占 98.01% 及 97.05%（詳如表 7.7 及表 7.11 所示）。

　　犯罪模式變數熵值在犯罪偵查實務運用的參考價值，以例一及例二說明如下：

【例一】

　　某一犯罪案刑案紀錄之兩個犯罪模式變數為 M_1 及 M_2，M_1 的值域包含 100 個值，M_2 的值域包含 10 個值。M_1 及 M_2 兩個變數相互獨立且值域均呈隨機分布，即模式變數 M_1 每個值出現的機率皆為 1/100，而模式變數 M_2 每個值出現的機率皆為 1/10，M_1 模式變數的熵值為 6.64，M_2 模式變數的熵值為 3.32。

　　承上兩個刑案出現相同的 M_1 模式變數值的機率為 1/100，而出現相同的 M_2 模式變數值的機率為 1/10。在嫌疑犯的犯罪模式變數值皆為單一且固定不變的情形下：兩個刑案出現相同的 M_1 變數值，則兩個刑案由同一嫌疑人犯下的機率為 0.99（＝1－1/100）；而兩個刑案出現相同的 M_2 變數值，則兩個刑案由同一嫌疑人犯下的機率僅為 0.9（＝1－1/10）。

【例二】

　　某一犯罪案刑案紀錄之兩個犯罪模式變數為 M_1 及 M_2，兩者相互獨立。M_1 的值域包含 10 個值，M_2 的值域也包含 10 個值。M_1 變數的值域呈隨機分布，即模式變數 M_1 每個值出現的機率皆為 1/10，M_2 10 個變數值的出現機率則分別為 9.1/10, 1/100, 1/100, ..., 1/100。M_1 變數的熵值為 3.32，M_2 變數的熵值為 0.72，另 M_2 的 10 個變數值的熵值分別為：0.12, 0.066, 0.066, ..., 0.066。

　　承上兩個刑案出現相同的 M_1 變數值的機率為 1/10，但是兩個刑案出現相同的 M_2 變數的第一個值的機率為 9.1/10，出現相同的 M_2 變數其他值的機率則各為 1/100。在嫌疑犯的犯罪模式變數值皆為單一且固定不變的情形下：兩個刑案出現相同的 M_1 變數值，則兩個刑案由同一嫌疑人犯下的機率為 0.9（＝1－1/10）；而兩個刑案出現相同的 M_2 變數的第一個值，則兩個刑案由同一嫌疑人犯下的機率僅為 0.09（＝1－9.1/10），但如出現相同的 M_2 變數的其他值，則兩個刑案由同一嫌疑人犯下的機率為 0.99（＝1－1/100）。

　　例一及例二的說明，簡單歸納如下：（一）在變數值域皆呈隨機分布的情形下，熵值較高的變數較具參考價值；（二）在變數值域呈現聚集、非隨機分布的情形下，熵值較低的變數值較具參考價值。例一及例二旨在說明變數熵值的實務運用參考價值。在實際運用時還須考慮嫌疑犯的犯罪模式變數值非為單一及非固定不變的各種情形，參考價值才能更為精準。

　　另外，本文發現搶奪案與住宅竊盜案犯罪模式變數未填代碼比例頗高，如表 7.4 所示。且住宅竊盜案五個犯罪模式變數未填代碼比例平均高達 66.50%，遠高於搶奪案的平均 33.69%。由於近年來大數據分析及資料探勘

技術已漸趨成熟，有必要加強刑案紀錄的資料內容與登入作業，儘量力求完整記載犯罪模式資料，以因應未來大數據分析與資料探勘之需求。

表 7.4 搶奪與住宅竊盜犯罪模式變數未填代碼情形

案類	模式變數	犯罪原因	犯罪習癖	準備措施	犯罪方法	犯罪工具
搶奪	件數	446	578	576	446	446
搶奪	百分比	29.65%	38.43%	38.30%	29.65%	29.65%
住宅竊盜	件數	3,510	3,852	3,685	3,511	3,514
住宅竊盜	百分比	64.49%	70.77%	67.70%	64.50%	64.56%

二、犯罪時段特性

經分析台北市搶奪與住宅竊盜的犯罪時間指標，台北市的搶奪或住宅竊盜犯罪較集中於白天。四分之一的搶奪犯罪案件集中於 12:35 至 16:50 間，四分之一的住宅竊盜犯罪案件集中於 11:00 至 15:10 間。詳如表 7.5 所示。

表 7.5 台北市搶奪與住宅竊盜犯罪時間指標分析

時間指標 \ 案由	搶奪	住宅竊盜
起始（第一個時段開始）	05:00	05:00
第 1 四分位（第二個時段開始）	12:35	11:00
中位數（第三個時段開始）	16:50	15:10
第 3 四分位（第四個時段開始）	20:50	21:00

若以凌晨 5:00 開始的四分位為第一個時段，則搶奪犯罪的熱門時段依序為：3214，住宅竊盜犯罪的熱門時段依序為：2314。搶奪犯罪的最熱時段為 16:50 至 20:50，而住宅竊盜犯罪的最熱時段為 11:00 至 15:10。搶奪犯罪一半的案件發生在 12:35 至 20:50 間，住宅竊盜犯罪一半的案件發生在 11:00 至 21:00 之間。早上時段及深夜時段搶奪與住宅竊盜犯罪案件均相對較少。

三、犯案區域特性

經統計搶奪連續犯的犯案地點間隔，58% 的犯案間隔在 2 公里以內，即犯案地點間隔在 2 公里以內占最多數，且 0 至 1 公里與 1 至 2 公里差異不大，犯案間隔在 4 公里以內約占 85%。住宅竊盜連續犯的犯案地點間隔，36.14% 的間隔在 1 公里以內，1 公里以上則驟減，犯案間隔在 4 公里以內約占 70%，如表 7.6 及圖 7.2 所示。

表 7.6　搶奪與住宅竊盜犯罪連續犯案間隔統計

案類 百分比 間隔距離	搶奪	住宅竊盜
0～1	28.31%	36.14%
1～2	30.15%	17.83%
2～3	16.62%	7.47%
3～4	11.38%	8.43%
4～5	5.23%	5.06%
5～6	2.46%	3.37%
6～7	1.54%	2.17%
7～8	1.85%	3.86%
8～9	0.92%	3.37%
9～10	1.23%	3.86%
10～11	0.31%	2.65%
11～12	0.00%	1.20%
12～13	0.00%	1.69%
13～14	0.00%	0.72%
14～15	0.00%	1.20%
15～16	0.00%	0.48%
16～17	0.00%	0.24%
17～18	0.00%	0.24%

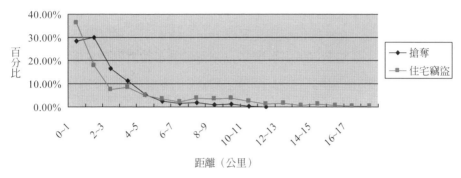

圖7.2　搶奪與住宅竊盜犯罪連續犯案地點間隔分布

　　搶奪與住宅竊盜犯罪連續犯案均有距離遞減效應，犯案間隔分布隨著間隔距離的增加而遞減。此外，住宅竊盜連續犯案間隔距離遠較搶奪犯罪為大，最大間隔距離為 17.71 公里，搶奪犯罪最大則為 10.37 公里。顯示搶奪與住宅竊盜犯罪連續犯案均具地緣關係，但搶奪犯罪的地緣關係較住宅竊盜犯罪強。換句話說，相對於住宅竊盜連續犯案，搶奪連續犯案的地點分布範圍較小。

第四節　結論

　　本文整理分析統計台北市 2004 年至 2008 年間的搶奪犯罪及住宅竊盜犯罪紀錄，並分別以犯罪模式與資訊熵值、犯罪時段特性及犯案區域特性，進行比較分析。主要研究結論歸納如下：

一、搶奪犯罪模式變數熵值以準備措施最高，甚至高於住宅竊盜犯罪模式的熵值。但由於搶奪犯罪準備措施變數值域遠小於住宅竊盜犯罪的準備措施，可見搶奪犯罪的準備措施變數值的分布較為隨機。

二、住宅竊盜犯罪模式變數熵值以犯罪方法最高，且住宅竊盜犯罪模式變數除準備措施外，其他變數的熵值均相對較搶奪犯罪為高，主要乃因這些變數的值域較大，且變數值較為多樣。

三、搶奪犯罪與住宅竊盜犯罪模式變數資訊熵值最小者皆為犯罪原因，主要乃因搶奪犯罪與住宅竊盜犯罪本質大部分屬財務犯罪，犯罪原因主要為

「貪心謀財或投機圖利」。

四、實務運用上，在變數值域皆呈隨機分布的情形下，熵值較高的變數較具參考價值；在變數值域呈現聚集、非隨機分布的情形下，熵值較低的變數值較具參考價值。

五、搶奪犯罪一半的案件發生在 12:35 至 20:50 間；住宅竊盜犯罪則一半的案件發生在 11:00 至 21:00 間。由於早上時段及深夜時段搶奪犯罪與住宅竊盜犯罪案件均相對較少，防搶防盜的警察勤務應著重在 11:00 至 21:00 間。

六、搶奪犯罪與住宅竊盜犯罪連續犯案均具地緣關係，且均具有距離遞減效應，但搶奪犯罪的地緣關係較住宅竊盜犯罪為強。換句話說，相對於住宅竊盜連續犯案，連續搶奪犯案的犯罪地點分布範圍較小。

七、搶奪犯罪與住宅竊盜犯罪模式變數未填代碼比例偏高，有必要重新檢討刑案紀錄的資料內容與登入作業，力求完整記載犯罪模式資料。

參考文獻

[1] 王朝煌、林建隆，2011，刑案犯罪特徵之比較研究──以台北市搶奪與住宅竊盜犯罪為例，警學叢刊，第42卷第2期，頁1～20。

[2] 林建隆，2009，刑案隱性鏈結關聯模式之研究──以台北市搶奪與住宅竊盜案為例，中央警察大學資訊管理研究所碩士論文。

[3] 黃富源、范國勇、張平吾，2005，犯罪學概論，三民書局。

[4] 陳仁智，2004，地緣剖繪技術應用於連續街頭強盜搶奪犯罪偵查之研究，中央警察大學刑事警察研究所碩士論文。

[5] 廖有祿、吳國清、王朝煌、黃俊能，2010，「犯罪資料庫管理系統」應用技術服務委託專案研究報告，台北市政府警察局。

[6] M. J. Berry and G. Linoff, 1997, *Data Mining Techniques: For Marketing, Sales, and Customer Support*, John Wiley & Sons.

[7] M. Felson and E. Poulsen, 2003, "Simple Indicators of Crime by Time of Day," *International Journal of Forecasting*, Vol. 19, No. 4, pp. 595-601.

[8] A. Graycar, 2001, "Local Government and Crime Prevention," *Proceeding of the*

Character, Impact and Prevention of Crime in Regional Australia Conference, Townsville.

[9] T. Hagerstrand, 1973, "The Domain of Human Geography," in *Directions in Geography*, ed. R. J. Chorley, Methuen, pp. 67-87.

[10] M. Palmiotto, 1988, "Crime Pattern Analysis: An Investigative Tool," in *Critical Issues in Criminal Investigation*, 2nd edition, Pilgrimage.

[11] C. E. Shannon and W. Weaver, 1949, *The Mathematical Theory of Communication*, University of Illinois Press, Urbana, IL.

[12] J.-H. Wang, B. T. Lin, and C.-C. Lin, 1997, "Application of the Vector Space Model on Criminal Record Retrieval"，1997國際科學警察學術研討會論文集，中央警察大學。

[13] 維基百科，en.wikipedia.org/wiki/Entropy_(information_theory)。

[14] 維基百科，zh.wikipedia.org/zh-tw/信息熵。

附錄

表 7.7　搶奪犯罪成因變數值分布與熵值

代碼	犯罪習癖（x_i）	次數	機率 $p(x_i)$	$-\log_2 p(x_i)$	資訊熵 $-p(x_i)*\log_2 p(x_i)$
A01	貪心謀財或投機圖利	1,033	0.9801	0.0290	0.0285
A47	無故	8	0.0076	7.0417	0.0534
A05	口角	4	0.0038	8.0417	0.0305
A29	習慣癖好	3	0.0028	8.4567	0.0241
A06	財務糾紛	3	0.0028	8.4567	0.0241
A18	滿足虛榮或生活闊綽	2	0.0019	9.0417	0.0172
A31	身心障礙	1	0.0009	10.0417	0.0095
合計		1,054	1		0.19

表 7.8　搶奪準備措施變數值分布與熵值

代碼	犯罪習癖（x_i）	次數	機率 $p(x_i)$	$-\log_2 p(x_i)$	資訊熵 $-p(x_i)*\log_2 p(x_i)$
13	尾隨（跟蹤）	465	0.5027	0.9922	0.4988
2	打聽觀察（認現場選目標、勘查地形）	189	0.2043	2.2911	0.4681
3	準備交通（犯罪）工具	110	0.1189	3.0719	0.3653
1	網址嫁接（96.1.1）	69	0.0746	3.7448	0.2793
53	戴安全帽	52	0.0562	4.1529	0.2335
24	趁人不在（無人、闖空門）	13	0.0141	6.1529	0.0865
36	偽裝顧客（購買）	7	0.0076	7.0460	0.0533
38	偽裝訪問（問路、事）	5	0.0054	7.5314	0.0407
17	事先選定逃亡路線	4	0.0043	7.8533	0.0340
14	埋伏（攔截）	2	0.0022	8.8533	0.0191
33	利用贓車（竊取車輛）	2	0.0022	8.8533	0.0191

表 7.8　搶奪準備措施變數值分布與熵值（續）

代碼	犯罪習癖（x_i）	次數	機率 $p(x_i)$	$-\log_2 p(x_i)$	資訊熵 $-p(x_i)*\log_2 p(x_i)$
37	偽裝幫忙	2	0.0022	8.8533	0.0191
15	守候	2	0.0022	8.8533	0.0191
8	結夥（三人以上）	1	0.0011	9.8533	0.0107
50	戴（蒙）面罩	1	0.0011	9.8533	0.0107
51	戴口罩	1	0.0011	9.8533	0.0107
	合計	925	1		2.17

表 7.9　搶奪犯罪方法變數值分布與熵值

代碼	犯罪習癖（x_i）	次數	機率 $p(x_i)$	$-\log_2 p(x_i)$	資訊熵 $-p(x_i)*\log_2 p(x_i)$
AC02	騎機車	887	0.8392	0.2530	0.2123
AC01	徒步	88	0.0833	3.5863	0.2986
AC03	駕汽車	35	0.0331	4.9165	0.1628
AC07	徒步搶後騎機車逃逸	16	0.0151	6.0458	0.0915
AC04	騎機車尾隨提款人	8	0.0076	7.0458	0.0533
AC10	騎自行車	4	0.0038	8.0458	0.0304
AC09	埋伏	3	0.0028	8.4608	0.0240
BC18	藉故或偽裝進入	3	0.0028	8.4608	0.0240
FD02	普通侵占動產	3	0.0028	8.4608	0.0240
BA02	衣物掩竊	2	0.0019	9.0458	0.0171
AC08	徒步搶後駕汽車逃逸	2	0.0019	9.0458	0.0171
GE03	毀損器物	1	0.0009	10.0458	0.0095
AF15	暴力恐嚇	1	0.0009	10.0458	0.0095
AC06	徒步尾隨提款人	1	0.0009	10.0458	0.0095
BD04	破壞窗戶、玻璃	1	0.0009	10.0458	0.0095
FA03	假冒名義	1	0.0009	10.0458	0.0095
FA25	偽稱買賣	1	0.0009	10.0458	0.0095
	合計	1,057	1		1.01

表 7.10　搶奪犯罪工具變數值分布與熵值

代碼	犯罪習癖（x_i）	次數	機率 $p(x_i)$	$-\log_2 p(x_i)$	資訊熵 $-p(x_i)*\log_2 p(x_i)$
BA40	機車	814	0.7701	0.3769	0.2902
M034	徒手	193	0.1826	2.4533	0.4480
BA05	自用小客車（轎車）	24	0.0227	5.4608	0.1240
BF06	安全帽	15	0.0142	6.1389	0.0871
L002	木棍	3	0.0028	8.4608	0.0240
BA50	（電動、變速）腳踏車	2	0.0019	9.0458	0.0171
BA09	客貨兩用車	2	0.0019	9.0458	0.0171
A040	提（存）款機（自動櫃員機）	2	0.0019	9.0458	0.0171
BD04	蜂巢式無線電話、大哥大	1	0.0009	10.0458	0.0095
BA07	自用小貨車	1	0.00095	10.0458	0.0095
	合計	1,057	1		1.04

表 7.11　住宅竊盜犯罪原因變數值分布與熵值

代碼	犯罪習癖（x_i）	次數	機率 $p(x_i)$	$-\log_2 p(x_i)$	資訊熵 $-p(x_i)*\log_2 p(x_i)$
A01	貪心謀財或投機圖利	1,875	0.9705	0.0432	0.0419
A47	無故	22	0.0114	6.4564	0.0735
A49	不明	16	0.0083	6.9159	0.0573
A06	財務糾紛	5	0.0026	8.5940	0.0222
A16	仇恨、尋仇、報復	2	0.0010	9.9159	0.0103
A14	一時衝動（含看不順眼）	2	0.0010	9.9159	0.0103
A09	土地糾紛	1	0.0005	10.9159	0.0057
A02	好奇（好玩）	1	0.0005	10.9159	0.0057
A03	曲解法令（觀念錯誤）	1	0.0005	10.9159	0.0057
A05	口角	1	0.0005	10.9159	0.0057
A08	家庭糾紛	1	0.0005	10.9159	0.0057
A50	故意	1	0.0005	10.9159	0.0057

表 7.11 住宅竊盜犯罪原因變數值分布與熵值（續）

代碼	犯罪習癖（x_i）	次數	機率 $p(x_i)$	$-\log_2 p(x_i)$	資訊熵 $-p(x_i)*\log_2 p(x_i)$
A17	情慾衝動	1	0.0005	10.9159	0.0057
A29	習慣癖好	1	0.0005	10.9159	0.0057
A35	失戀	1	0.0005	10.9159	0.0057
A07	桃色糾紛	1	0.0005	10.9159	0.0057
合計		1,932	1		0.27

表 7.12 住宅竊盜準備措施變數值分布與熵值

代碼	犯罪習癖（x_i）	次數	機率 $p(x_i)$	$-\log_2 p(x_i)$	資訊熵 $-p(x_i)*\log_2 p(x_i)$
24	趁人不在（無人、闖空門）	902	0.5131	0.9627	0.4940
2	打聽觀察（認現場選目標、勘查地形）	481	0.2736	1.8698	0.5116
1	網址嫁接（96.1.1）	206	0.1172	3.0932	0.3625
25	利用他人熟睡（入浴或如廁）	36	0.0205	5.6098	0.1149
C2	假冒官員（公務員）真詐財（93.5.1 啟用）	34	0.0193	5.6923	0.1101
75	利用電腦網路	23	0.0131	6.2562	0.0818
23	利用工作之便	20	0.0114	6.4578	0.0735
7	毀越（暴力）侵入	16	0.0091	6.7797	0.0617
3	準備交通（犯罪）工具	9	0.0051	7.6098	0.0390
76	其他準備措施	6	0.0034	8.1948	0.0280
30	利用夜間侵入	4	0.0023	8.7797	0.0200
57	偽變（造）有價證券（文書）（利用他人證件）	3	0.0017	9.1948	0.0157
8	結夥（三人以上）	3	0.0017	9.1948	0.0157
6	潛入隱匿宅所	2	0.0011	9.7797	0.0111
26	利用人多擁擠或群眾聚集	1	0.0006	10.7797	0.0061
82	「人頭」帳戶	1	0.0006	10.7797	0.0061

表 7.12　住宅竊盜準備措施變數值分布與熵值（續）

代碼	犯罪習癖（x_i）	次數	機率 $p(x_i)$	$-\log_2 p(x_i)$	資訊熵 $-p(x_i)*\log_2 p(x_i)$
10	破壞警報器	1	0.0006	10.7797	0.0061
20	按電鈴或敲門試探	1	0.0006	10.7797	0.0061
17	事先選定逃亡路線	1	0.0006	10.7797	0.0061
37	偽裝幫忙	1	0.0006	10.7797	0.0061
44	偽裝自來水公司人員	1	0.0006	10.7797	0.0061
73	偽稱同事朋友	1	0.0006	10.7797	0.0061
39	偽裝修理工人	1	0.0006	10.7797	0.0061
27	利用火、水災或其他災害之際	1	0.0006	10.7797	0.0061
29	利用約會	1	0.0006	10.7797	0.0061
34	利用竊取（鴿或其他動物）	1	0.0006	10.7797	0.0061
13	尾隨（跟蹤）	1	0.0006	10.7797	0.0061
合計		1,758	1		2.02

表 7.13　住宅竊盜犯罪方法變數值分布與熵值

代碼	犯罪習癖（x_i）	次數	機率 $p(x_i)$	$-\log_2 p(x_i)$	資訊熵 $-p(x_i)*\log_2 p(x_i)$
BD01	破壞門鎖（把手）	584	0.3029	1.7231	0.5219
BC11	闖空門	231	0.1198	3.0611	0.3668
BC03	由鐵窗、窗戶、氣窗、冷氣孔爬入	190	0.0985	3.3430	0.3294
BB01	同屋行竊	140	0.0726	3.7836	0.2747
BC12	開鎖進入	112	0.0581	4.1055	0.2385
BD04	破壞窗戶、玻璃	109	0.0565	4.1447	0.2343
BC10	由陽台侵入	80	0.0415	4.5910	0.1905
BC18	藉故或偽裝進入	63	0.0327	4.9356	0.1613
BC16	竊取電磁紀錄	45	0.0233	5.4210	0.1265
BB04	備役（侍者）行竊	41	0.0213	5.5553	0.1181
BD03	撬開鐵門	40	0.0207	5.5910	0.1160

表 7.13　住宅竊盜犯罪方法變數值分布與熵值（續）

代碼	犯罪習癖（x_i）	次數	機率 $p(x_i)$	$-\log_2 p(x_i)$	資訊熵 $-p(x_i)*\log_2 p(x_i)$
BB03	親屬竊盜	38	0.0197	5.6650	0.1117
FA03	假冒名義	34	0.0176	5.8254	0.1027
BD02	破壞門板、紗門	28	0.0145	6.1055	0.0887
BC01	越牆	18	0.0093	6.7430	0.0630
BC02	破壞門板、紗門	18	0.0093	6.7430	0.0630
BD05	破壞鐵柵、欄柵	17	0.0088	6.8254	0.0602
BC05	由通常進出樓梯進入	17	0.0088	6.8254	0.0602
FD01	侵占遺失或脫離物	16	0.0083	6.9129	0.0574
BC04	由支架、鐵架爬入	13	0.0067	7.2124	0.0486
BA02	衣物掩竊	13	0.0067	7.2124	0.0486
BC15	由屋頂侵入（未破壞）	12	0.0062	7.3279	0.0456
BC08	由防火、安全梯進入	7	0.0036	8.1055	0.0294
BC13	預先潛藏	7	0.0036	8.1055	0.0294
BA05	乘擁擠時扒竊	6	0.0031	8.3279	0.0259
GE03	毀損器物	6	0.0031	8.3279	0.0259
BD11	竊取電磁紀錄	6	0.0031	8.3279	0.0259
FD02	普通侵占動產	5	0.0026	8.5910	0.0223
FJ01	言詞恐嚇	3	0.0016	9.3279	0.0145
FD03	公務（益）或業務侵占動產	3	0.0016	9.3279	0.0145
GF24	盜刷信用卡類（需有偽冒簽名行為）	2	0.0010	9.9129	0.0103
BA04	跟蹤扒竊	2	0.0010	9.9129	0.0103
BA01	共犯掩護扒竊	2	0.0010	9.9129	0.0103
GF15	偽冒他人簽署（含取款條）	2	0.0010	9.9129	0.0103
BC07	利用繩索、鐵鉤進入	2	0.0010	9.9129	0.0103
FK02	無故取得刪變他人電腦或電磁紀錄（92.9.1 啟用）	2	0.0010	9.9129	0.0103

表 7.13　住宅竊盜犯罪方法變數值分布與熵值（續）

代碼	犯罪習癖（x_i）	次數	機率 $p(x_i)$	$-\log_2 p(x_i)$	資訊熵 $-p(x_i)*\log_2 p(x_i)$
FA28	詐騙帳號密碼等電磁紀錄	2	0.0010	9.9129	0.0103
BC14	竹桿鉤取	2	0.0010	9.9129	0.0103
BD06	破壞壁板、牆壁	2	0.0010	9.9129	0.0103
BF09	竊取或窺記密碼	2	0.0010	9.9129	0.0103
BA07	故意碰撞扒竊	1	0.0005	10.9129	0.0057
BD08	破壞屋頂、天花板	1	0.0005	10.9129	0.0057
BD10	破壞保全系統	1	0.0005	10.9129	0.0057
BA03	割物行竊	1	0.0005	10.9129	0.0057
BF04	用乙炔切	1	0.0005	10.9129	0.0057
FJ13	侵入住居	1	0.0005	10.9129	0.0057
合計		1,928	1		3.75

表 7.14　住宅竊盜犯罪工具變數值分布與熵值

代碼	犯罪習癖（x_i）	次數	機率 $p(x_i)$	$-\log_2 p(x_i)$	資訊熵 $-p(x_i)*\log_2 p(x_i)$
M034	徒手	1,009	0.5330	0.9077	0.4838
M078	不明（詳）	244	0.1289	2.9557	0.3810
E015	起子	162	0.0856	3.5466	0.3035
E000	其他鐵具	101	0.0534	4.2282	0.2256
E029	萬能鎖（螺絲鎖）	70	0.0370	4.7572	0.1759
E016	鐵橇	68	0.0359	4.7990	0.1724
E014	鐵鉗	47	0.0248	5.3319	0.1324
A052	網路電腦	30	0.0158	5.9796	0.0948
E030	鑰匙	27	0.0143	6.1316	0.0875
A009	個人電腦（PC）	25	0.0132	6.2426	0.0824
E001	油壓剪	24	0.0127	6.3015	0.0799
I021	存摺	18	0.0095	6.7165	0.0639

表 7.14　住宅竊盜犯罪工具變數值分布與熵值（續）

代碼	犯罪習癖（x_i）	次數	機率 $p(x_i)$	$-\log_2 p(x_i)$	資訊熵 $-p(x_i)*\log_2 p(x_i)$
E019	扳手	15	0.0079	6.9796	0.0553
I022	信用卡（簽帳卡）	5	0.0026	8.5645	0.0226
E005	鐵鍬	5	0.0026	8.5645	0.0226
H013	電鑽（鑽筆）	4	0.0021	8.8865	0.0188
E003	鐵鎚	4	0.0021	8.8865	0.0188
BD01	電話	4	0.0021	8.8865	0.0188
A000	其他精密儀器	3	0.0016	9.3015	0.0147
M036	手套	3	0.0016	9.3015	0.0147
E009	鐵條	2	0.0011	9.8865	0.0104
A003	照相機	2	0.0011	9.8865	0.0104
I024	金融卡	2	0.0011	9.8865	0.0104
DF08	剪刀（含鐵剪）	2	0.0011	9.8865	0.0104
BD04	蜂巢式無線電話、大哥大	2	0.0011	9.8865	0.0104
E006	鐵扒	2	0.0011	9.8865	0.0104
E020	活動把手	1	0.0005	10.8865	0.0058
M024	遊樂代幣	1	0.0005	10.8865	0.0058
BA50	（電動、變速）腳踏車	1	0.0005	10.8865	0.0058
F041	電能（92.9.1 啟用）	1	0.0005	10.8865	0.0058
DF22	鋼（鐵）棍、鞭	1	0.0005	10.8865	0.0058
E002	鐵絲	1	0.0005	10.8865	0.0058
L003	竹桿	1	0.0005	10.8865	0.0058
E026	拐杖鎖	1	0.0005	10.8865	0.0058
H012	氣焊機（含氧氣及乙炔）	1	0.0005	10.8865	0.0058
G001	新台幣	1	0.0005	10.8865	0.0058
L002	木棍	1	0.0005	10.8865	0.0058
I065	身分證	1	0.0005	10.8865	0.0058
M002	磚石器	1	0.0005	10.8865	0.0058
合計		1,893	1		2.61

第八章 電信詐欺犯罪智慧型防制技術之研究*

第一節 緒論

　　近幾十年來資訊科技的廣為應用，使資訊網路時代已悄然來臨，人類的生活方式亦隨著改變。電腦與網路結合後已漸成為人類最重要的資訊傳輸工具，人類生活及其行為涉及電腦與網路的程度也日漸增加，雙向、即時及天涯若比鄰的資訊活動，大大地提升資訊活動的效率與效益。資訊科技雖然提升人類生活的便利性與工作效率，但「水能載舟，亦能覆舟」，隨著資訊網路的日漸普及，利用資訊科技犯罪的案件，不但相對地增加，而且有日益嚴重的趨勢。由於電腦驚人的處理效率以及網路活動具跨越時空、隱密及匿名等特性，使得有心人或犯罪者能夠利用電腦網路作為犯罪管道，及避免執法機關的偵查與逮捕，致使網路世界逐漸淪為犯罪淵藪。近年來網路詐欺、網路援交、網路金融犯罪，以及侵犯智慧財產權等犯罪問題不斷地成長，即為明顯的實例。

　　資訊網路社會的犯罪行為可區分為兩類：系統攻擊和非系統攻擊，如圖 8.1 所示。系統攻擊主要利用系統安全漏洞和弱點，破解或繞過管控機制侵入系統遂行犯罪。雖然資訊科技已經成為政府組織或企業系統極為重要的一部分，然而資訊系統的漏洞及其應用過程所產生的弱點，卻讓犯罪者有可乘之機。而非系統攻擊乃利用資通環境便利與優越的性能，醞釀複雜的犯罪模式，致使資訊科技所營造有效和便利的環境，淪為犯罪孳生的沃土。傳統的資通安全概念，主要著重於基礎資通環境的保護（information infrastructure protection），即：隱私性（confidentiality）的保護，如防範木馬或間諜程式攻擊；完整性（integrity）的維護，如病毒破壞攻擊之防範；可用性（availability）的維護，如 DDoS 攻擊的防範。忽略了基礎資通環境

* 感謝經濟部補助財團法人資訊工業策進會創新資訊應用研究四年計畫（2/4）補助部分研究經費，以及「金融防詐騙之資訊應用研究計畫」研究團隊廖有祿、蔡田木兩位教授、研究生林煒翔、鄒景隆、陳永鎮、盧俊光及助理詹培萱、楊佳蓁、簡羚茜等之協助。

提升個體資訊應用能力後,可能產生的威脅與危險性。譬如近年來科技的發展日新月異,高科技環境大幅提升個體的物理能力。而隨著個體物理能力的提升,其對社會可能的威脅及危險性將急遽增加,如圖 8.2 所示。

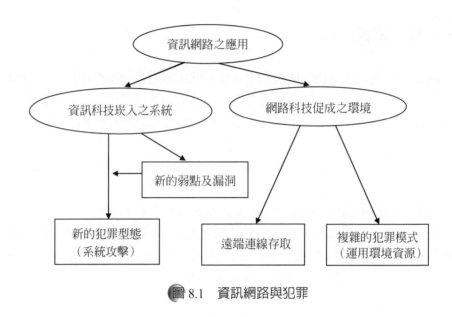

圖 8.1　資訊網路與犯罪

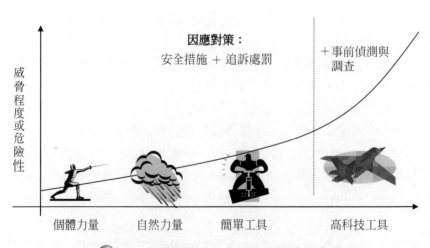

圖 8.2　個體物理能力與潛在危險性示意圖

　　例如在 911 事件中，恐怖分子劫持民航機撞毀紐約世貿大樓，即產生巨大的破壞力量。有鑑於此，美國在 911 事件之後，已將傳統以安全措施與事後追訴處罰的因應對策，調整為事前偵測與調查，以因應重大的犯罪事件 [18]。類似地，電腦與網路應用所營造的資訊網路環境，除了將大幅提升個體資訊能力，相對地也將大幅提升個體對資訊社會的威脅程度與危險性，如圖 8.3 所示。

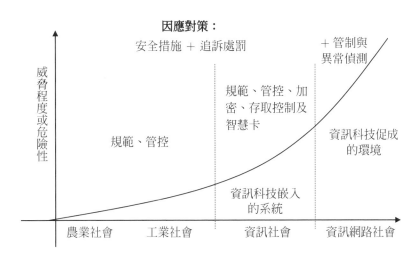

圖 8.3　個體資訊能力與潛在危險性

　　資訊網路科技如同一把鋒利的兩面刀，可以造福人群，也可以用來危害社會。個體在資訊網路的加持下也可以變成大鯨魚，其危險性不容忽視。類似地，傳統以規範、安全控管與追訴處罰的安全政策在策略上必須作調整，例如運用數位資料的分析偵測異常活動，以提早因應重大的資安事件。本文以近年來甚為猖獗的電信詐騙犯罪為例，說明個體、組織在資訊網路加持下可能產生的威脅潛力與危險性，探討其犯罪成因，並試圖提出因應之道。本文架構為：第二節說明詐騙犯罪與資訊網路的關係；第三節描述詐騙犯罪的特性與模式；第四節蒐集分析我國防制詐騙犯罪概況；第五節提出基於資訊科技之智慧型詐騙犯罪防制技術；第六節為結論。

第二節　詐騙犯罪與資訊網路的關係

　　根據警政署的統計資料顯示，1990 年代末至 2000 年代中台灣金融詐騙的數量急速上升，金融詐騙案件由 1997 年的 2,817 件，增加至 2006 年的 43,342 件，八年內成長超過 15 倍 [2, 7, 12]，如圖 8.4 所示。刑事警察局 2003 年至 2005 年統計年報也顯示，台閩地區發生之詐欺背信案件數量僅次於竊盜及毒品，占台灣刑事案件的第三位 [8]。另據 165 反詐騙諮詢專線統計資料顯示，從 2006 年 1 月至 2006 年 12 月共受理 547,174 件電話報案，其中以電話語音詐騙 219,123 件最多，電話詐欺 187,973 件次之，網路詐騙 15,082 件再次之，總損失金額達到新台幣 7 億元 [1]。詐騙取款方式以臨櫃轉帳最多（共 1,584 件，損失金額約新台幣 4 億 8,000 多萬元），其次為電子銀行轉帳（共 248 件，損失金額約新台幣 1 億 5,000 多萬元），再其次為自動櫃員機（Automatic Teller Machine, ATM）轉帳（共 871 件，損失金額約新台幣 3,000 多萬元），平均每一詐騙案件損失新台幣約 24 萬元（共 2,833 件詐騙成功）。雖然高投資報酬率是金融詐騙迅速增加的主要因素，但是資訊及通訊科技的應用與金融環境的便利性也是極重要的因素。

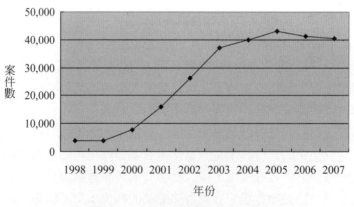

圖 8.4　台灣金融詐騙犯罪趨勢

　　從內政部警政署、金融管理委員會、通訊傳播委員會的資料分析顯示，詐騙犯罪與行動電話及 ATM 的廣為應用有緊密的關係 [2, 7, 9, 15, 16]，如圖 8.5 所示。資通訊科技及金融環境的普及性與新興金融詐騙犯罪的相關性可見一斑。

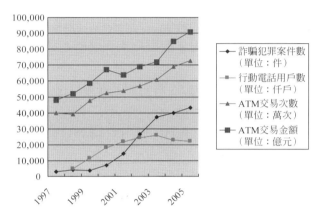

圖 8.5　詐騙犯罪案件數、行動電話用戶數與 ATM 交易次數及金額對照圖

第三節　詐騙犯罪的特性與模式

　　近年來，詐騙犯罪已漸朝向組織化發展，實施專業分工，利用金融與電話人頭帳戶，並善用電話多重轉接及銀行帳戶多重轉帳功能。且詐騙集團通常採取單線領導與單向聯絡的方式，導致查緝困難 [10, 13]。新興詐騙犯罪的特性歸納如下：

一、**分工細膩**：其組織集團化、分工化、專業化、親友化。例如集團內分工為集團首腦、詐騙實施及訓練組、機動領款組及收購組等。集團首腦：負責提供資金、指揮協調、統籌分配；詐騙實施及訓練組：依照詐騙手法印製海報、刊登廣告或大量傳送簡訊，撥打或接聽電話與被害人進行接觸，扮演各種角色取信於被害人，編輯教戰守則提供新進成員參考；機動領款組：接到電話通知後，第一時間前往 ATM 領款；收購組：負責收買銀行帳戶及收購電信帳戶。

二、**隱密性高**：藉由電子通訊設備傳送虛構訊息，並以轉接方式，規避查緝，隱密性高。

三、**間接與被害人接觸**：透過電子通訊設備，間接與被害人接觸，並由多人分別扮演不同角色，增加詐欺情節的可信度，取信於被害人。

四、**被害隨機性**：犯罪者可不受時空因素之限制，隨意挑選合適的被害人，以事先選定或是隨機發送詐騙訊息的方式進行詐騙。

五、**廣泛性**：利用各種資訊管道，取得持卡人之基本資料與個人機密性資料。

六、**犯罪基地境外化**：為逃避查緝，將犯罪基地遷移至大陸廈門沿海，以降低被捕風險。

此外，歸納國內相關實證研究 [10, 11, 13, 14, 15, 17]，詐騙集團主要犯罪手法為：

一、**事前準備**：為逃避警方追緝，詐騙集團事前大量收買人頭帳戶、手機，造成人頭帳戶、手機氾濫，而難以追查犯罪者的真實身分；另一方面掌握社會脈動，利用民眾心理弱點，編造各種說詞。

二、**詐騙過程**：善用通訊系統的便利性與普及性，以遠端通訊直接聯絡被害人，運用社交工程，掌握人性的弱點巧為操弄，誘騙被害人匯款；或運用大眾傳播媒體散布訊息，誘使民眾上鉤回撥電話，再誘騙被害人匯款。

三、**提領詐騙款項**：利用金融系統的便利性，由詐騙集團之車手於各地ATM 將款項領出，再依集團首腦指示將款項匯至其他帳戶，或是利用各種洗錢手法進行漂白。

四、**事後處置**：支付成本、分配酬庸或進行洗錢。詐騙集團犯罪手法主要分成為資訊流與金流兩部分，資訊流乃利用通訊設備、網路設備，用以接近被害人及實施詐騙伎倆之過程；金流乃將被害人之錢財匯入詐騙者所設人頭帳戶及提領現金之過程。詐騙集團犯罪之金流與資訊流，如圖 8.6 所示 [2]。

從圖 8.6 可以發現，詐騙集團係利用各種不同的電信科技來發送其詐騙訊息，再利用各種金融轉帳工具來獲取其詐騙行為之標的。因此若能切斷或攔阻其金流或資訊流，或提高其利用金流或資訊流等工具的門檻，即可提高詐騙犯罪的困難度，甚或無法順利遂行犯罪伎倆。綜言之，詐騙集團係利用

便利有效的通訊與金融環境來遂行其犯罪行為，即資通環境已淪為詐騙犯罪模式極為關鍵的作案平台。

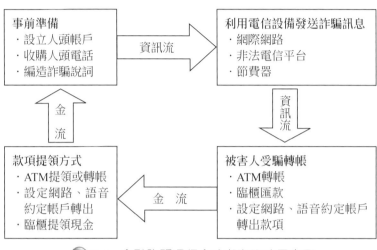

事前準備
・設立人頭帳戶
・收購人頭電話
・編造詐騙說詞

利用電信設備發送詐騙訊息
・網際網路
・非法電信平台
・節費器

資訊流

資訊流

金流

款項提領方式
・ATM提領或轉帳
・設定網路、語音約定帳戶轉出
・臨櫃提領現金

被害人受騙轉帳
・ATM轉帳
・臨櫃匯款
・設定網路、語音約定帳戶轉出款項

金流

圖 8.6　金融詐騙過程金流與資訊流示意圖

第四節　我國防制詐騙犯罪概況

我國對於詐騙犯罪的防制甚為重視，多次召開跨部會治安會議，討論因應對策，並統籌政府各部門共同協力因應新興的詐騙犯罪。有關詐騙犯罪的防制，主要可分為執法方面、電信方面及金融機構方面等因應措施 [2]，分述如下。

一、執法方面

內政部警政署為防制詐騙犯罪，於 2004 年 8 月將 0800 免付費報案電話改置為「165」三碼，成立反詐騙諮詢專線，並於 2005 年 4 月正式擴大 165 反詐騙諮詢專線的組織編制，隸屬於刑事警察局，專責處理詐騙報案工作。另外，刑事局所屬偵查隊也將詐騙犯罪偵查列為首要偵查工作之一。165 反詐騙諮詢專線編制人數達 50 餘人，區分為接案組、查證組及業務組等。主

要作業方式為：接案組每天平均接聽約 3,000 通至 4,000 通諮詢電話，經過濾、受理後即交由查證組進行反向測試，無法查證者交由業務組作進一步查證，業務組並負責斷話處理及協助復話等作業。165 反詐騙諮詢專線並透過警示帳戶聯防機制，一方面提供民眾最新的詐騙電話帳戶諮詢資訊，另一方面如確認新的詐騙電話，則通報聯合信用徵信中心轉通報金融機構作適當之處置。民眾若接到疑似詐騙電話或已經受騙，實務運作上有三種報案的管道：（一）直接撥打 165 反詐騙諮詢專線諮詢或報案；（二）直接至警察機關報案；（三）直接至匯款的金融機構櫃檯報案。

165 反詐騙諮詢專線報案主要的處理流程為：

（一）接獲民眾來電諮詢或報案時，先作進一步案情詢問。

（二）確定被害後，便立即成立專案處理小組。

（三）專案小組同時進行三項工作，以把握兩小時的黃金時間：

　　1.傳真協請暫時警示帳戶通報單予金融機構風險窗口。

　　2.轉介所轄警察機關接續處理相關事宜（製作筆錄、開立報案三聯單、傳真通報警示停話簡便表格，以及輸入反詐騙 E 化平台等）。

　　3.引導民眾至原匯款或轉帳銀行先行處理，或請其就近前往派出所報案。

此外，內政部警政署亦積極強化因應措施 [12]，期有效控制詐騙犯罪：

（一）協調國家通訊傳播委員會與各家電信公司建構快速停話平台。

（二）協調國家通訊傳播委員會及七家電信公司成立聯合服務平台。

（三）執行國際話務實體分群，幫助民眾分辨境外與國內話務，有效預防被騙。

（四）協調金管會建立警示帳戶解除與稽核機制。

（五）協調各部會成立「跨部會反詐騙宣導工作小組」，整合預防犯罪資源，提升宣導廣度與深度，減少民眾被騙機會。

（六）推動法規修訂與鬆綁。

（七）協調各金融機構落實「銀行對疑似不法或顯屬異常交易之存款帳戶管理辦法」（現新法名稱為「存款帳戶及其疑似不法或顯屬異常交易管理辦法」）。

（八）修正「行動通信業務管理規則」（現已廢止）、「固定通信業務管理規則」。

（九）修正「第三代行動通信業務管理規則」（現已廢止）。

（十）建構受案自動化機制。

（十一）建立網路報案及進度查詢機制。

二、電信方面

國家通訊傳播委員會為防制新興的詐騙犯罪，除加強既有的電信管理工作外，並配合執行各項專案，綜合整理如下：

（一）**防制固網市話盜接**：加強電信機房、用戶迴路線路網管監控、電信交接箱之監督管理，以及於建築物電信室、配線箱適當處所，張貼用戶迴路安全控管、回撥程序貼紙等作為，防止線路交接箱遭詐騙集團破壞盜接。

（二）**防制簡訊詐騙**：執行行動電話業務簡訊過濾機制，持續要求各業者應發送發訊者電話號碼、關鍵字攔截及加強多重密碼驗證機制，確保發訊者之身分查核，以有效抑制詐騙簡訊。

（三）**防制利用離島溢波及串接二類電信**：四次調整金門地區基地台信號涵蓋範圍、規範查核第一、第二類電信事業路由必須帶出發話端原始碼、不明話務予以停（斷）話及阻斷互連電路、防制第二類電信事業利用「節費器」竄改發話號碼[1]。

（四）**結合專家資源、落實管理機制**：成立「電信糾察小組」，深入分析不明話務種類及現行電信架構，清查第一、第二類網路互連現況、通聯紀錄查核比對、市內電話轉接加密措施及落實預付卡管理機制（雙證、一人一門號、直營門市販售），並與各區監理處及電信警察隊執行防制詐騙電話具體作為。

（五）啟動「電信網路總體檢」專案，其內涵為：

　　1.責成業者依法阻斷非法話務，且督責業者對於來自第二類電信業者

1　第一類電信事業指設置電信機線設備，連接發信端與受信端之網路傳輸設備者，如中華電信；第二類電信事業指第一類以外的電信事業，第二類業者通常向第一類業者批購大量的通話時數，零售販賣給消費者賺取價差。第二類業者必須擁有電總核發「單純語言轉售」（又稱國際單純轉售業務，International Simple Resale, ISR）服務執照。「節費器」則是由於網外費率高於網內互打，因此第二類業者（節費業者）提供節費門號讓消費者撥打，透過業者的「節費器」或所購買「節費卡密碼」，進入業者的節費系統，將通話透過「行動電話轉接器」轉接為計費較便宜的網內互打。

未攜帶發信方電信號碼之話務，除非可以舉證係來自國際通信外，應立即予以阻斷。

2. 對於業者使用網路電話技術介接國際話務，應按規定攜帶電信業者網路電話代表號，以釐清責任歸屬及話務來源，違反者依相關規則辦理。

3. 責令第一類業者建立「ISR 測試平台」以測試 ISR 話務是否依規定傳送，要求 ISR 業者應按互連管理辦法規定與第一類電信業者簽訂互連協約，以有效規範互連話務及傳送主叫號碼。

4. 對於話務不正常繞送情形（國內繞至國外再回到國內話務），應依據互連管理規則規定傳送；ISR 業務經營者介接國外之路由應依規定向第一類電信業者租用，不可經由第二類間轉接，以避免不明話務發生。

（六）全面管制調降金門、馬祖地區基地台發射功率、天線仰角及設定 TA 值（Turnaround Time）：會同相關單位至海峽中線實地測量後，嚴格限制當地基地台發射功率及仰角高低之調降，同時完成各家電信業者基地台 TA 值之測試及設限，限縮在海域中間範圍內才能通話，金門及馬祖地區多已達預期目標。

（七）執行「靖頻專案」：自 2006 年 5 月起警政署連續執行四波「靖頻專案」，查獲多處私設之地下平台，其利用向第二類業者租用線路，配合網路電話、數據機、交換機、節費器、電腦主機等，再串接取得之行動電話 SIM 卡，組裝成非法之通訊系統，供詐騙集團使用，甚至竄改來電顯示之號碼導致民眾更易受騙，有效阻斷部分詐騙集團之話務來源。

（八）成立「電信詐欺技術諮詢小組」：由國家通訊傳播委員會、第一類電信業者及內政部警政署刑事警察局等單位組成「電信詐欺技術諮詢小組」，定期邀集相關電信業者進行詐騙電話防制會議，針對詐騙電話之防制作為進行討論，以最快速及最有效之作為防制詐騙電話。

（九）持續要求業者落實用戶資料登載及查核機制：積極進行行動通信業務用戶資料查核計畫，未來仍將持續要求電信業者落實正確登載用戶資料及查核機制，以杜絕冒名申裝之情事。

（十）持續落實固網盜接管理機制：召開會議要求固定網路業者應持續加強

電信機房、用戶迴路線路網管監控，以及電信交接箱之監督管理，以防止線路交接箱遭詐騙集團破壞盜接。

三、金融機構方面

自 2001 年美國 911 事件後，國際間為防制洗錢及打擊資助恐怖主義，對疑似不法或顯屬異常交易之帳戶均特別關注。近年來金融詐騙犯罪集團利用國內方便的金融環境，詐騙被害人錢財，擾亂金融秩序，嚴重影響社會治安。為打擊金融詐騙犯罪，我國金融監督管理委員會將其列為施政重點，積極推動金融機構防治措施如下：

（一）推動磁條金融卡晶片化，提高防偽機制。

（二）自 2005 年 6 月 1 日實施金融卡非約定帳戶轉帳限額，單日轉帳限額由新台幣 10 萬元降至 3 萬元，以促使民眾更謹慎處理金錢事務。

（二）依「銀行對疑似不法或顯屬交易異常交易之存款帳戶管理辦法」（現新法名稱為「存款帳戶及其疑似不法或顯屬異常交易管理辦法」），將疑似不法或顯屬異常交易存款帳戶區分為：第一類依法扣押或禁止處分之存款帳戶及偽冒開戶，處理措施：1. 依法扣押或禁止處分者，依相關法令規定辦理；2. 偽冒開戶者，通知司法警察機關、法務部調查局洗錢防制中心及金融聯合信用徵信中心，銀行並應即結清該帳戶，其剩餘款項則俟依法可領取者申請給付時處理；第二類警示帳戶及衍生管制帳戶，處理措施：1. 暫停警示帳戶全部交易功能，匯入款項逕以退匯方式退回匯款行；2. 暫停衍生管制帳戶使用提款卡、語音轉帳、網路轉帳及其他電子支付功能，匯入款項逕以退匯方式退回匯款行；第三類疑似異常帳戶，處理措施：1. 對帳戶進行查證及持續進行監控，如經查證有不法情事者，除通知司法警察機關外，並得採行第一類、第二類之部分或全部措施；2. 依洗錢防制法等相關法令規定之處理措施。

（四）建立人頭戶及警示帳戶的查詢及通報機制（聯合徵信中心），以防杜開設人頭帳戶問題。

（五）自 2006 年 8 月 1 日起臨櫃匯款滿 3 萬元，須出示身分證件並留下匯款資料。

（六）要求金融機構落實「認識客戶制度」（Know Your Customer, KYC）。

（七）銀行應建立以資訊系統輔助清查存款帳戶異常交易之機制，對於下列三種情況應設立預警指標，每日由專人至少查核及追蹤一次並作成紀錄，依內部程序送交權責主管核閱：1. 交易金額超過一定門檻；2. 交易金額與帳戶平均餘額顯不相當；3. 短期間內密集使用電子交易功能。

（八）自 2006 年 10 月 1 日起實施「電話語音」及「網路銀行」新約定轉入帳戶，次日生效啟用。

（九）自 2006 年 11 月 1 日起實施「金融機構辦理警示帳戶聯防機制」，阻斷不法資金流出。

四、小結

（一）雖然 165 反詐騙諮詢專線及相關機制的建立，整合政府機關資訊及力量，提升控制能量，加強查緝提升破案率，可加強赫阻效果。但是人力耗費龐大，且需持續訓練員警，以趕上詐騙犯罪的轉型速度。

（二）國家通訊傳播委員會實施的圍堵技術避免通信設施淪為犯罪工具，雖然可以在犯罪活動上游進行圍堵，具先發制人優勢，並間接整頓電信秩序，但因憲法保障秘密通訊自由的限制，且各國電信規範寬嚴不一，欲全面圍堵詐騙犯罪通訊活動，難竟全功。

（三）整合聯合徵信中心建立警示帳戶通報及聯防機制，雖可掐住詐騙犯罪的咽喉，但仍為事後補救措施，對大部分受害者而言為時已晚，且需持續訓練人員，以趕上詐騙犯罪的轉型速度。另外，金融體系龐雜，防範措施易滋生弱點，予犯罪者有可乘之機。匯款交易風險管理僅限於局部性的措施，難以發揮加乘的防制效果。

（四）政府成立跨部會平台，統合相關政府機關力量，提升抗制詐騙犯罪之能量，雖為正確的解決問題對策方向，但以人工為主的防制策略，對抗網路環境加持的詐騙集團，耗時費力難收釜底抽薪之效。

（五）應另研擬基於資訊科技先進的防制措施，以期更有效壓制詐騙犯罪。

第五節　基於資訊科技之智慧型詐騙犯罪防制技術

一、智慧型匯款交易風險管理系統

　　隨著資通科技的應用，社會生活環境已進入通訊自由化與金融自動化的時代。隨著生活環境的快速變遷，使得原本單純的匯款行為承受較以往更為複雜的風險型態。傳統「銀貨兩訖」的交易方式，消費者可以在確認物品的數量與品質之後，才交付貨款。而且人與人之間直接的交易方式，久而久之產生信任關係，風險管理相對地較為單純。然而在資訊網路時代，網路購物或電子商務等新的交易方式不斷地被發明，透過網路的交易型態，消費者不但無法在付款前確認物品，更遑論接觸當事人。因此在資通環境的交易風險相對提升之情形下，風險管理也更為複雜，有心人甚至利用風險控管的漏洞，欺騙消費者，致使網路時代的交易風險管理雪上加霜。不但問題層出不窮，且有日益嚴重的趨勢，亟需謀求對策，以因應網路社會交易秩序安全殷切之需求。本文提出「匯款交易風險管理」的概念，提供防制金融詐騙犯罪與確保資通安全新的思考方向。

　　「匯款交易風險管理」乃在民眾進行匯款交易時，整合受款端、匯款端與其他風險指標（金融機構、匯款時間、地點），給定交易風險指標，即時提供整合性交易風險資訊輔助匯款交易決策之進行。具體做法與步驟如下：

（一）整合實務界專家之經驗智慧及運用資料探勘技術，積極開發帳戶異常交易偵測之分析模型，動態分析每一帳戶，給定風險指標。

（二）由政府機關或法人機構，建立異常風險指標帳戶資料庫。

（三）建立匯款交易風險管理模組，整合受款端及匯款端帳戶風險指標，與其他異常風險指標給定交易風險指標。

（四）協調金融相關業者增設線上顯示機制，於匯款交易時，將交易風險管理模組給定之交易風險指標，即時提供交易風險指標給匯款端，輔助匯款交易決策。

　　我國所實施的「單日轉帳限額由新台幣 10 萬元降至 3 萬元」、「人頭戶及警示帳戶的查詢及通報機制」、「要求金融機構落實認識客戶制度」及「金融機構辦理警示帳戶聯防機制」，雖已具匯款交易風險管理的概念，但都屬於局部性的，難以發揮加乘的防制效果。亟需進一步建立「匯款交易風

險管理系統」，善用資訊科技，即時提供整合性交易風險資訊輔助匯款交易決策之進行。匯款交易風險管理系統架構如圖 8.7 所示。

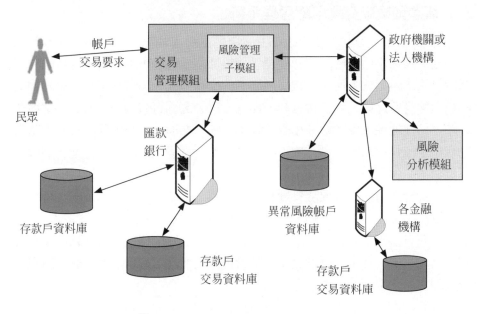

帳戶
交易要求

風險管理
子模組

交易
管理模組

政府機關或
法人機構

民眾

匯款
銀行

風險
分析模組

存款戶資料庫

異常風險帳戶
資料庫

各金融
機構

存款戶
交易資料庫

存款戶
交易資料庫

圖 8.7　匯款交易風險管理系統示意圖

二、建立智慧型詐騙電話篩選系統

電信人頭戶或約制帳戶的確認，乃經由被害人撥打 165 反詐騙諮詢專線舉發，再透過執勤人員運用各種社交工程技術（social engineering），主動與歹徒聯繫，進一步確認詐騙電話，基本上為一個勞力密集的工作。上述機制，雖可解決部分問題，但也面臨下列困境：一方面被害者或因時間關係疏於報案；另一方面運用執勤人力確認詐騙電話相當耗力費時。尤其是詐騙業者已進展到運用自動撥號系統進行其詐騙技倆，以人工方式反制自動化的詐騙方式，顯然緩不濟急。如能運用資訊科技輔助上述工作，以簡化舉發手續與減少人力投入，應可更有效地遏止詐騙犯罪行為。由於詐騙犯罪大多採用電話管道進行詐騙行為，國人經常接獲通知退稅、退費或通知中獎等詐騙電話，不堪其擾。從詐騙被害者的角度著想，若能採取可立即作用且不需掛斷後再撥打 165 反詐騙諮詢專線之便利性，將有助提升全民共同參與，主動積

極反制詐騙及騷擾電話之行動。因此在電信方面，為求全民參與共同防制詐騙犯罪行為，可在技術層面上利用電話回撥系統，協助政府機關蒐集建置詐騙及騷擾電話之資料庫，以利民眾判斷及作為偵查機關查緝之用。構想做法為在民眾接聽到詐騙或騷擾電話之同時，經判斷如為該類電話，直接在電話或行動電話回撥一組特殊號碼，如「561」，將來話資料回撥留存於電信公司，再轉由 165 反詐騙諮詢專線或相關單位彙整查證，統籌建置可疑電話資料庫，提供民眾判斷、反制之資訊；遠程目標希望達到若來電為資料庫之疑似詐騙或騷擾電話（如已經多人報案反映），則電信公司主動提供簡語告知接聽民眾相關之參考資訊。若經證實為詐騙電話，則由 165 反詐騙諮詢專線直接傳輸至電信公司進行斷話程序。智慧型詐騙電話過濾系統的運作機制如下：

（一）民眾接到詐騙電話，在通話中隨時按下一組號碼（如「561」）後掛斷電話。

（二）電信單位的局管交換機房偵測到該特殊訊息後，將發話端之識別碼上傳至集中電腦主機。

（三）集中電腦主機運用詐騙電話偵測系統，將可疑的詐騙電話及其可能性列出，作為執勤員警進一步確認之參考資訊。可能性極高的電話，甚至可以立即進行攔阻或進行停話手續，並提供其他被害者相關之訊息，在第一時間阻絕詐騙行為。自動化的反制措施如圖 8.8 所示。

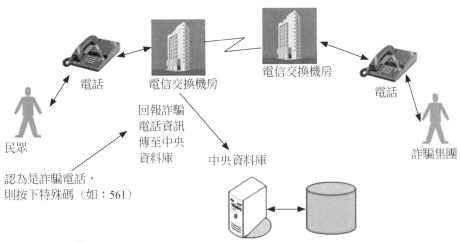

圖 8.8　自動化報案輔助機制與詐騙電話過濾系統示意圖

該反制機制主要功用為：
（一）方便舉發報案，提升報案率。
（二）協助蒐集詐騙、騷擾電話，建立反詐騙、騷擾之電話資料庫。
（三）自動化輔助過濾，減低人員工作負荷。
（四）由電信公司結合 165 反詐騙諮詢專線資料庫，主動提供疑似詐騙、騷擾電話之來電警示，供民眾判斷是否繼續接聽，降低被害之可能性。
（五）即時通報，迅速阻絕。

三、建立資訊網路使用執照制度

犯罪學日常活動理論認為，一個有能力及動機的可能加害人，與合適的標的物接觸而在監控缺乏的情況下，犯罪自然會發生。換句話說，不對等的控制關係，乃安全的關鍵因素之一。但資訊網路興起後，破壞了資訊能力不對等的關係，導致小蝦米在資訊網路的加持下也可以變成（或對抗）大鯨魚。因此建立新的不對等控制關係，乃極重要的一環。如前所述，為防止社會公共資源淪為犯罪的工具，美國在 911 事件之後，除了加強安全措施，如機場出入境安檢及入境旅客管制外，並將傳統以安全措施與事後追訴處罰的因應對策，調整為事前偵測與調查。

資訊網路科技是一把鋒利的兩面刀，可以造福人群，也可以危害社會，如何避免資訊網路科技環境成為犯罪的工具，應為當務之急。在資訊網路遭受濫用日漸嚴重的情況下，實有必要研擬資訊網路的管制措施。類似於道路交通的駕駛執照制度，建立資訊高速公路的網路使用執照（憑證）制度，雖然無法百分之百避免資訊網路科技成為犯罪的平台（有使用執照者仍可遂行犯罪行為），但卻可因而留下執法單位據以追訴處罰的證據（或線索），間接遏止濫用資訊網路的行為。此外，網路使用執照制度建立之後，資訊網路社會的管制措施，可以經由使用者存取種類、歷史紀錄的分析及參數調整，給予適當的控管建議，將傳統以安全措施與事後追訴處罰的因應對策，調整為事前偵測與調查。

第六節　結論

　　電腦與網路等資訊科技的應用，提升了人類生活上的便利性與工作效率，無形中也相對地提升了個體的資訊運用能力。如果個體缺乏克制力，環境又缺乏相對的安全措施，從而運用不當，對社會資訊秩序的破壞，將造成巨大的衝擊。近年來新興詐騙犯罪橫行，即為調控失衡的明顯實例。亡羊補牢，宜儘速研擬對策，力挽狂瀾。政府成立跨部會平台，統合相關政府機關力量，提升抗制詐騙犯罪之能量，雖為正確的解決問題對策方向，但以人工為主的防制策略，對抗網路環境加持的詐騙集團，不但耗時費力，且難收釜底抽薪之效。由於新興犯罪的猖獗與資訊科技應用有緊密的關係，因此應研擬基於資訊科技的解決方案與防制策略。隨著生活環境的快速變遷，使得原本單純的匯款行為承受較以往更為複雜的風險型態，亟需建制匯款交易風險管理系統機制，善用資訊科技，以有效防制詐騙犯罪。此外，由於詐騙犯罪大多採用電話管道進行，有必要建立智慧型詐騙電話過濾系統，方便民眾舉發報案，即時通報，迅速阻絕，達到全民共同參與防制詐騙犯罪之功效。另外，類似駕駛執照的網路使用執照制度的建立，實有必要預先研擬與規劃，除可避免資通基礎建設淪為醞釀犯罪的溫床外，也有助於提升資訊網路執法的效率與效果。

參考文獻

[1]　165反詐騙諮詢專線週報，http://www.cib.gov.tw/crime/crime02.aspx。

[2]　王朝煌、廖有祿、蔡田木，2007，金融防詐騙之資訊應用研究計畫，財團法人資訊工業策進會委託學術機構研究計畫報告。

[3]　王朝煌，2007，強化控制以確保網路社會之安全——以提升匯款交易風險管理防制金融詐騙犯罪為例，國安論壇論文集。

[4]　王朝煌、廖有祿、蔡田木、鄒景隆，2007，金融防詐騙之研究與資訊科技應用，二○○七數位生活科技研討會——建構安全、安心、安康的生活環境論文集。

[5]　王朝煌，2008，提升匯款交易風險管理確保網路社會安全，資訊安全專論。

[6] 王朝煌，2009，電信詐欺犯罪智慧型防制技術之研究，警政治安策略研討會——探討詐欺犯罪防制及地理資訊系統運用論文集。

[7] 內政部警政署，http://www.npa.gov.tw。

[8] 刑事局，http://www.cib.gov.tw。

[9] 行政院金融監督管理委員會銀行局，Http://www.banking.gov.tw/ct.asp?xItem=87243&ctNode=1845&mp=7。

[10] 江志慶，2005，ATM轉帳詐欺犯罪的實證研究，中央警察大學犯罪防治研究所論文。

[11] 吳吉裕、陳慈幸，2005，自動提款機（ATM）轉帳詐欺案件之多因被害理論，警學叢刊，第36卷第2期，頁147～172。

[12] 林逢泉，2009，從165專線參選政府服務品質獎經驗探討跨部會整合之重要性，2009警政治安策略研討會論文集。

[13] 洪漢周、曾景平，2003，刮刮樂及手機簡訊詐欺集團組織結構及偵查實務之研究，刑事科學，第55期，頁57～82。

[14] 范國勇、張平吾、蔡田木、劉擇昌，2004，ATM轉帳詐欺犯罪之實證研究，內政部警政署刑事警察局委託研究報告。

[15] 陳順和，2003，行動電話簡訊詐欺犯罪問題之成因與對策探討，透視犯罪問題，第2期，頁3～13。

[16] 國家通訊傳播委員會，http://www.ncc.tw。

[17] 賴添貴，2005，台灣地區經濟詐欺狀況處理與防制之實證研究，大葉大學事業經營研究所論文。

[18] J. Mena, 2003, *Investigative Data Mining for Security and Criminal Detection*, Butterworth Heinemann.

第三篇

進階研究

第九章　大數據探勘應用於社會網絡分析之研究

第一節　緒論

　　數位科技的廣為應用，開啟了人類嶄新的生活方式，數位科技與資訊系統已漸緊密地維繫著我們每一天的活動。自 1946 年第一部電子計算機（俗稱電腦）發明後，電子計算機系統即以其優異的計算功能逐漸取代傳統的人工作業，電腦資訊系統已成為人類生活、工作不可或缺的重要科技。由於計算機大量的資料儲存容量及其快速的資料擷取功能，資料數位化的比例與日俱增。在 1969 年 ARPANET 電腦網路問世以後，更進一步將人類社會推進到天涯若比鄰的網路時代。此外，1990 年代智慧型手機的發明，使人類社會再一次演化進入「無所不在」的行動計算時代。資通訊科技已成為現代化社會工作與生活的必備工具。人類的資訊活動內容或軌跡，直接或間接地留存於行動裝置或相關資訊系統的程度也日益提升。例如在資訊科技發明以前，人類只能透過面對面的言語、書信往返或烽火狼煙交換資訊。資訊交換行為可能間接留下或造成物理狀態的改變，而通訊的主要功能乃於當事人腦海中留下記憶或印象。在電信科技發明以後，人類可以藉由電信科技進行點對點的遠距通訊。通訊活動除了在當事人腦海中留下記憶或印象外，同時也在電信設施留下相關的通聯紀錄。在網路通訊科技盛行以後，人類可透過網路通訊軟體，如 Skype 及 LINE 進行通訊活動。由於網路通訊軟體的原理乃將語音內容數位化轉成一系列的語音資料封包（voice data packet），藉由電腦網路傳送至目的端，再依序組合語音資料封包，還原語音通訊內容，達成通訊功能。因此通訊內容可以完整地被擷取蒐集與儲存，通訊系統的伺服器也同時記錄通訊的行為軌跡。換句話說，網路通訊除了提供遠距通訊的功能及記載通訊的行為軌跡外，理論上並可進一步儲存完整的通訊內容！

　　隨著科學的進步與發展，資通訊科技已深入應用於各行各業。各種智慧型系統逐漸融入人類生活，如各種自動收、付費設備及電子商務系統，間接地也蒐集、儲存、記錄人類生活或工作軌跡資料。另外，在安全監控系統的

運用，如路口監視器系統及門禁管制系統，也無所不在地隨時蒐集、儲存、記錄人類生活軌跡資料。此外，在電腦與網路結合後，人類資訊活動逐漸以電腦與網路作為最主要的傳輸媒體。人類不但可以透過資訊高速公路，優游於網路所建構的虛擬世界，更可以互動式的電腦網路媒體作為橋梁，組織虛擬社群 [2]。人類的社交關係及活動內容更被詳實地記錄於各種社群媒體系統，如 Facebook、X 及 Plurk 等。由於人類生活或工作所留下的軌跡資料，來源非常廣泛、型態不一、結構複雜、數量龐大且隨時急速增加，一般稱之為大數據、巨量資料或海量資料（big data）[5]。大數據之資料蒐集、整合、儲存及分析技術，遠超過人工和現行資料庫所能處理的能力，必須研擬新的方法與技術，才能發揮與善用資料的價值。大數據被麥肯錫譽為提升產業創新、競爭力及生產之下一個亟待開發的領域 [14]。在以資訊科技為加速器的資訊時代，善用資訊科技強大的資料蒐集、整理、統計、分析及探勘功能，將能快速有效地分析運用大數據的資訊，精準地掌握問題及研擬因應對策，以有效解決社會問題，為現代化社會極迫切的研究課題。本文運用網頁資料探勘，並據以分析社會網絡關係，探討大數據資料的分析技術及應用方法。本文架構為：第二節介紹大數據與社會網絡分析；第三節說明本文的研究方法與流程；第四節討論分析實驗結果；第五節為結論。

第二節　文獻探討

一、大數據

　　根據麥肯錫的研究報告 [14]，大數據為提升產業創新、競爭力及生產力之下一個亟待開發的領域。麥肯錫預估大數據光是在美國的醫療產業即可創造每年約 3,000 億美元的產值。大數據的資料來源可分為 [5, 17]：

（一）傳統的人工輸入（data collected at points of contact，如民眾報案資料）和系統計算產生的資料（如各種系統日誌資料）。

（二）全世界網路使用者所登入（user entered）的大量資料，例如 Facebook 及 X 等社交網絡系統資料，以 Facebook 為例，網路使用者每個月約分享 300 萬筆資料，且以年增率約 40% 的速度增加。

（三）各種機器蒐集系統（machine entered and/or collected by remote sensor systems）所蒐集的資料，如路口監視器蒐集的影像資料及 ETC 電子收費資料。

由於資料來源具多樣性，大數據通常具有四個 V 的特質，即：（一）Volume（海量資料、數量巨大）；（二）Velocity（輸入速度快和處理時效要求高）；（三）Variety（資料具多樣性且結構複雜）；（四）Veracity（缺乏嚴謹驗證機制、真實性需進一步驗證）。

由於大數據資料來源的多樣性、資料量大、資料生產速度快、處理時效要求高、資料型態多樣、結構複雜及缺乏嚴謹驗證機制等特性，遠超過人工和現行資料庫的能力所能處理，必須研擬新的資料蒐集、整合、儲存及分析技術，方能發揮與善用其價值。大數據的分析技術主要包括：A/B 測試（A/B test）、關聯規則學習（association rule learning）、自動分類（classification）、群眾外包（crowdsourcing）、資料融合及整合（data fusion and data integration）、資料探勘（data mining）、總體學習（ensemble learning）、遺傳演算法（genetic algorithms）、機器學習（machine learning）、自然語言處理（Natural Language Processing, NLP）、類神經網絡（neural networks）、網絡分析（network analysis）、最佳化（optimization）、圖形識別（pattern recognition）、預測模型（predictive modeling）、迴歸分析（regression）、語句情境分析（sentiment analysis）、訊號處理（signal processing）、空間分析（spatial analysis）、統計學（statistics）、監督式學習（supervised learning）、系統模擬（simulation）、時間系列分析（time series analysis）、非監督式學習（non-supervised learning）及視覺化技術（visualization）等 [14]。

舉凡人類生活周遭及工作的活動資訊，如能加以系統化地蒐集、整理與分析，就能提供使用者與服務提供者，有關食、衣、住、行、育、樂等各方面，及時且因地制宜的決策輔助資訊，進而改善生活與工作的效率與品質。運用大數據的價值主要包括 [14]：

（一）**增加資訊透明度**：大數據僅經由提供相關人員及時的資訊即可創造巨大的價值，例如讓不同的部門間分享資訊，即可大幅縮短資訊搜尋及處理的時間，進而提升效率。

（二）**經由數據分析發現需求、差異及提升績效**：當組織累積更多的交易資

料，經由分析可以更精準地掌握資訊，從庫存管理到人員派遣，均可及時掌握確實的動態。

（三）**分群及提供客製化服務**：企業可經由探勘大數據掌握客戶的群組分布，運用分群行銷策略，將適當的產品推薦給適當的消費者，進而提升行銷效能。

（四）**以自動化方法支援或取代決策**：經由大數據分析，可以提供決策所需的輔助資訊，大幅減少決策的風險，甚至取代人工決策工作，例如信用貸款風險分析及利率的計算。

（五）**創新商業模式、產品及服務**：企業經由大數據的分析可以創造新的產品與服務、改善既有的產品與服務，或創新新的商業模式，例如因時、因地、因人制宜的產品推薦系統。

此外，運用大數據的相關議題主要包括：

（一）**資料政策**：隱私資料、資料安全、智財權及保管資料的責任等議題。

（二）**資訊科技及資料分析技術**：資料的蒐集、儲存、分析軟體及資料分析技術的部署與運用等。

（三）**組織營運的轉變與人才的培養**：組織領導者必須清楚認知大數據的價值及培養資料分析的人才，才能充分運用大數據的價值。

（四）**資料取得問題**：組織必須整合各部門的資料或從外部資料獲取所需資料。

（五）**組織型態**：競爭激烈的產業對於大數據的分析與應用的迫切性，往往高於競爭較小的產業。

綜合而言，大數據的資料蒐集範圍可以說包羅萬象，舉凡與生活工作有關的數位化資訊均包含在內，且隨著時間的進展，資料蒐集的速度、範圍、型態及資料量也不斷地擴展。大數據的資料分析技術更是相當廣泛，可以只是簡單的資料查詢，也可以是結合機率、統計、機器學習及演算法的資料探勘。在大數據的蒐集機制漸為廣泛，以及資料分析技術逐漸成熟的情況下，大數據資料的蒐集整理與分析，以產生有用的資訊，便成為現代社會重要的課題。

二、社會網絡分析

社會網絡（social network）是由一群行為個體（actors or entities）所組

成。社會網絡的資料主要包含兩類：（一）個體的屬性資料，例如個體的身高、體重及膚色等；（二）個體間的關係資料，如個體間的好惡傾向、交易及借貸關係等。社會網絡分析著重於分析個體間的關係 [16]，以個體間的對偶關係（dyad）作為基礎，延伸至三角關係（triad）、凝聚子群關係（cohesive subgroup），以及整個社會網絡的組織與關係等。個體間從最原始的血親關係（kinship）、朋友關係（friendship）、長官部屬關係（subordinate relationship），已逐漸演化延伸至價值觀（values）、信仰（visions, idea）、財物往來（financial exchange）、憎惡（dislike）、衝突（conflict）、交易（trade）、網站連結（web links）、性關係（sexual relations）、疾病傳染（disease transmission）及航空路線（airline routes）等一個或多個因素的相互、依賴關係，皆可作為社會網絡分析的基礎。換言之，社會網絡關係乃隨著時代進步與決策分析的需要而定。社會網絡乃將個體連結在一起的關係網絡。社會網絡通常以社會圖（sociogram）呈現，以點表示個體，以線表示關係，以點、線連結而成的關係網絡表示社會網絡的組態，再據以衡量社會網絡的凝聚力和社會壓力 [4]。一般而言，網絡關係可分為親屬關係（kinship relations）、層級關係（hierarchy relations）、市場關係（market relations）及社會關係（social relations）等，社會結構（social structure）即是由這些關係的集合而成 [13]。

社會網絡分析的應用可以追溯自秦始皇時代。為完全除去復仇者的實力和人脈，秦始皇開始有「族誅」的酷法，先是「夷三族」，後代越來越殘酷，由誅三族、五族演變到誅九族，甚至十族。社會網絡關係的基礎也從血親、姻親，逐漸演變成包括門生故舊等。近代則廣泛應用於傳染病的控制、虛擬社群分析、產品行銷，甚至警察犯罪偵查等 [3, 7, 15]。

傳統社會網絡分析的資料蒐集方法主要包括：問卷調查（questionnaires）、實地訪談（interviews）、觀察（observations）及歷史資料紀錄（archival records）分析等 [16]。自 20 世紀資通訊科技昌明以來，資訊科技已成為現代化社會工作與生活的必備工具。人類的資訊活動軌跡甚或內容，間接或直接地留存於資通訊科技產品或相關資訊系統的程度也日益提升。此外，社群媒體如 Facebook、X 的廣為使用，更進一步提供社會網絡分析即時的社交活動資料，帶來社會網絡分析研究嶄新的發展契機。如何善用相關資

訊系統或媒體系統的資料進行社會網絡分析，已成為近年來社會網絡分析極重要的課題。

第三節　研究方法與流程

本文以搜尋引擎（internet search engine）蒐集分析網際網路公共領域（public domain）的資料。運用功能強大的 Google 搜尋引擎進行特定人物相關網頁資料的蒐集，並藉由中央研究院的中文斷詞系統萃取與該特定人物相關之人物名稱，再統計人物在網頁的共現關係，作為網絡分析的基礎資料。

一、研究方法
（一）網頁搜尋

網際網路搜尋引擎一般先運用網路蜘蛛（web spider），定期蒐集網際網路上的資料，及建立資料庫與索引資料。索引最基本方法有兩種[12]，分別是以「關鍵字」及以「概念」為索引。關鍵字索引[1]是最常使用的方法；以概念為基礎的搜尋則透過人工彙整，定義文字的意義，先檢查文件，再以概念確定這篇文件所屬的範圍作成索引。例如使用者輸入：「全世界最高的山」，搜尋引擎會從資料庫定義中，找出符合該定義為「喜馬拉雅山」。

Google Search 是由二名史丹佛大學博士生拉里·佩奇和謝爾蓋·布林在 1996 年所建立。它是一個對網站間的關係作精確分析的搜尋引擎，也是網際網路上最大、影響範圍最廣泛的搜索引擎[18]。Google Search 每日處理超過 2 億次查詢，除了網頁外，Google 也提供搜尋圖像、新聞組、新聞網頁、影片、地圖及部落格的服務。Google 其他的服務還包括：Google 網上論壇、Google 圖片搜索服務、Google 新聞、Google 網頁目錄、Google Answers、Froogle、Google Web API、Google Book Search、Picasa、Google、Notebook、Google Maps、Google Earth、Google SketchUp、Google Moon、Google Local 及 Google Mars 等。本文以 Google Search 為例，利用 Google

---

1　關鍵字索引詳見本書第三章所述。

Search 輸入特定人物名稱作層次搜尋，藉以找出人與人間的關聯與網絡關係。

（二）中文斷詞

　　中文斷詞系統可分為五大單元 [6]，分別為前置處理單元、構詞單元、斷詞單元、後置構詞單元及詞類標記產生單元。前置處理單元將輸入的字串作處理，如字串中有英文、標點符號或其他符號時，將字元轉換為全形，再將其輸入至構詞單元。斷詞單元利用斷詞規則，經詞庫比對原字串後而結合的詞，再交由後置構詞單元檢查詞句中是否可以互相結合，最後將斷詞結果產生所要的詞與詞類標記。中文斷詞方法主要有詞庫斷詞法、統計斷詞法及混合式斷詞法 [1, 10]，彙整如表 9.1。

表 9.1　中文斷詞法

方法	說明
詞庫斷詞法	為最普遍的斷詞方式，利用詞庫和文件中的句子作字詞比較，以找出文件內字詞。為保持詞庫斷詞正確性，詞庫內容須時常維護與更新。
統計斷詞法	從大量領域的文件資料庫中分析統計，以找出鄰近字元共同出現的頻率及前後字的分布情形作為斷詞依據。例如某一系列的字 ABCD 共同出現的頻率頗高，且 A 之前及 D 之後出現的字較為多樣化，則 ABCD 為一詞的可能性較高。
混合式斷詞法	利用詞庫斷出不同的組合字詞，再利用字詞的統計資訊，找出最佳的斷詞組合。

　　詞是一個語言最基本語意單位，任何語言處理的系統都必須先能分辨文本中的詞才能進行進一步的處理，例如機器翻譯、語言分析、語言瞭解及資訊抽取等。因此中文自動分詞的工作成了語言處理不可或缺的技術。當處理不同領域的文件時，領域相關的特殊詞彙或專有名詞，常常造成分詞系統因為參考詞彙的不足而產生錯誤的切割。為了解決這個問題，最有效的方法是加強詞彙的蒐集，補充領域詞典 [11]。中央研究院的中文斷詞系統包含約 10 萬個詞的詞彙庫及附加詞類、詞頻、詞類頻率及雙連詞類頻率等資料。根據中央研究院斷詞系統說明指出，每篇文章中約有 3% 至 5% 的詞彙是未知詞。文章經過斷詞後，所取出的詞性有數十種，部分詞性如表 9.2 所示。

本文主要運用中央研究院的中文斷詞系統，萃取網頁中的專有名詞（Nb），如「巨蛋棒球場」、「貓空纜車」等。

表9.2　中央研究院中文斷詞系統詞性列表

標記	對應詞類	
Na	Naa, Nab, Nac, Nad, Naea, Naeb	普通名詞
Nb	Nba, Nbc	專有名詞
Nc	Nca, Ncb, Ncc, Nce	地方詞
Ncd	Ncda, Ncdb	位置詞
Nd	Ndaa, Ndab, Ndc, Ndd	時間詞

二、研究流程

本文的實驗設計與流程如圖 9.1 所示。

本文使用自行開發之代理人程式，將欲分析之特定人物名稱送至 Google Search 搜尋相關的網頁，蒐集排名前25%網頁之 html、htm 及 txt 檔。再將網頁資料一一送到中央研究院中文斷詞系統進行斷詞，萃取專有名詞（Nb）部分。經過第一層的搜尋與分析，找出與特定人物相關的人物名稱後，緊接著進行第二層搜尋，將第一層搜尋所得的相關人物名稱，逐一以 Google Search 搜尋相關的網頁，並將排名前 25% 網頁以中央研究院中文斷詞系統萃取網頁中的專有名詞，然後統計特定人物及其相關人物間的共現關係。本文以兩層 Google Search 搜尋為例，參考表 9.3 資料並說明如下。

表 9.3 中編號 1 至編號 8 的資料顯示與「張○銘」重要相關的人物名稱為「段○文」、「林○益」、「洪○彥」、「鄭○富」及「王○壹」等五人，而編號 9 至編號 13 的資料顯示與「林○益」重要相關的人物名稱為「張○銘」、「鄭○富」及「林○亨」等三人。本文統計分析人物間的共現關係與共現頻率，將相關人物的共現關係以矩陣表示，如表 9.4 所示，然後將共現關係矩陣資料表匯入 UCINET 軟體進行各種社會網絡關係的視覺化分析。

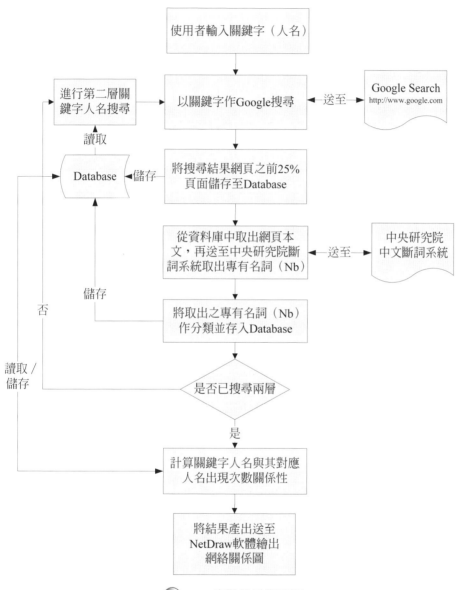

圖 9.1　實驗設計與流程

表 9.3　資料庫部分內容

編號	來源或網頁標題	關鍵人	相關人	詞性
1	自由電子報——社會新聞	張○銘	段○文	(Nb)
2	自由電子報——社會新聞	張○銘	林○益	(Nb)
3	自由電子報——社會新聞	張○銘	林○益	(Nb)
4	自由電子報——社會新聞	張○銘	洪○彥	(Nb)
5	自由電子報——社會新聞	張○銘	鄭○富	(Nb)
6	自由電子報——社會新聞	張○銘	王○壹	(Nb)
7	自由電子報——社會新聞	張○銘	林○益	(Nb)
8	自由電子報——社會新聞	張○銘	林○益	(Nb)
9	台頭號悍匪張○銘被判三個無期及55年徒刑	林○益	張○銘	(Nb)
10	台頭號悍匪張○銘被判三個無期及55年徒刑	林○益	張○銘	(Nb)
11	台頭號悍匪張○銘被判三個無期及55年徒刑	林○益	鄭○富	(Nb)
12	台頭號悍匪張○銘被判三個無期及55年徒刑	林○益	林○亨	(Nb)
13	台頭號悍匪張○銘被判三個無期及55年徒刑	林○益	鄭○富	(Nb)

表 9.4　共現關係矩陣

	張○銘	林○益	段○文	洪○彥	鄭○富	王○壹	林○亨
張○銘	-	26	15	19	32	7	34
林○益	407	-	10	11	17	3	24
段○文	411	15	-	11	17	3	24
洪○彥	411	15	10	-	17	3	24
鄭○富	574	19	10	15	-	4	24
王○壹	193	8	5	6	9	-	15
林○亨	394	15	10	11	17	7	-

第四節　實驗結果

　　將共現矩陣資料以 NetDraw 繪製社會網絡關係圖，完整圖如 9.2 所示。灰色節點代表人物名稱，節點總數為 131 個。點與點間的線段代表點間的共現關係。關係又可分為「單向關係」與「雙向關係」。例如：若搜尋人物名稱 A 的相關網頁資料包含人物名稱 B，但搜尋人物名稱 B 的相關網頁資料未包含人物名稱 A，則人物名稱 A 與人物名稱 B 間的關係為單向關係，反之亦同；但若搜尋人物名稱 A 的相關網頁資料包含人物名稱 B，搜尋人物名稱 B 的相關網頁資料也包含人物名稱 A，則人物名稱 A 與人物名稱 B 為雙向關係。此外，連接兩節點的線段，兩邊皆會有彼此對應的關係出現次數，用以表示關係強度。

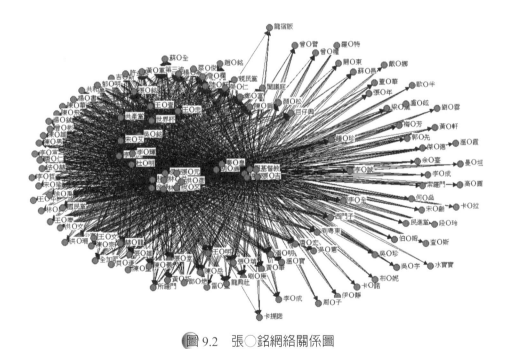

圖 9.2　張○銘網絡關係圖

　　圖 9.2 中，「西門子」、「索羅門」、「到粵東」雖不是人物名稱，但屬於專有名詞。雖然斷詞系統在斷詞過程中亦將該詞列為專有名詞（Nb），但可以利用設定關係強度閾值，篩去此類較無相關的名稱。例如將圖 9.2 之

關係圖中，關係強度小於 5（約等於平均關係強度 4.84）的線段略去，則可將關係圖簡化為圖 9.3。在圖 9.3 中，黑色線段表示雙向關係，灰色線段表示單向關係。另外，也可以用節點的大小表示人物關係的多寡。點的連結越多節點越大，反之則越小。由圖 9.3 可明顯看出張○銘與林○忠、段○文、林○亨有直接關聯，張○銘與侯○宜、楊○書、蔡○俊有間接關係。分析出現雙向關係原因如下：

一、林○忠：為張○銘集團夥伴。

二、林○亨：為張○銘集團夥伴。

三、段○文：在 2004 年底要張○銘向媒體投書放話。

　　出現與張○銘有間接關係之姓名分析如下：

一、侯○宜：案發當時擔任刑事局長，負責指揮專案小組成員偵辦。

二、楊○書：和欣客運小開，被張○銘綁架。

三、蔡○俊：承辦張○銘案件檢察官。

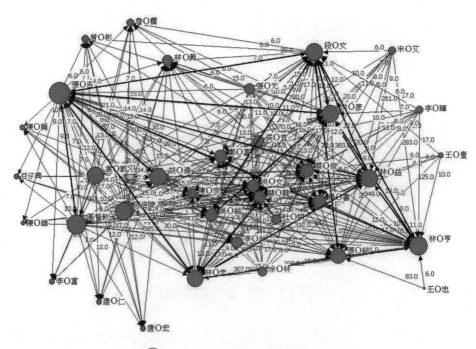

圖 9.3　簡化之張○銘網絡關係圖

　　如將關係強度閥值調高為 10，進一步簡化張○銘的人際網絡關係可得圖 9.4。在圖 9.4 中，節點明顯減少，出現的人物為張○銘集團夥伴，以及較重要的受害者與案件的偵辦人員。

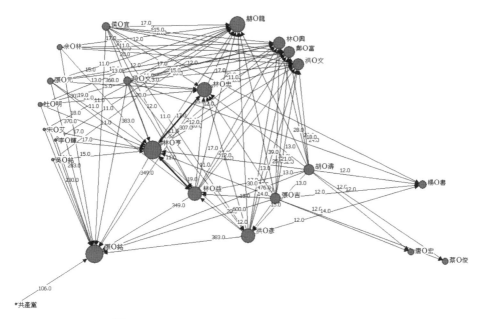

　　圖 9.4　關係強度大於 10 的張○銘網絡關係圖

　　最後，具雙向關係且關係強度皆大於 5 的張○銘人際網絡關係圖，如圖 9.5 所示。在圖 9.5 中，與張○銘有關的人物為「洪○彥」、「張○吉」、「段○文」、「林○益」、「吳○銘」、「林○亨」及「林○忠」等七名，可見這七名人物與張○銘間的特殊（重要夥伴）關係。

　　此外，本文統計在資料庫中出現次數超過 100 次的人物，主要分別為張○銘夥伴、案件關係人及偵查人員，如表 9.5 所示。

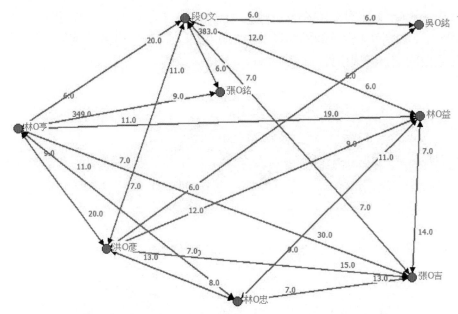

圖 9.5　雙向且關係強度皆大於 5 的張○銘網絡關係圖

表 9.5　張○銘集團關係人說明

主要 關係人	關係人背景說明	資料庫關鍵詞 出現次數
林○忠	張○銘集團夥伴	227次
陳○雄	張○銘集團夥伴	101次
唐○宏	張○銘集團夥伴	124次
張○吉	張○銘集團夥伴	140次
吳○銘	張○銘集團夥伴	123次
曾○彬	張○銘集團夥伴	132次
詹○欄	詹○欄綽號穿山甲，張○銘為其小弟	104次
洪○彥	南投電台主持人洪○彥，張○銘犯下之綁架案件	216次
林○興	為薛○及張○銘等集團幕後藏鏡人首腦的台中角頭	418次
鄭○富	台南市當舖老闆鄭○富，張○銘犯下之綁架案件	318次
洪○文	張○銘懷疑被高雄角頭洪○文出賣，投書媒體對其發出狙殺信	368次

表 9.5　張○銘集團關係人說明（續）

主要 關係人	關係人背景說明	資料庫關鍵詞 出現次數
赫○龍	電玩老板于○柱遭張○銘綁架，被認為是幕後人物之一	436次
蔡○俊	承辦張○銘綁架案件台南地檢署承辦檢察官	242次
楊○書	和欣客運小開楊○書，張○銘犯下之綁架案件	236次
林○益	新營市東方酒店股東，被張○銘於 1995 年 2 月 20 日凌晨，在新營市東方酒店停車場開槍殺害	243次

第五節　結論

　　本文以探勘網頁資料共現關係建構社會網絡分析為例，探討大數據資料的分析技術與應用方法。本文運用功能強大的搜尋引擎，分層搜尋欲分析的特定人物之網頁資料，再藉由中央研究院中文斷詞系統萃取出網頁中的人物名稱，然後統計分析特定人物與相關人物間的共現關係，並運用社會網絡分析軟體，繪製其社會網絡關係圖。由張○銘人際網絡關係圖發現與張○銘有關的人物，包括夥伴、關係人及偵辦人員，都可從網頁搜尋的資料分析獲得。實驗結果顯示，本文分析技術不但可經由網頁資料搜尋與分析印證犯罪分子的關聯，而且也可以經由層次及關係強度的過濾與篩選，進步探索人物件的網絡關係。

　　大數據如網頁資料，雖然型態不一、結構複雜且數量龐大，但經過有系統地加以整理與分析，仍可萃取出輔助決策有用的資訊。本文未來的研究方向包括增加資料搜尋的層次與資料型態的廣度，期能更完整地分析資料以提供更精確的資訊。此外，由於許多犯罪者為累犯，將來亦可整合警察機關內部的資料，例如犯罪資料庫、筆錄資料庫等資料進行分析，以掌握更詳盡的相關資訊，進一步強化資訊輔助功能。

參考文獻

[1] 王朝煌，2004，資料分析技術與情報運用之探討，通識教育教學及研究方法學術研討會論文集。

[2] 王朝煌、彭議霆，2007，社會網絡分析之研究——以網際網路搜尋為例，第三屆恐怖主義與國家安全學術研討暨實務座談會論文集。

[3] 何明洲，2012，犯罪偵查學，中央警察大學出版社。

[4] 邱議德，2003，以社會網絡分析法評估工作團隊知識創造與分享，國立中正大學資訊管理所碩士論文。

[5] 林俊宏譯，2013，大數據，天下文化（原著：Viktor Mayer-Schönberger and Kenneth Cukier, *Big Data: A Revolution That Will Transform How We Live, Work, and Think*）。

[6] 唐大任，1999，中文斷詞器之研究，國立交通大學電信工程學系碩士論文。

[7] 馬重奇、周麗英，2002，中國古代文化知識趣談，導師出版社有限公司。

[8] 彭議霆、王朝煌，2008，基於網頁共現分布探勘連結分析技術之研究，第十九屆國際資訊管理學術研討會論文集（ICIM 2008）。

[9] 彭議霆、林品杉、王朝煌，2013，大數據探勘應用於社會網絡分析之研究——以網頁共現關係為例，刑事警察學術研究與交流研討會論文集。

[10] 賴錦慧，2004，新聞事件之變化探勘以支援決策制定，國立交通大學資訊管理研究所碩士論文。

[11] 中文斷詞系統，http://ckipsvr.iis.sinica.edu.tw。

[12] 搜尋引擎的原理是什麼，http://blog.sina.com.tw/googleadsense/article.php?pbgid=22525&entryid=26。

[13] Paul S. Adler and Seok-Woo Kwon, 2002, "Social Capital: Prospect for a New Concept," *Academy of Management Review*, Vol. 27, No. 1, pp. 17-40.

[14] McKinsey Global Institute, 2011, *Big Data: the Next Frontier for Innovation, Competition, and Productivity*.

[15] Yi-Ting Peng and Jau-Hwang Wang, 2008, "Link Analysis Based on Webpage Co-occurrence Mining – A Case Study on a Notorious Gang Leader in Taiwan," *Proceedings of the IEEE International Conference on Intelligence and Security Informatics*.

[16] Stanley Wasserman and Katherine Faust, 2009, *Social Network Analysis – Methods and Applications*, 18th printing, Cambridge University Press.

[17] 維基百科，http://en.wikipedia.org/wiki/Big_data。

[18] 維基百科，https://en.wikipedia.org/wiki/Google_Search。

第十章 刑案知識庫查詢推薦技術之研究

第一節 緒論

　　1966 年警政署刑事警察局紀錄科成立六號分機犯罪資料查詢台，提供外勤員警查詢通緝、前科及失竊車輛等資料。早期外勤員警的資料查詢，須等待六號分機值勤人員以人工的方式調閱紙本刑案紀錄，方能取得偵辦刑案所需犯罪嫌疑人前科、口卡及入出境等資料。1979 年警政署刑事警察局開始運用電腦技術，規劃建置資訊系統提供查詢服務。並引進大型電腦及縮影設備，將資料卡、移送書、判決書及通緝書等逐一建檔，以便進行犯罪資訊統計分析及提供查詢服務工作 [6]。隨著資訊科技的精進與應用發展，相關刑事資訊系統亦陸續建立。例如建立「刑案紀錄處理系統」，一方面要求員警在受理報案時，必須填具刑案紀錄表，內容包括案件相關之人、地、時、事、物、犯罪原因、犯罪方法及破獲情形等；另一方面提供查詢服務支援刑事偵查工作。此外，警政署刑事警察局並於 1999 年開始建置「刑案知識庫」系統 [4]，期進一步支援刑事偵查工作。「刑案知識庫」整合刑事犯罪偵查資料及司法機關通緝、偵查、裁判及矯治等資料，使外勤員警在僅掌握部分案件線索，例如時間、地緣關係或犯罪手法，也能從系統查詢比對過去發生過的相關資料，列出相關案件及其歷程、嫌疑犯及共犯結構等，進一步掌握可疑對象的相關訊息。「刑案知識庫」的資料種類繁多，涵蓋了結構化資料（如刑案發生、發生紀錄及破案紀錄）及非結構資料（如犯罪事實描述及人像照片）。「刑案知識庫」的核心功能，圍繞在人、案及車輛等資料的查詢。查詢可針對嫌疑人的犯罪特性，如犯罪手法、習慣、時間、地點及同夥人資料等，利用「以人查案」、「以案追人」及「以車追人」等方法，並佐以「批次查詢」及「全文檢索」功能，期完整呈現刑案之犯罪結構，進而提升犯罪案件的偵辦速度與效率。

　　此外，為因應內部管理需要與統計分析需求，「刑案知識庫」系統也逐一記錄使用者（如刑事偵查人員）的查詢軌跡。在 2012 年 6 月至 2016 年 12 月間，「刑案知識庫」總共累計了 2 億餘筆使用者的查詢軌跡。查詢紀

錄除了可提供機關內部資訊安全稽核、承辦案件查核及支援管理決策外,拜資料分析技術進展之賜,也可透過分析使用者的查詢步驟與慣性,歸納偵辦刑案的查詢技巧,以及運用資料探勘技術挖掘潛藏在資料中的知識與經驗智慧。

刑事工作經驗的傳承主要採師徒制,然而師徒制的傳授方式往往曠日費時,徒弟可能需要跟師父學習一段相當長的時間,才有機會學到各種案件的偵辦技巧。另外,好的運動選手不見得是好的教練,有些師父雖然擁有豐富的經驗與知識,但基於個人特質,對於隱性知識無法透過語言或文字方式明確表達。此外,組織的績效制度也可能造成師徒間存在競爭關係,導致師父不願意毫無保留地將經驗智慧傳授給徒弟。近年來大數據的蒐集與分析,已成為工商企業提升競爭力最重要的發展方向。「刑案知識庫」儲存的查詢軌跡,往往隱含刑事偵查人員的經驗與智慧。本文擬運用大數據分析技術,挖掘隱藏於查詢軌跡的經驗智慧,據以發展「刑案知識庫」查詢推薦技術,期能進一步提升「刑案知識庫」的查詢服務功能。本文架構為:第二節探討相關的文獻;第三節描述刑案知識庫查詢推薦技術;第四節介紹實驗結果與分析;第五節為結論。

第二節　文獻探討

一、犯罪偵查

犯罪偵查指偵查機關及其偵查人員,基於告訴、告發、自首或其他原因,知有犯罪發生或有犯罪發生之嫌疑時,為提供檢察官提起公訴及法院裁定刑罰的證據,依法行使偵查職權,調查犯罪嫌疑人的犯罪情形,以及蒐集、保全犯罪證據之行為 [5]。警察分局或派出所警察人員於受理報案或發現犯罪,到達犯罪現場依序進行救助傷患、現場處理及通知鑑識小組進行現場跡證採證作業之後,接續由刑事偵查人員開始實施偵查工作。偵查工作包括案情研判、研擬偵查計畫、發掘線索、跟蹤監視、通知詢問、拘提逮捕、偵查辯護、搜索扣押、追查贓證物、移送遞解、擴大偵破及出庭作證等。刑事偵查工作的過程類似資料拼圖,以命案為例,剛開始偵查人員可能僅掌握

被害人的資料，但經過訪問目擊證人，可進一步掌握案發當時的情形，例如涉嫌人數、案發時間及犯罪工具等。此外，經由鑑識人員的採證與分析，可進一步確認被害人身分或嫌疑人身分，以及推論犯罪發生的原因 [1]。犯罪偵查過程如圖 10.1 所示。

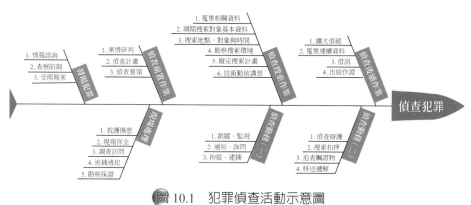

圖 10.1　犯罪偵查活動示意圖

二、刑案知識庫

（一）發展沿革

　　警政署刑事警察局於2000年完成建置「刑事犯罪資料網站查詢系統」。「刑事犯罪資料網站查詢系統」主要整合司法機關 4 億餘筆犯罪相關資訊，包含在監在所、同因會客、刑案前科、通緝、典當、國人入出境、車籍、嫌疑人犯相片、流氓、幫派及刑案紀錄等 [2]，為第一代「刑案知識庫」。2002 年規劃建置「刑案知識庫第二代」，進一步整合司法院及檢察署之刑事司法文書等刑案歷程紀錄，包含三類七種總計約 4,000 多萬筆非結構化資料。系統提供以人查案、以案追人、同案共犯、共犯結構、刑案流程圖、人際網絡及親屬地圖等查詢功能，以提供偵查過程所需之關鍵資訊，協助刑事偵查人員釐清相關案件之嫌疑人與共犯結構。2008 年規劃建置「刑案知識庫第三代」，除整合人車系統及新版同因會客系統，提升既有的共犯結構、批次查詢及全文檢索等功能外，並納入戶役政資料，提供刑案主嫌、共犯、親友及關係人等相關訊息，進一步協助偵查人員勾勒出犯罪嫌疑人社會關係

網絡 [3]。2017 年完成規劃建置「刑案知識庫第四代」，主要開發行動載具之專屬 APP，使得刑事偵查人員能透過行動載具，查詢所需情資並即時掌握辦案現場各項影音與人物狀況。此外，刑事偵查人員也可將刑案現場資料（如照片、影像、檔案等）上傳、分享，讓刑事偵查人員可於隨時隨地，快速取得情資，強化犯罪偵查時效 [7]。

「刑案知識庫」為一互動式查詢資訊系統，已逐步整合刑事犯罪偵查資料及司法機關通緝、偵查、裁判及矯治等文書資料。並提供簡易條件、複合條件及模糊條件等查詢功能，讓刑事偵查人員在線索有限的情況下，仍可透過系統的協助，快速聚焦偵查對象，以及擴大清查範圍。

（二）查詢概況

「刑案知識庫」查詢軌跡包含查詢主檔、查詢明細、結果主檔及（查詢）結果明細等四種資料。以 2012 年為例，查詢主檔＋查詢明細＋結果主檔＋結果明細，合計為 23,389,556 筆。其他年度分別為 2013 年 45,790,018 筆，2014 年 44,336,180 筆，2015 年 48,711,289 筆，及 2016 年 57,903,332 筆。2012 年至 2016 年間，總計共累積 2 億 2,100 多萬筆查詢軌跡，如表 10.1 所示。

表 10.1　刑案知識庫查詢概況

項目＼年份	2012	2013	2014	2015	2016
查詢主檔	696,208	1,891,599	1,539,032	1,314,211	1,187,967
查詢明細	1,003,476	3,199,504	2,325,841	1,523,200	1,325,337
結果主檔	6,601,357	12,405,241	12,394,302	14,120,911	15,024,452
結果明細	15,088,515	28,293,674	28,077,005	31,752,967	40,365,576
合計	23,389,556	45,790,018	44,336,180	48,711,289	57,903,332

以新北市政府警察局為例，新北市政府警察局刑事偵查人員，在 2012 年總計查詢刑案知識庫 115,190 次，其中有 16,513 人次於當年度查詢後被移送地檢署，查詢且移送占查詢數比率為 16,513 ÷ 115,190 × 100％ ＝ 14.34％，意即使用者查詢特定對象中有 14.34％ 的比率移送地檢署檢察官作

後續偵辦。新北市政府警察局 2012 至 2016 年度查詢及移送情形，如表 10.2 所示。

表 10.2　新北市政府警察局查詢移送比率

年份 項目	2012	2013	2014	2015	2016
查詢次數（A）	115,190	442,877	419,267	268,373	179,673
查詢且移送人次（B）	16,513	55,173	55,130	60,400	71,149
查詢且移送占查詢次數比率（B/A）	14.34%	12.46%	13.15%	22.51%	39.60%

（三）查詢軌跡

　　「刑案知識庫」查詢功能可分為：以人查詢、以車查詢、以案查詢、批次查詢及全文檢索等。例如以人查詢可以用姓名、身分證字號、護照號碼、居留證號、綽號或長名（英文姓名）為單獨查詢條件，搭配出生日期、身高及案由等輔助條件，進行查詢。查詢介面如圖 10.2 所示。查詢過程中，系統也會將使用者的操作功能及下達的查詢條件等查詢軌跡留存於日誌資料表。日誌資料表包括查詢項目表及查詢結果表，查詢項目表記錄使用者的查詢類別及細部查詢功能。查詢類別有人案一般、人案批次、人車一般、人車批次、全文檢索、同囚會客批次及電話批次等。查詢類別及細部查詢功能，詳如表 10.3 所示。

　　查詢結果項目如為一般人，則於日誌檔記錄其身分證字號；如果是一般車，則記錄車牌號碼。依此類推。查詢軌跡亦包括查詢使用者、查詢功能、查詢項目、查詢對象及時間順序等資料。使用者在查詢「刑案知識庫」之前，需先建立案件作為查詢依據。例如使用者的查詢依據為張三遭他殺命案，查詢類別選擇人案一般，輸入查詢條件為李四的姓名或身分證字號，選擇查詢人案功能，系統除輸出查詢結果供使用者列印外，並記錄使用者的查詢歷程與時間。查詢軌跡往往隱含適用者的偵查經驗與智慧。例如使用者於張三命案查詢了李四並使用某查詢類別及功能，當使用者於下一次再選擇張三遭他殺命案，並查詢了王五、趙六及孫七等人時，這幾個被查詢對象無形中就因為使用者的查詢，建立了關聯。且依照使用者的查詢功能及查詢頻率

等歷程，可歸納研判張三遭他殺命案，是否處於剛剛發展、接近尾聲、偵查終結、陷入膠著或擴大偵破等狀態。意即查詢軌跡間接顯示了使用者的偵查智慧，值得深入探討發掘與善加運用。

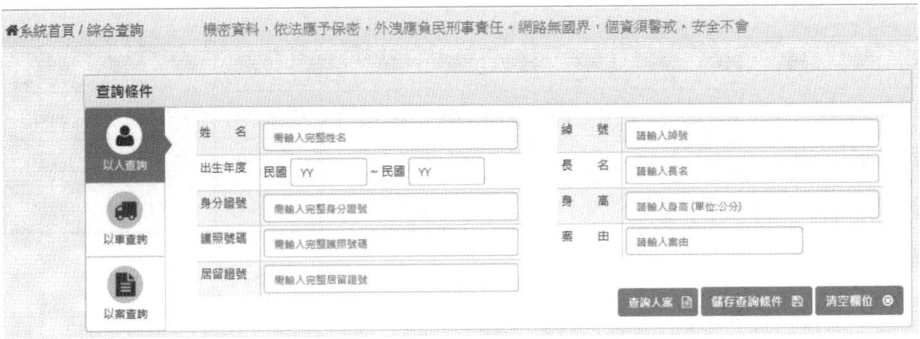

圖 10.2 刑案知識庫查詢介面

表 10.3 查詢類別及細部功能列表

查詢類別	細部查詢功能
人案一般	全文內容——偵查書 PDF 列印、全文內容——移送書 PDF 列印、全文內容——裁判書 PDF 列印、刑案流程圖——PDF 列印、查詢人案
人案批次	人案批次——PDF 列印、查詢人案（批次）、查詢人案
人車一般	查詢人車
人車批次	人車批次——Excel 列印、人車批次——PDF 列印、查詢人車
全文檢索	全文內容——偵查書 PDF 列印、全文內容——移送書 PDF 列印、全文內容——裁判書 PDF 列印、全文內容——通緝書 PDF 列印、全文檢索、刑案流程圖——PDF 列印
同囚會客批次	同囚會客批次——Excel 列印、同囚會客批次——PDF 列印、同囚會客查詢
電話批次	電話批次——Excel 列印、電話批次——PDF 列印、電話批次查詢

三、網站探勘

網站探勘首先由學者 Etzioni（1996）提出，其定義為「在網際網路的文件及服務中，透過資料探勘技術發現並獲得隱性的資訊」[11]。一般將網站

資料經由蒐集、過濾、整理及萃取等方式加以彙集，再依照不同類型進行探勘。學者 Cooley 等人（1997）將網站探勘分為網站內容探勘（web content mining）及網站使用探勘（web usage mining）二類 [10]。學者 Kosala 等人（2000）則提出第三類的網站結構探勘（web structure mining）[15]。

使用者與網站間的互動過程中，網站系統會依使用者點選網頁順序產生網站日誌檔、交易資料及使用者註冊資料等瀏覽軌跡資料。網站使用探勘主要經由探勘使用者的瀏覽軌跡資料，挖掘隱含其中的資訊，例如使用者瀏覽模式態樣（pattern）分析 [17]。換句話說，使用者瀏覽網頁時，伺服器端會記錄何時存取（time）、來自哪裡（IP address）、依序存取哪個網頁（page）及點選哪項功能（function）等。透過這些數據可分析出使用者的瀏覽模式及喜好，從中發現規律。網站使用探勘有助於網路業者瞭解使用者的習性，並預知其需求，進而增進網路服務效能及提升使用者的滿意度。本文主要參考網站使用探勘的類型進行實驗設計。

四、推薦技術

推薦技術是一種資訊過濾的機制，它能有效地解決大量資訊超載的問題。透過探勘使用者與其他使用者的歷史軌跡與關聯，可以預測個別使用者感興趣的資訊，以達到個人化（過濾）的推薦效果。

學者 Goldberg 等人（1992）乃最早開始研究協同過濾推薦的團隊。該團隊提出的 Tapestry [13]，主要著眼於解決 Xerox 公司 Palo Alto 研究中心常發生電子郵件資訊量過多的問題。員工每天會收到非常多的電子郵件，但不是每封皆為員工有興趣的電子郵件。為了有效過濾出員工有興趣的電子郵件，員工可透過系統下達 TQL（Tapestry Query Language）的查詢語法，建立電子郵件過濾條件，再從篩選過的結果找出自己感興趣的電子郵件。此外，學者 Konstan 等人（1994）也提出了 GroupLens，用以篩選出讀者感興趣的新聞 [14]。GroupLens 主要利用讀者閱聽後的評分作為推薦依據。其基本假設為：讀者對於之前有興趣的新聞，在將來有可能也會感興趣。

推薦技術有許多分類 [18, 20, 21]。學者 Burke 認為分類的依據主要為參考資料來源及使用方式，資料來源可區分為背景資料（background data）及輸入資料（input data）；使用方式則以演算法（algorithm）種類作區隔 [10]。Burke 提出五種不同的推薦技術分類，詳如表 10.4 所示。

表 10.4　推薦技術分類

推薦技術	背景資料	輸入資料	處理方法
基於協同方式	U 對 I 的評價	u 對 I 的評價	從 U 中找出與 u 相近的使用者，並從他們的評價推論 u 對 i 的評價
基於內容方式	I 的特徵	u 對 I 的評價	運用 u 的評價生成分類器，並據以預測 u 對 i 的評價
基於族群統計分析方式	分析 U 的族群統計資訊，以及各族群對 I 的評價	u 的族群資訊	從 U 中找出與 u 族群相近的使用者，並從他們的評價推論 u 對 i 的評價
基於效用方式	I 的特徵	效用函數描述 u 對 I 的偏好	運用效用函數推論 u 對 i 的評價排序
基於知識方式	I 的特徵，以及 I 為何符合使用者需求的知識	u 的需求或興趣之描述	推論 i 與 u 需求的匹配程度

註：符號 I 代表所有推薦項目的集合，U 代表所有已知其偏好的使用者集合，u 代表推薦對象（即某使用者），i 代表預測使用者 u 的偏好項目。

五、推薦效能評估

　　推薦效能的評估方法可分為三種：離線實驗、用戶調查及線上實驗[19]。離線實驗使用已掌握的數據及蒐集用戶的行為軌跡，建立模型及測量其準確性，並據以評估推薦效能。用戶調查要求使用者完成一組任務，然後回答個人的使用體驗。線上實驗於評估運作中的系統，且在未告知用戶的情形下實施。

　　本文的評估方法主要參考離線實驗架構進行設計。完整的離線實驗，乃透過事前蒐集用戶對項目選擇及評分資料進行實驗，再根據所蒐集的資料模擬用戶與推薦技術間的互動，可以低成本的方式，過濾多種演算法及調整最佳化參數，找出預測性能較佳的推薦方法。一般將系統日誌檔的用戶行為軌跡資料，整理成為標準的資料集，然後按照比例，將標準資料集以隨機方式分為訓練資料集和測試資料集兩個部分。在訓練資料集上訓練多個演算法模型，並調整演算法參數，然後以測試資料集進行演算法的效能評估。

第三節　刑案知識庫查詢推薦技術

一、資料前處理

　　「刑案知識庫」為刑事偵查人員於機關內部使用的系統。一般每位刑事偵查人員會承辦各種不同類型的刑事案件，例如詐欺、毒品或殺人案件等。雖然每個案件都為獨立個案，不同個案中的嫌疑人屬性及背景也各不同，但仍然會由於偵查人員的交叉查詢或嫌犯間的通聯或金融轉帳等產生關聯。例如張三遭他殺命案，案發前張三曾與李四有密切通話紀錄，而李四也與王五有金融轉帳交易紀錄，而案發之後王五與趙六搭乘同一班飛機出國，如圖 10.3 所示。

圖 10.3　個案查詢資料過程

　　偵查人員偵辦張三遭他殺命案，由所掌握的線索，可能依序分別查詢被害人張三、涉嫌人李四、關係人王五及趙六等，查詢軌跡如圖 10.4 所示。

圖 10.4　個案查詢軌跡

　　偵查人員的主要目的是找到犯罪嫌疑人並將其繩之以法。假設偵查人員甲在偵辦刑事案件的查詢對象是李四，而李四亦曾為偵查人員乙的查詢對象，且偵查人員乙在查詢李四之後又查詢王五。根據偵查人員乙查案的歷史資料可以推測王五可能是偵查人員甲下一步要查詢的對象。基於此，我們認為偵查人員的查詢軌跡的分析，可以作為發展刑案知識庫查詢推薦技術的參考。

　　本文蒐集整理「刑案知識庫」的查詢軌跡，依偵查人員代號及案件編號，將偵查人員的查詢項目順序簡化為如圖 10.5 所示。

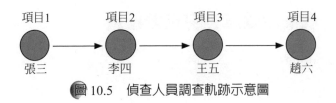

圖 10.5 偵查人員調查軌跡示意圖

　　為便於描述，以下將偵查人員的查詢項目以符號代替。例如上述案例有多個查詢項目，依序分別是張三、李四、……、趙六，進一步簡化後為（y, w, x, ..., t）。

二、項目推薦演算法

　　本文蒐集 2013 年至 2016 年新北市政府警察局的「刑案知識庫」查詢軌跡作為實驗資料集，經過資料前處理及簡化後，以隨機方式分為測試資料集與訓練資料集，然後將測試資料集的查詢項目，逐一與訓練資料集的查詢項目進行比對，再將比對相符的訓練資料集查詢項目後之查詢項目，整理作為測試資料集查詢項目的查詢推薦項目。為便於說明，本文將以案例說明方式介紹推薦演算法。例如測試資料集 A 案的查詢軌跡為（y, w, x, ..., t）。首先以測試資料集 A 案第一個查詢項目 y，找出訓練資料集案件中查詢項目相符的 B 案，例如（y, x, a, ..., h）。演算法即將 B 案查詢項目 y 後的查詢項目 x 作為 A 案查詢項目 y 後的查詢推薦項目。推薦的查詢項目 x 如為 A 案查詢項目 y 後的查詢項目之一，則推薦成功，否則推薦失敗。本例推薦查詢項目 x 為 A 案查尋項目 y 後的第二個查詢項目，屬推薦成功，如圖 10.6 所示。

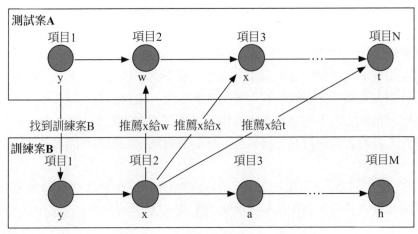

圖 10.6 項目推薦演算法示意圖

　　推薦演算法依序對 A 案的其他查詢項目，即 w, x, ..., t 等分別進行推薦及計算推薦成功率。

　　假設訓練資料集有多筆案件查詢項目與測試資料集 A 案的查詢項目相符，則以訓練資料集案件中所有與 A 案查詢項目相符的查詢項目後之查詢項目的聯集，作為查詢推薦項目集。以前述測試資料集 A 案的查詢項目 y 為例，如訓練資料集中除了 B 案外，C 案亦包含查詢項目 y，則 B 案查詢項目 y 後的查詢項目 x 及 C 案查詢項目 y 後的查詢項目 k，兩者皆為 A 案查詢項目 y 後的查詢推薦項目，如圖 10.7 所示。

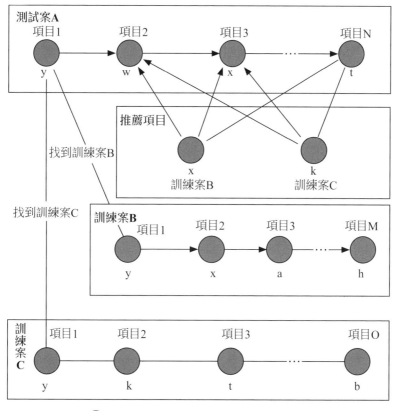

圖 10.7　項目推薦演算法推薦多個項目

　　但如果測試資料集案件的查詢項目為該案唯一的查詢項目或為該案最後一個查詢項目，此時即不進行推薦，如圖 10.8(A) 及圖 10.8(B) 所示。

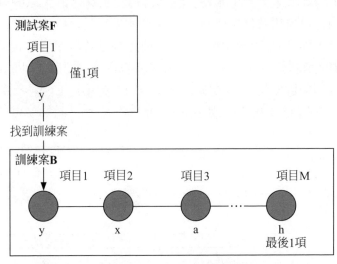

圖 10.8(A)　測試資料集案件查詢項目僅有一項

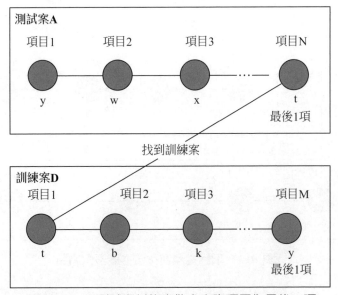

圖 10.8(B)　測試資料集案件之查詢項目為最後一項

此外，不推薦情形還包括：與測試資料集案件查詢項目相同的訓練資料集案件之查詢項目，為該案件唯一的查詢項目或為該案件最後一個查詢項目，因已無後續項目可作推薦，故亦不作推薦，如圖 10.9(A) 及圖 10.9(B) 所示。

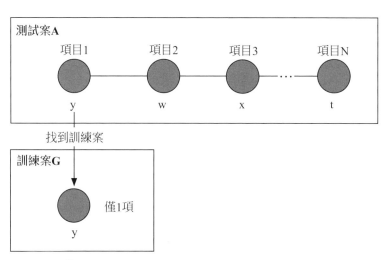

圖 10.9(A)　訓練資料集案件僅有一項查詢項目

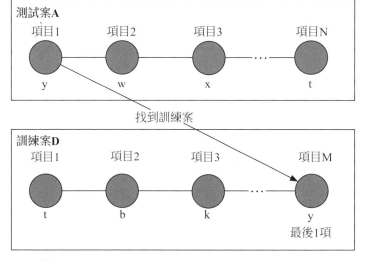

圖 10.9(B)　訓練資料集案件之查詢項目為最後一項

三、最近共現鄰居的推薦演算法

（一）最近共現鄰居

　　所謂最近共現鄰居，就是以訓練資料集查詢項目在案件間的共現關係，作為計算查詢項目間鄰近程度依據，所求得的最近鄰居。查詢項目共同出現在訓練資料集案件查尋軌跡的次數越多，查詢項目間的鄰近程度越高。與一查詢項目曾經出現在同一個案件的查詢軌跡次數最多者，即為該項目的最近共現鄰居。例如查詢項目 y 與查詢項目 x 及 a 均曾出現在同一個案件的查詢軌跡，且查詢項目 y 與查詢項目 x 及 a 曾出現在同一案件查詢軌跡的次數分別為 1 與 3。雖然查詢項目 y 的共現鄰居包括查詢項目 x 及 a，但查詢項目 y 與查詢項目 a 的共同出現次數最多，所以查詢項目 y 的最近共現鄰居為查詢項目 a。

（二）共現關係矩陣

　　本文計算訓練資料集查詢項目間的共現關係矩陣。假設訓練資料集共有四案分別是 B、C、D、E，其查詢項目及理論上可能的共現組合如圖 10.10 所示。

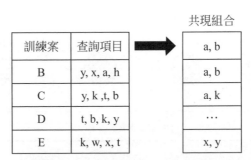

訓練案	查詢項目	共現組合
		a, b
B	y, x, a, h	a, b
C	y, k ,t, b	a, k
D	t, b, k, y	…
E	k, w, x, t	x, y

圖 10.10　查詢項目及其共現組合

　　本文搜尋比對所有的訓練資料集的查詢項目，統計所有查詢項目共現組合在訓練資料集案件間的共現次數。例如查詢項目 a 所有的共現次數為：與查詢項目 b 共現 0 次、與查詢項目 h 共現 1 次、與查詢項目 k 共現 0 次、與查詢項目 t 共現 0 次、與查詢項目 w 共現 0 次、與查詢項目 x 共現 1 次及與

查詢項目 y 共現 1 次，如表 10.5 的第二列（資料第一列）所示。

表 10.5　查詢項目共現關係矩陣

項目	a	b	h	k	t	w	x	y
a	-	0	1	0	0	0	1	1
b	0	-	0	2	2	0	0	2
h	1	0	-	0	0	0	1	1
k	0	2	0	-	**3**	1	1	2
t	0	2	0	3	-	1	1	2
w	0	0	0	1	1	-	1	0
x	1	0	1	1	1	1	-	1
y	1	2	1	2	2	0	1	-

（三）最近共現鄰居推薦演算法

本文假設上述例子查詢項目的共現組合在訓練資料集案件間的共現次數，如表 10.5 所示，並以訓練資料集 C 案為例說明最近共現鄰居推薦演算法。

首先以測試資料集 A 案的第一個查詢項目 y，找出訓練資料集案件中查詢項目相符的 C 案，其查詢項目依序為（y, k, t, ..., b）。首先將 C 案查詢項目 y 後的查詢項目 k 列入查詢推薦項目，然後再查詢共現關係矩陣，找出與查詢項目 k 共現次數最高的查詢項目 t（即 k 的最近共現鄰居），並將查詢項目 t 一併列入查詢推薦項目。上述例子，測試資料集 A 案查詢項目 y 的推薦項目為查詢項目 k 及查詢項目 t，如圖 10.11 所示。如最近共現鄰居有多個且個數在 9 個（含）以下，則均列入查詢推薦項目 [1]。最近共現鄰居推薦演算法不推薦的情形與項目推薦演算法相同。

1　學者 Miller（1956）研究顯示，人類對於短期記憶的數量以 7±2 個左右最容易記憶 [16]。依最近共現鄰居推薦演算法產生的查詢推薦項目如超過 10 個，為避免因查詢推薦項目個數過多導致資訊超載的現象，在這種情形之下，查詢推薦項目則維持與項目推薦演算法產生的查詢項目相同。

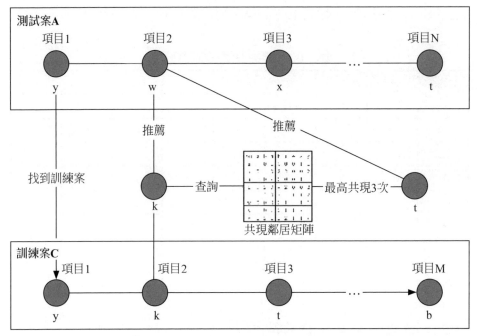

10.11 最近共現鄰居推薦演算法示意圖

第四節 實驗結果與分析

一、實驗研究資料集

　　本文以 2013 年至 2016 年新北市政府警察局的「刑案知識庫」查詢軌跡作為實驗資料集。為減少實驗複雜度，只取查詢項目為人的資料進行實驗，總計有 4,793 案查詢軌跡資料。本文以隨機方式及 3 比 7 的比例，將實驗資料集分成測試資料集及訓練資料集。並以 10 次實驗的平均值作為實驗結果。例如在實驗 1 中，測試資料集查詢項目個數為 50,119，僅含一個查詢項目之案件數為 226，查詢項目為該案最後一項查詢項目的個數為 1,262；訓練資料集查詢項目個數為 145,838，僅含一個查詢項目之案件數為 452，查詢項目為該案最後一項查詢項目的個數為 2,847。10 次實驗的資料數據及平均值，詳如表 10.6 所示。

表 10.6　測試資料集與訓練資料集項目統計表

資料集\實驗	測試資料集			訓練資料集		
	查詢項目個數	僅一項案件數	最後一項個數	查詢項目個數	僅一項案件數	最後一項個數
1	50,119	226	1,262	145,838	452	2,847
2	46,147	212	1,209	152,547	466	2,901
3	48,562	202	1,234	147,423	473	2,873
4	50,541	211	1,272	147,999	472	2,829
5	48,178	230	1,223	151,878	454	2,882
6	46,764	222	1,255	150,026	459	2,847
7	51,189	205	1,168	147,266	474	2,939
8	44,316	204	1,224	156,583	474	2,882
9	43,085	220	1,198	157,817	461	2,906
10	49,423	226	1,241	149,343	448	2,874
平均	47,832	216	1,229	150,672	463	2,878

二、推薦演算法效能評估

　　假如測試資料集 A 案有（y, w, x, ..., t）等查詢項目，以查詢項目 y 找到訓練資料集中包含查詢項目 y 的案件，再分別依項目推薦演算法及最近共現鄰居推薦演算法產生查詢推薦項目。推薦成功率的計算方式為：假如查詢推薦項目與 A 案查詢項目 y 的後續第一個查詢項目相符，則推薦成功率為二分之一；與查詢項目 y 後續第二個查詢項目相符，推薦成功率為四分之一；與查詢項目 y 後續第三個查詢項目相符，推薦成功率為八分之一；依此類推。由於後續查詢項目的推薦成功率依序以指數級數遞減，後續第十個查詢項目的推薦成功率，對整體推薦成功率的影響微乎其微。例如查詢項目 x 後續第十個查詢項目，其推薦成功率為 1 ÷ 1024 = 0.0009765625。因此，本文僅取查詢項目後續最多 10 個查詢項目計算推薦成功率。

三、推薦成功率比較基準

（一）項目推薦演算法

　　本文以隨機推薦作為項目推薦演算法推薦成功率的比較基準。針對可推薦的測試資料集查詢項目，每一個以相同的個數，例如 N，在相同的訓練資料集查詢項目集合，以隨機方式產生 N 個查詢推薦項目，並計算其推薦成功率。

（二）最近共現鄰居推薦演算法

1. 比較基準 1：項目推薦演算法搭配隨機推薦演算法（項目＋隨機）

　　以項目推薦演算法為基礎產生 N 個查詢推薦項目，再依據最近共現鄰居推薦演算法產生的推薦項目數量，例如 M，以隨機產生 M 個查詢推薦項目。以項目推薦演算法為基礎產生 N 個查詢推薦項目及隨機產生的 M 個查詢推薦項目之聯集作為查詢推薦項目集合，並計算其推薦成功率。

2. 比較基準 2：隨機推薦演算法（隨機＋隨機）

　　依據項目推薦演算法及最近共現鄰居推薦演算法產生的推薦項目數量 N 與 M，以隨機產生（N＋M）個查詢項目作為查詢推薦項目集合，並計算其推薦成功率。

四、實驗結果

（一）項目推薦演算法

　　項目推薦演算法及比較基準 10 次實驗的數據如表 10.7 所示。項目推薦成功率的平均值為 4.67%，相較於隨機推薦成功率的平均值 0.02%，大幅提升 233 倍。

表 10.7　項目推薦演算法實驗結果表

實驗	項目	隨機
1	3.36%	0.02%
2	5.50%	0.02%
3	3.68%	0.02%
4	4.00%	0.01%
5	4.67%	0.02%
6	5.19%	0.02%
7	4.14%	0.03%
8	5.22%	0.01%
9	5.08%	0.02%
10	5.85%	0.01%
平均	4.67%	0.02%

（二）最近共現鄰居推薦演算法

最近共現鄰居推薦演算法以及兩個比較基準 10 次實驗的數據如表 10.8 所示。最近共現鄰居推薦之推薦成功率的平均值為 5.13%。比較基準 1 推薦成功率的平均值為 4.74%；比較基準 2 推薦成功率平均值為 0.04%。

最近共現鄰居推薦之推薦成功率的平均值 5.13%，相較於項目推薦成功率平均值的 4.67%，推薦成功率大幅提升約 9.85%。而比較基準 1 的推薦成功率平均值 4.74%，相較於項目推薦成功率平均值的 4.67%，推薦成功率僅提升約 1.50%。由於 9.85% 遠大於 1.50%，顯示推薦項目的共現鄰居對於推薦成功率的提升有顯著的效果。

表 10.8　最近共現鄰居推薦演算法實驗結果表

實驗	項目＋共現鄰居	項目＋隨機	隨機＋隨機
1	3.82%	3.42%	0.03%
2	5.95%	5.57%	0.03%
3	4.16%	3.74%	0.04%
4	4.46%	4.07%	0.04%
5	5.10%	4.74%	0.04%
6	5.67%	5.27%	0.04%
7	4.55%	4.21%	0.03%
8	5.72%	5.28%	0.04%
9	5.58%	5.16%	0.04%
10	6.32%	5.92%	0.04%
平均	5.13%	4.74%	0.04%

第五節　結論

　　本文蒐集整理「刑案知識庫」新北市政府警察局的查詢軌跡資料，運用大數據分析與資料探勘技術，研擬「刑案知識庫」查詢推薦演算法。本文提出項目推薦演算法及最近共現鄰居推薦演算法，實驗結果顯示：項目推薦演算法，平均推薦成功率為 4.67%，約為隨機推薦演算法推薦成功率的 233 倍。最近共現鄰居推薦演算法推薦成功率的平均值為 5.13%，相較於項目推薦成功率平均值的 4.67%，推薦成功率又大幅提升約 9.85%。實驗結果也顯示，推薦項目的共現鄰居對於推薦成功率的提升也有顯著的效果。

　　本文未來擬納入更多縣市警察局的資料，以及導入屬性之概念階層研究方法，再進一步提升推薦成功率，並冀望研究成果能成為未來「刑案知識庫」改善的參考，以提供刑事偵查人員更佳的犯罪偵查輔助工具。

參考文獻

[1] 內政部警政署，2011，警察偵查犯罪手冊。

[2] 林肖荷，2001，由刑事犯罪資訊應用邁入知識管理，警光雜誌，第538期，頁29～34。

[3] 林肖荷、甘建棣、林品杉、吳宗澤，2009，新刑案知識庫與未來發展，第十二屆資訊管理學術暨警政資訊實務研討會論文集。

[4] 林肖荷、駱業華，2010，由組織改造中蛻變發展穿越過去邁向未來，刑事雙月刊，第39期，頁36～38。

[5] 林茂雄、謝瑞智、林燦璋、蔡震榮、張平吾、陳明傳、蘇志強、蔡庭榕、吳東明、陳金蓮、駱宜安，2000，警察百科全書七：刑事警察，正中書局。

[6] 梁玉嬌、林國偉、盧慶隨、朱梅萍、顏素薰、劉明珠、蔡淑雯、陳梅桂，2005，刑案紀錄處理系統，第九屆資訊管理學術暨警政資訊實務研討會論文集，頁100～102。

[7] 陳銘憲，2016，「犯罪偵查行動平台」系統介紹與展望，刑事雙月刊，第76期，頁12～15。

[8] 陳銘憲、王朝煌，2018，刑案知識庫查詢推薦技術之研究，資訊技術與產業應用國際研討會論文集（Proceedings of the International Conference on Information Technology and Industrial Application, ITIA2018）。

[9] 陳銘憲、王朝煌，2018，刑案知識庫基於最近共現鄰居之查詢推薦方法，第二十一屆資訊管理學術暨警政資訊實務研討會論文集。

[10] R. Burke, 2002, "Hybrid Recommender Systems: Survey and Experiments," *User Modeling and User-adapted Interaction*, Vol. 12, No. 4, pp. 331-370.

[11] R. Cooley, B. Mobasher, and J. Srivastava, 1997, "Web Mining: Information and Pattern Discovery on the World Wide Web," *ICTAI '97: Proceedings of the 9th International Conference on Tools with Artificial Intelligence*, pp. 558-567.

[12] O. Etzioni, 1996, "The World-Wide Web: Quagmire or Gold Mine?" *Communications of the ACM*, Vol. 39, No. 11, pp. 65-68.

[13] D. Goldberg, D. Nichols, B. M. Oki, and D. Terry, 1992, "Using Collaborative Filtering to Weave an Information Tapestry," *Communications of the ACM*, Vol. 35, No. 12, pp. 61-70.

[14] J. A. Konstan, B. N. Miller, D. Maltz, J. L. Herlocker, L. R. Gordon, and J. Riedl, 1997, "GroupLens: Applying Collaborative Filtering to Usenet News," *Communications of the ACM*, Vol. 40, No. 3, pp. 77-87.

[15] R. Kosala and H. Blockeel, 2000, "Web Mining Research: A Survey," *ACM Sigkdd Explorations Newsletter*, Vol. 2, No. 1, pp. 1-15.

[16] G. A. Miller, 1956, "The Magical Number Seven, Plus or Minus Two: Some Limits on Our Capacity for Processing Information," *Psychological Review*, Vol. 63, No. 2, p. 81.

[17] B. Mobasher, R. Cooley, and J. Srivastava, 2000, "Automatic Personalization Based on Web Usage Mining," *Communications of the ACM*, Vol. 43, No. 8, pp. 142-151.

[18] P. Resnick and H. R. Varian, 1997, "Recommender Systems," *Communications of the ACM*, Vol. 40, No. 3, pp. 56-58.

[19] F. Ricci, L. Rokach, and B. Shapira, 2011, "Introduction to Recommender Systems Handbook," *Recommender Systems Handbook*, pp. 257-297.

[20] J. B. Schafer, J. Konstan, and J. Riedl, 1999, "Recommender Systems in E-commerce," *Proceedings of the 1st ACM Conference on Electronic Commerce*, pp. 158-166.

[21] L. Terveen and W. Hill, 2001, "Beyond Recommender Systems: Helping People Help Each Other," *HCI in the New Millennium*, Vol. 1, pp. 487-509.

第十一章 網格空間資料探勘應用於犯罪預測之研究

第一節 緒論

近年來數位科技的廣為應用，開啟了人類嶄新的生活方式，數位科技與資訊系統已緊密地維繫著我們每一天的活動。人類的活動內容及其軌跡，直接或間接地留存於數位科技工具或資訊系統的程度也因而日益提升。例如自動收、付款設備記錄交易的時間、地點與內容；電子商務系統記錄購物的時間、購買數量與付款方式；各種安全管理與監控系統（如路口監視器系統及門禁管制系統），也隨時記錄人類的活動軌跡。此外，在資通訊科技整合之後，人們逐漸以電腦網路作為最主要的媒體，除了優游於網路的虛擬世界外，更透過互動式的社群媒體，如 Facebook、X 及 Plurk 等，形成虛擬社群。傳統流於無形的社交關係與內容，已逐漸具體地留存於社群媒體系統中。「凡發生過，必留下電子軌跡」的大數據（big data）時代，已悄然來臨！

人類生活所留下的軌跡資料，一般稱之為大數據、巨量資料或海量資料 [7]。大數據被麥肯錫譽為下一個亟待開發的領域，以提升產業創新能力、競爭力及生產力 [23]。善用資訊科技強大的資料處理、統計分析及探勘功能，快速有效地分析隱含於大數據的知識，且因時因地制宜地提供決策所需的資訊，不但有助於提升決策的效率與品質，而且經由趨勢分析與模式歸納學習，更可以進一步掌握未來的發展趨勢，預先研擬因應方案。

犯罪是多面而錯綜複雜的法律事實與社會現象。犯罪預測乃運用科學方法，依據已掌握的環境資料和犯罪資料，對可能影響犯罪的各種相關因素進行研究分析，預測未來特定時空範圍內可能出現的犯罪現象、結構及發展趨勢等，以作為制定犯罪預防戰略與戰術的科學依據 [31]。傳統的犯罪預測方法主要包括彙整專家的經驗智慧作為預測犯罪依據的專家預測法，以及經由探討社會的犯罪現象、歸納犯罪原因與因果關係的假設、建立研究架構，再輔以問卷調查及統計分析等，建立犯罪預測模型的因素分析法。傳統的犯罪

預測方法又稱為假設驅動（hypothesis driven）的研究方法。近年來由於大數據累積廣度與深度與日俱增，資料驅動（data driven）的研究方法已受到很多的重視 [1, 2, 3, 5, 6, 13, 14, 16, 17, 18, 19, 20, 21, 22, 28]。運用大數據預測犯罪並據以擬定犯罪預防戰略和戰術措施，已有案例證實可以有效減少 31% 的連續犯罪及 15.4% 的暴力犯罪 [19]。例如透過分析，可以發現槍擊事件的發生率與鄰近酒吧、夜店、酒類商店及速食店等場所，呈現高度的正相關；另外透過時間系列分析，也可以發現槍擊事件有從一個犯罪熱點轉移至另一個犯罪熱點的型態。

大數據在警察的應用，大致上可以分為兩個層面：尋找可以驗證假設的資料以解決所遭遇的犯罪問題，例如犯罪偵查從案發後的現場電子軌跡重建犯罪的過程；以及經由分析大數據進而預先發現問題及尋找因應作為，例如預測犯罪可能的發生時間與地點，進而採取預防措施 [4]。第一個層面，警察組織已累積了許多經驗智慧，並有許多成功的實例與成果；第二個層面，則在進入大數據時代才漸漸受到重視，為一個亟具發展潛力的領域。近年來我國已逐漸應用大數據協助警察執法工作，例如刑事局的刑案知識庫系統、警政雲的規劃與建置、台中市的科技防衛城及新北市的智慧城市計畫等。惟仍以第一個層面的應用為主，即主要經由查詢個案相關大數據協助破案。例如 2013 年媽媽嘴咖啡店命案（又稱八里雙屍命案）及台灣高鐵行李炸彈案，警方皆藉由調閱相關的錄影畫面及數位證據而獲得重大突破。隨著大數據的累積及資料分析技術的進步，大數據的應用將從以輔助個案調查，尋找電子軌跡驗證假設的層面，逐漸演進至以資料的整合與分析，預先發現問題及規劃因應作為的層面。換句話說，即從輔助案發後的犯罪重建的工作層面，演進至協助事前犯罪預防的工作層面。

我國警察機關自 1970 年代起陸續將各項警政資料（包括治安、交通、犯罪偵查等相關資料）建置資訊系統 [12]，已累積數量龐大的治安大數據。另外，開放資料已成為世界各先進國家及聯合國大力推動的政策，期藉由透明公開的資訊，使民眾能夠瞭解政府的各項作為，以監督政府及改善人民生活環境。本文蒐集整理新北市警察局刑案紀錄資料，運用網格分析法，並以資料探勘技術進行實驗，探討運用大數據預測犯罪的效能。本文架構為：第二節探討相關文獻；第三節介紹網格資料探勘犯罪預測方法；第四節呈現實驗設計與結果分析；第五節為結論。

第二節　文獻探討

一、空間環境與犯罪之關係

　　隨著經濟成長及城市化的快速發展，居住人口不斷往都市遷移，許多原本居住於鄉村或其他城市的人口，因尋求工作或其他因素遷移進入都市，形成人口稠密的都市生活型態。人口流動間接造成犯罪相關的社會問題。犯罪學領域的芝加哥學派，以生態學的觀點分析犯罪，探討犯罪率與環境因素的相互關係。Park 與 McKenzie 提出同心圓模式的都市發展概念，主要探討都市各種不同的自然地區，如商業區、住宅過渡區、工人居住區、住宅區及通勤區等。居民會因社會經濟地位的改善，遷徙至外層的自然地區，並由新的居民取代 [25]。另外，Shaw 與 McKay 也以前述同心圓模式研究不良少年的犯罪率。發現青少年犯罪率較高的地區，為商業區與居住區中間的住宅過渡區，主要乃由於移民集中、擁擠及低收入等社會環境促成偏差行為；而在穩定社區中有較低的青少年犯罪率 [26]。綜合而言，空間環境因素與犯罪之間有著密不可分的相互關係。

二、網格分析方法

　　Nelson 等人利用區域密度圖，呈現區域中不同商家被竊盜情形，並以二維網格（grid）方式呈現，藉此打破行政區域之限制，且警方也以網格的分析方法重新規劃及配置警力 [24]。Wang 參考城市中街區邊長，選擇 100 公尺作為網格的邊長，使切割出之網格數量和其預測目標住宅竊盜數量約略相同，以最小化空間聚合的資訊損失 [27]。黃友岳考慮時間及空間對於找尋犯罪特徵值的影響，將網格邊長設為 100 公尺至 1,000 公尺，並從實驗分析尋找最好的長度作為網格邊長 [8]。

三、網格犯罪預測方法

　　Chung-Hsien Yu 將研究目標城市切分為：24×20 個（邊長約半英里）及 41×40 個（邊長約四分之一英里）等兩種不同解析度的二維網格。網格的犯罪資料包括逮捕、商業竊盜、擄人勒贖、汽車竊盜及住宅竊盜等，並以月為單位彙整統計犯罪資料 [29]。另外，Chung-Hsien Yu 也分別以邊長

800×800、600×600 及 450×450 公尺的二維網格，並以逮捕、商業竊盜、勒索、汽車竊盜及 911 報案電話和街頭搶奪案件數，作為變數預測網格之住宅竊盜。結果顯示，800 公尺邊長的網格有較高的準確率及 F1 值 [30]。直觀而言，選擇較小的網格有較佳的解析度，而較大的網格則有助於提升預測的準確率。

四、經驗法則犯罪預測方法

警察機關通常將犯罪案件透過製圖點繪於地圖，不同類型的案件以不同的顏色呈現，形成治安斑點圖。治安斑點圖中點密度高的地方，代表犯罪案件發生較為頻繁的犯罪熱區。經驗法則的犯罪預測方法乃以犯罪斑點圖為基礎，預測將來犯罪再度發生的可能性。以圖 11.1 為例，經驗法則的犯罪預測方法以網格在期間 t 的整體犯罪情形，預測網格在期間 t + 1 發生犯罪的可能性。本文將以經驗法則的犯罪預測方法作為比較基準，探討運用大數據分析預測犯罪的效能。

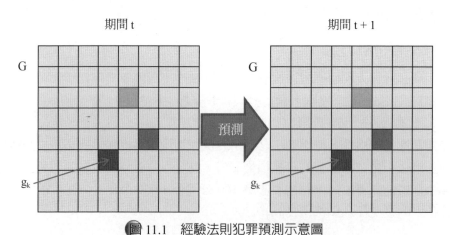

圖 11.1 經驗法則犯罪預測示意圖

註：G 為轄區地理空間地圖，g_k 為 G 的一個網格。

第三節　網格資料探勘犯罪預測

　　運用網格資料探勘預測犯罪的方法，主要包括：定義網格犯罪型態特徵、設計網格犯罪預測向量，以及犯罪預測歷史資料長度之選定等三部分，分述如下。

一、定義網格犯罪型態特徵

　　首先，運用 GIS 軟體將研究標的城市之地理空間切分為邊長相同的網格，並統計每一個網格對應區域在某一期間（例如某一個月）內相關犯罪案件發生數，作為該網格的犯罪型態特徵。網格並依相關犯罪案件的發生數，區分為熱點或冷點。本文將對應區域在某一期間發生過一件以上毒品犯罪的網格歸類為毒品犯罪熱點，否則歸類為毒品犯罪冷點。此外，如網格的對應區域在某一期間內皆無相關犯罪發生，則將該網格歸類為犯罪冷點。

　　以本文研究的毒品犯罪為例，相關的犯罪為：毒品、一般竊盜、汽車竊盜、機車竊盜、住宅竊盜、恐嚇取財、詐騙及傷害等八種。網格犯罪型態特徵定義說明如下。

　　首先將研究標的城市之地理空間地圖 G 切分為 p 個網格：$g_1, g_2, g_3, ...,$ g_p，即：

$$G = \{g_1, g_2, g_3, ..., g_p\}$$

　　統計每一個網格 g_k 相對應的區域在期間 t，上述八種犯罪案件發生數作為該網格在期間 t 的犯罪型態特徵，以 $g_{k,t}$ 表示，則：

$$g_{k,t}^{T=1} = \{f_{k,t,1}, f_{k,t,2}, f_{k,t,3}, ..., f_{k,t,8}\}$$

　　$f_{k,t,1}$ 為網格 g_k 相對應的地理空間在期間 t 之毒品案件發生數；$f_{k,t,2}$ 為網格 g_k 相對應的地理空間在期間 t 之一般竊盜案件發生數；$f_{k,t,3}$ 為網格 g_k 相對應的地理空間在期間 t 之汽車竊盜案件發生數。依此類推，$f_{k,t,8}$ 為網格 g_k 相對應的地理空間在期間 t 之傷害案件發生數；T = 1 表示用以定義犯罪型態特徵的歷史資料期間數為 1。

【例一】

如在某一期間 t，網格 g_k 相對應地理空間之犯罪案件發生數為：毒品犯罪 2 件、一般竊盜犯罪 3 件、汽車竊盜犯罪 0 件、機車竊盜犯罪 2 件、住宅竊盜犯罪 0 件、恐嚇取財犯罪 1 件、詐騙犯罪 4 件及傷害犯罪 0 件，則網格 g_k 在期間 t 的犯罪型態特徵為：

$$g_{k,t}{}^{T=1} = \{(2, 3, 0, 2, 0, 1, 4, 0)\}$$

如定義犯罪型態特徵的歷史資料長度為 m（m≥2），則把網格 g_k 在期間 t 的犯罪型態特徵與過去連續 m－1 個期間的犯罪型態特徵合併，作為網格 g_k 在期間 t 的犯罪型態特徵，即：

$$g_{k,t}{}^{T=m} = (f_{k,t-m+1,1}, f_{k,t-m+1,2}, ..., f_{k,t-m+1,8}; ...; f_{k,t-2,1}, f_{k,t-2,2}, ...,$$
$$f_{k,t-2,8}; f_{k,t-1,1}, f_{k,t-1,2}, ..., f_{k,t-1,8}; f_{k,t,1}, f_{k,t,2}, ..., f_{k,t,8})$$

二、設計網格犯罪預測向量

在定義網格的犯罪型態特徵之後，我們可以整理網格犯罪型態特徵的歷史資料，設計網格的犯罪預測向量。假設歷史資料的期間以一個月為單位，且使用歷史資料之期間數為一個月（即 T＝1），則網格 g_k 在期間 t 預測下一個期間 t＋1 犯罪的發生數，以毒品犯罪為例，預測向量設計如下：

$$V^{T=1} = (g_{k,t}{}^{T=1} : f_{k,t+1,1})$$

其中 $g_{k,t}$ 為網格 g_k 在期間 t 的犯罪型態特徵，$f_{k,t+1,1}$ 為網格 g_k 在期間 t＋1 毒品犯罪的發生數。

如在期間 t 以網格連續 m 個期間（含期間 t）的歷史資料，預測網格在期間 t＋1 犯罪的發生數，以毒品犯罪為例，預測向量定義為：

$$V^{T=m} = (g_{k,t}{}^{T=m} : f_{k,t+1,1})$$

其中 $f_{k,t+1,1}$ 為網格 g_k 在期間 t＋1 的毒品犯罪發生數。

【例二】

假設例一中的網格 g_k 在第一個期間、第二個期間及第三個期間的犯罪型態特徵分別為：

$$g_{k,1}^{T=1} = \{(2, 3, 0, 2, 0, 1, 4, 0)\}$$
$$g_{k,2}^{T=1} = \{(1, 1, 3, 0, 0, 0, 1, 0)\}$$
$$g_{k,3}^{T=1} = \{(3, 0, 2, 0, 1, 2, 3, 1)\}$$

當 T = 1 時，以網格 g_k 第一個期間毒品犯罪型態特徵，預測第二個期間毒品犯罪發生數的預測向量為：

$$V^{T=1} = (g_{k,1}^{T=1} : f_{k,2,1}) = \{(2, 3, 0, 2, 0, 1, 4, 0): 1\}$$

類似地，以網格 g_k 第二個期間毒品犯罪型態特徵，預測第三個期間毒品犯罪發生數的預測向量為：

$$V^{T=1} = (g_{k,2}^{T=1} : f_{k,3,1}) = \{(1, 1, 3, 0, 0, 0, 1, 0): 3\}$$

當 T = 2 時，以網格 g_k 第一個期間及第二個期間毒品犯罪型態特徵，預測第三個期間毒品犯罪發生數的預測向量為：

$$V^{T=2} = (g_{k,2}^{T=2} : f_{k,3,1}) = \{(2, 3, 0, 2, 0, 1, 4, 0); (1, 1, 3, 0, 0, 0, 1, 0): 3\}$$

三、犯罪預測歷史資料長度之選定

假設所蒐集的歷史資料長度（期間數）為 L，即 t = 1, 2, 3, ..., L。如犯罪預測使用的歷史資料期間為 m 個單位，即 T = m，以毒品犯罪為例，針對網格 g_k，總計可設計 L − m 組實驗。第一組：$g_{k,m}^{T=m}$ 預測 $f'_{k,m+1,1}$，以 $f_{k,m+1,1}$ 驗證；第二組：$g_{k,m+1}^{T=m}$ 預測 $f'_{k,m+2,1}$，以 $f_{k,m+2,1}$ 驗證；第三組：$g_{k,m+2}^{T=m}$ 預測 $f'_{k,m+3,1}$，以 $f_{k,m+3,1}$ 驗證。依此類推，第 L − m 組：$g_{k,L-1}^{T=m}$ 預測 $f'_{k,L,1}$，以 $f_{k,L,1}$ 驗證。

例如 T = 1 時，以第 1 月份的網格犯罪型態特徵預測第 2 月份的犯罪發生數、以第 2 月份的網格犯罪型態特徵預測第 3 月份的犯罪發生數，……，及以第 L − 1 月份的網格犯罪型態特徵預測第 L 月份的犯罪發生數；T = 2

時，以第 1 月份及第 2 月份的網格犯罪型態特徵預測第 3 月份的犯罪發生數、以第 2 月份及第 3 月份的網格犯罪型態特徵預測第 4 月份的犯罪發生數，⋯⋯，及以第 L – 2 月份及第 L – 1 月份的網格犯罪型態特徵預測第 L 月份的犯罪發生數，依此類推。

第四節　實驗設計與結果分析

一、實驗資料

　　本文以新北市刑案紀錄資料為來源，參考破窗理論及新北市警政統計年報新北市犯罪概況，選擇毒品作為預測目標，並採用一般竊盜、汽車竊盜、機車竊盜、住宅竊盜、恐嚇取財、詐騙及傷害等七種相關犯罪及毒品犯罪本身定義毒品的犯罪型態特徵。資料期間為自 2012 年至 2015 年等三年共 36 個月，原始資料皆包括案件發生位置（經、緯度）及案發時間等欄位。資料的分布情形如圖 11.2 所示。

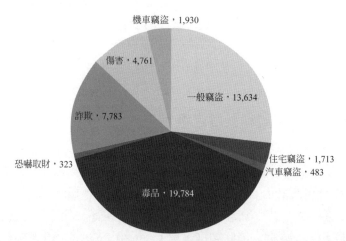

圖 11.2　新北市 2012 年至 2015 年毒品相關犯罪案件分布情形

二、網格大小及歷史資料期間選擇

　　考慮案件數量及環境因素對預測模型效能的影響，將網格大小設定為 400×400 及 800×800（單位：公尺）兩種大小，進而比較其預測效能。為減少資料集大小及專注於熱點之預測以提升演算效率，除了最鄰近鄰居演算法（1 Nearest Neighbor, 1NN）及加上空間限制的最鄰近鄰居演算法（Location Constraint 1 Nearest Neighbor, LC-1NN）因演算法需求外，在執行資料探勘前，將未發生上述八種犯罪的網格去除。去除空網格後，毒品犯罪冷、熱點的比率約為 1.789：1。為使分類器在學習階段能對冷、熱點兩種類別平均學習，避免分類器偏好於單一類別，造成預測準確度下降，在進行探勘前，先以 SMOTE（Synthetic Minority Oversampling Technique）方法，將資料集調整為冷、熱點分布平衡之資料集，以避免模型過適（overfitting）問題發生。本文資料期間以月單位，採用 T-month 法，即以前 T 個月的相關案件資料，經由資料探勘預測下一個月目標案件的發生數。如果預測下一個月的毒品犯罪發生數大於等於 1 時，網格即歸類為毒品犯罪熱點，否則歸類為毒品犯罪冷點。

三、預測（分類）演算法

　　本文使用 H2O 資料探勘套件，內涵 Random Forest、Deep Learning 及 Naïve Bayes 等分類演算法。其中 Deep Learning 是基於類神經網路回饋，使用反向傳播方式對梯度下降法進行訓練。每一層的神經元將上一層的神經元加總後，運用曲正切（Hyperbolic Tan, TanH）啟動函數（activation function）進行非線性轉換。另外，最鄰近鄰居演算法及加上空間限制的最鄰近鄰居演算法則自行撰寫程式碼，在 R 語言 3.32 版本環境中進行運算。相較於 1NN 演算法從所有的網格中找尋犯罪型態特徵與預測標的網格犯罪型態特徵最相似的網格作為預測依據，LC-1NN 則從預測標的網格的摩爾鄰居（Moore Neighborhood）中找尋犯罪型態特徵與預測標的網格犯罪型態特徵最相似的網格作為預測依據。

四、效能評估與比較

　　本文統計各演算法，在 T = 1, 2, 3, ..., 10 等十種情形下，預測正確及不正確的網格數量，以分類混淆矩陣（confusion matrix）顯示，如表 11.1 所示。

表 11.1　分類混淆矩陣

預測 實際	Positive	Negative
Positive	Ture Positive	False Negative
Negative	False Positive	True Negative

　　名詞定義如下：（一）True Positive（簡稱 TP）：預測為 Positive 且預測準確；（二）True Negative（簡稱 TN）：預測為 Negative 且預測準確；（三）False Positive（簡稱 FP）：預測為 Positive 但預測錯誤；（四）False Negative（簡稱 FN）：預測為 Negative 但預測錯誤。

　　並依混淆矩陣的內容計算各演算法的查準率（precision）、查全率（recall）、F1 值及準確率（accuracy），以比較不同演算法的預測效能。其公式如下：

$$F - measure = \frac{2TP}{2TP + FP + FN}$$

$$Precision = \frac{TP}{TP + FP} \text{（查準率）}$$

$$Recall = \frac{TP}{TP + FN} \text{（查全率）}$$

$$Accuracy = \frac{TP + TN}{TP + FP + FN + TN} \text{（準確率）}$$

　　另外，現行警察機關對於犯罪熱點的定義係以一期間內轄區案件發生數大於閾值者（通常為 1），便將其設定為犯罪熱點，並依經驗法則預測下一個期間的案件發生數，作為下一期勤務派遣規劃依據。因此本文以現行警察機關統計與預測犯罪熱點的經驗法則預測方式作為比較基準（baseline），比較分析各種演算法的預測效能。

五、實驗結果與分析

（一）演算法預測效能分析

　　本文使用 Random Forest、Deep Learning、Naïve Bayes、1NN 及 LC-1NN 等分類演算法，並使用 T-month 法（T = 1, 2, ..., 10），在解析度以

800×800 作為網格邊長，可得到最佳的預測效能。上述五種演算法的查準率、查全率及 F1 調和值詳如表 11.2、表 11.3 及表 11.4。

表 11.2　分類演算法查準率之比較

T 值 ＼ 演算法	Random Forest	Deep Learning	Naïve Bayes	1NN	LC-1NN
T = 1	0.66	0.73	0.69	0.72	0.74
T = 2	0.62	0.70	0.64	0.63	0.72
T = 3	0.61	0.67	0.62	0.61	0.72
T = 4	0.60	0.66	0.60	0.59	0.79
T = 5	0.60	0.65	0.61	0.58	0.74
T = 6	0.61	0.64	0.61	0.58	0.74
T = 7	0.61	0.62	0.59	0.58	0.80
T = 8	0.61	0.61	0.59	0.58	0.73
T = 9	0.60	0.61	0.60	0.59	0.69
T = 10	0.60	0.61	0.58	0.58	0.71
平均	0.61	0.65	0.61	0.60	0.74

表 11.3　分類演算法查全率之比較

T 值 ＼ 演算法	Random Forest	Deep Learning	Naïve Bayes	1NN	LC-1NN
T = 1	0.80	0.63	0.71	0.60	0.57
T = 2	0.83	0.66	0.78	0.63	0.59
T = 3	0.83	0.68	0.79	0.62	0.60
T = 4	0.84	0.69	0.81	0.61	0.62
T = 5	0.83	0.68	0.81	0.58	0.60
T = 6	0.83	0.68	0.80	0.57	0.58
T = 7	0.83	0.67	0.82	0.55	0.64
T = 8	0.84	0.68	0.83	0.55	0.61

表 11.3　分類演算法查全率之比較（續）

T 值 ＼ 演算法	Random Forest	Deep Learning	Naïve Bayes	1NN	LC-1NN
T = 9	0.84	0.69	0.81	0.55	0.58
T = 10	0.85	0.68	0.83	0.54	0.59
平均	0.83	0.67	0.80	0.58	0.60

表 11.4　分類演算法 F1 值之比較

T 值 ＼ 演算法	Random Forest	Deep Learning	Naïve Bayes	1NN	LC-1NN
T = 1	0.71	0.67	0.69	0.65	0.64
T = 2	0.70	0.68	0.70	0.62	0.65
T = 3	0.67	0.65	0.61	0.62	0.65
T = 4	0.70	0.67	0.68	0.60	0.69
T = 5	0.70	0.66	0.69	0.58	0.66
T = 6	0.70	0.65	0.69	0.57	0.65
T = 7	0.70	0.64	0.68	0.56	0.71
T = 8	0.70	0.64	0.69	0.56	0.66
T = 9	0.70	0.65	0.69	0.56	0.63
T = 10	0.70	0.64	0.68	0.56	0.64
平均	0.70	0.65	0.68	0.59	0.66

　　除了 LC-1NN 演算法外，Random Forest、Deep Learning、Naïve Bayes 及 1NN 等演算法，在 T 值接近 1 時，有較高的查準率。其意義為在 T 值接近 1 時，這些演算法誤將毒品犯罪冷點預測為毒品犯罪熱點的 FP 值較小。而這些演算法在 T 值接近 10 時，有較高的查全率。其意義為在 T 值接近 10 時，這些演算法誤將毒品犯罪熱點預測為毒品犯罪冷點的 FN 值較小。查準率高則據以派遣警力的犯罪預防工作，過度派遣程度較小。查全率高則遺漏犯罪熱點的比率較小。而根據調和查準率及查全率的 F1 值，Random Forest 及 1NN 演算法在 T = 1 較能兼顧查準率及查全率，而 Deep Learning 及 Naïve

Bayes 演算法在 T = 2 較能兼顧查準率及查全率。LC-1NN 則在 T = 7 時比其他分類演算法擁有較佳的預測效能，查準率、查全率達及 F1 值分別為 0.80、0.64 及 0.71。

　　以 T = 1, 2, ..., 10 的 F1 平均值而言，演算法預測效能的優劣依序為：Random Forest、Naïve Bayes、LC-1NN、Deep Learning 及 1NN。此外，本文演算法預測犯罪的平均效能，在查準率、查全率及 F1 值均明顯大於比較基準。相較於經驗法則的預測方法，預測效能最佳的 Random Forest 演算法，查準率約提升 14 個百分點，查全率約提升 60 個百分點，F1 值則約為經驗法則的 2 倍，如圖 11.3 所示。

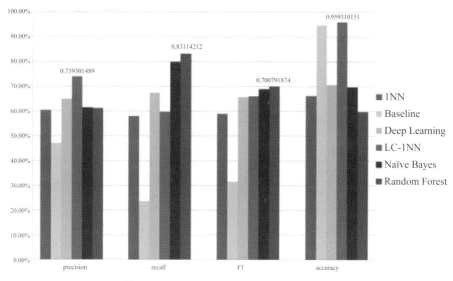

圖 11.3　犯罪預測方法平均效能之比較

　　另外，Random Forest 之 F1 值優於其他演算法，乃因該演算法的分類方法是經由產生多個決策樹，最後再以投票方式來決定一個樣本的分類，因此其預測效能較為平穩。

（二）LC-1NN與1NN預測效能比較

考慮地緣關係有助於提升演算法的預測效能。如圖 11.4 所示，LC-1NN 在準確率、查準率、查全率及 F1 值的預測效能皆優於 1NN。

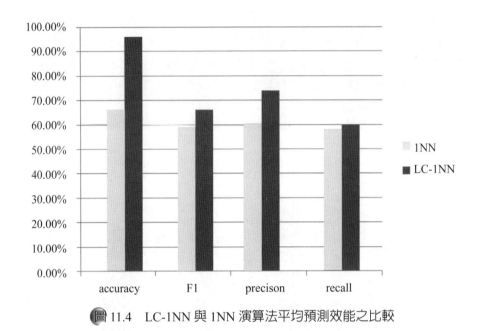

圖 11.4　LC-1NN 與 1NN 演算法平均預測效能之比較

（三）網格大小與預測效能

本文亦比較兩種（面積）大小的網格：400×400 及 800×800（單位：公尺）。實驗結果顯示，網格大小與預測效能成正比，與直觀「小的網格有較佳的解析度，大的網格有較佳預測的準確率」相符。T 值（橫軸）大小的影響則較無一致性，如圖 11.5 及圖 11.6 所示。雖然網格越大預測效能越好，但對於執法單位的運用價值，網格越大對於勤務規劃、派遣較無法聚焦，勤務執法效率較低。因此執法單位必須在網格大小與預測效能間權衡，選擇可接受的預測效能及適當的網格大小，才能針對犯罪熱點加派警力。

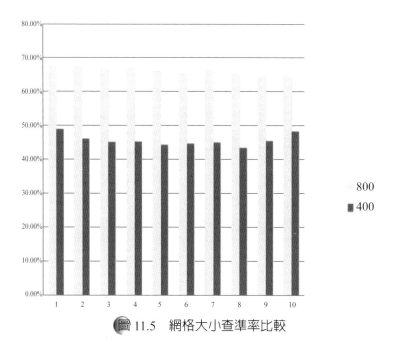

圖 11.5 網格大小查準率比較

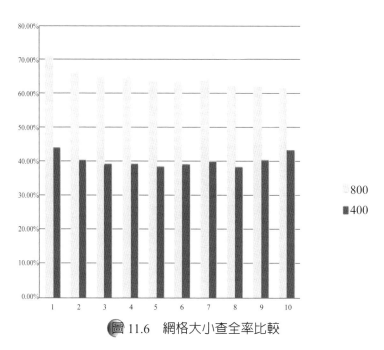

圖 11.6 網格大小查全率比較

（四）行政區與網格之預測效能

　　另外，因為公務機關及執法單位規劃責任區均以行政區為基礎，並據以作為派遣警力的基礎。本文也選擇新北市行政區（里）之面積接近於 400×400 與 800×800（單位：公尺）的土城區、新莊區、中和區、板橋區及三重區等行政區，進行犯罪預測效能實驗。實驗結果依行政區（里）面積由大至小、由左至右順序排列如圖 11.7 所示。除土城區及新莊區外，其他區大致符合「網格大小與預測效能成正比」的直觀，有部分甚至優於網格分析方法。預測效能較好的鄰里區大部分為面積大小較為接近、人口分布較為均勻的居住或商業區。預測效能較差的土城區及新莊區鄰里則面積大小不一，郊區及市區差異亦較為明顯。

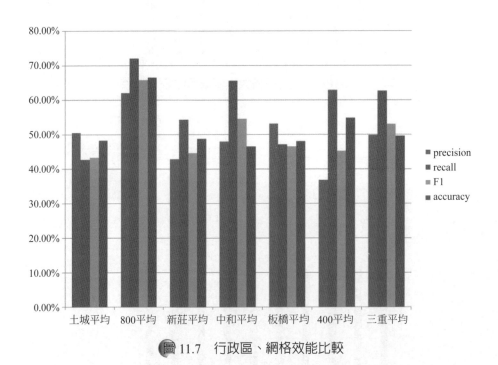

圖 11.7　行政區、網格效能比較

第五節　結論

　　本文蒐集新北市刑案紀錄資料，運用網格分析方法與大數據資料探勘技術，分別以 Random Forest、Naïve Bayes、LC-1NN、Deep Learning 及 1NN 等演算法進行犯罪預測實驗，並將其犯罪預測效能與經驗法則進行比較分析。

　　本文演算法的平均效能，在查準率、查全率及 F1 值均明顯大於經驗法則的預測方法。相較於經驗法則的預測方法，預測效能最佳的 Random Forest 演算法，查準率約提升 14 個百分點，查全率約提升 60 個百分點，F1 值則約為經驗法則的 2 倍。在演算法的比較方面，以 T = 1, 2, ..., 10 的 F1 平均值而言，演算法預測效能的優劣依序為：Random Forest、Naïve Bayes、LC-1NN、Deep Learning 及 1NN。Random Forest、Deep Learning、Naïve Bayes 及 1NN 等演算法，在 T 值接近 1 時，有較高的查準率，而在 T 值接近 10 時，有較高的查全率。查準率高則據以派遣警力的犯罪預防工作，過度派遣程度較小；而查全率高則遺漏犯罪熱點的比率較小。此外，Random Forest 及 1NN 演算法在 T = 1 較能兼顧查準率及查全率，而 Deep Learning 及 Naïve Bayes 演算法在 T = 2 較能兼顧查準率及查全率。另外，LC-1NN 演算法在 T = 7 時，相較於其他分類演算法擁有最佳的預測效能。此外，本文也發現，當用來預測的歷史資料時間越短，大部分演算法的查準率較高，即將毒品犯罪冷點預測為毒品犯罪熱點的比率較小；而當用來預測的歷史資料時間越長，查全率有些微上升趨勢，即將毒品犯罪熱點預測為毒品犯罪冷點的比率較小。此外，考慮地緣關係亦有助於提升演算法的預測效能。最後，網格面積的大小以及都市人口分布與區域特性，皆與演算法的預測效能息息相關。綜合而言，行政區內里的面積大小較為接近、分布較為均勻的居住或商業區，演算法也有較佳的預測效能。

　　隨著大數據蒐集與分析技術的進展，大數據的警察應用將逐漸從輔助案發後的犯罪重建工作層面，邁向協助預先發現問題及尋找因應作為的犯罪預防工作層面。如何更精準地在特定的期間與空間預測可能的發生犯罪，以協助治安機關研擬有效的防範措施與因應對策，將成為極重要且亟需發展的研究領域。

參考文獻

[1] 王朝煌、彭議霆,2007,社會網絡分析之研究——以網際網路搜尋為例,第三屆恐怖主義與國家安全學術研討暨實務座談會論文集。

[2] 王朝煌、林建隆,2010,搶奪案隱性鏈結犯罪關聯模式之研究,2010年警察學術研究與交流研討會論文集。

[3] 王朝煌、林建隆,2011,刑案犯罪特徵之比較研究——以台北市搶奪與住宅竊盜犯罪為例,警學叢刊,第42卷第2期,頁1〜20。

[4] 王朝煌,2015,運用大數據輔助警政工作治理——大數據警政應用之探討,警政署警政治安策略研討會論文集。

[5] 林建隆、王朝煌,2008,犯罪情報分析實作——以通訊監察分析系統為基礎,第十四屆資訊管理暨實務研討會論文集。

[6] 林建隆、王朝煌,2011,住宅竊盜隱性鏈結犯罪關聯模式之研究,資訊、科技與社會,第11卷第2期,頁89〜101。

[7] 林俊宏譯,2013,大數據,天下文化(原著:Viktor Mayer-Schönberger and Kenneth Cukier, *Big Data: A Revolution That Will Transform How We Live, Work, and Think*)。

[8] 黃友岳,2015,適地性社群資料分析在犯罪預測之應用,台灣大學電機工程學研究所碩士學位論文。

[9] 陳等揚、林應龍、王朝煌,2016,巨量資料分析與警察應用之探討,第十九屆資訊管理學術暨警政資訊實務研討會論文集。

[10] 陳等揚、王朝煌,2017,大數據探勘及網格分析應用於預測犯罪之研究,*Proceedings of The 2017 Conference on Technologies and Applications of Artificial Intelligence*(TAAI 2017論文集)。

[11] 陳等揚、王朝煌,2018,網格空間資料探勘應用於犯罪預測之研究,淨月學刊,2018年第2期,頁56〜66。

[12] 廖有祿,1996,資訊系統在國內警政機關之應用,警學叢刊,第26卷第5期,頁206〜230。

[13] J. Bachner, 2013, "Predictive Policing: Preventing Crime with Data and Analytics," IBM Center for the Business of Government.

[14] D. Bajpai, 2012, "Emerging Trends in Utilization of Data Mining in Criminal

Investigation: An Overview," *Journal of Environmental Science, Computer Science and Engineering & Technology*, Vol. 1, No. 2, pp. 124-131.

[15] M. J. A. Berry and G. Linoff, 1997, *Data Mining Techniques for Marketing, Sales, and Customer Support*, John Wiley & Sons.

[16] H. C. Chen, W. Chung, J. J. Xu, G. Wang, Y. Qin, and M. Chau, 2004, "Crime Data Mining: A General Framework and Some Examples," *IEEE Computer*, Vol. 37, No. 4 , pp. 50-56 .

[17] R. Nichols, 2010, "Memphis Cracks Crime Trends with Forecasting Technology," *Government Technology*.

[18] A. G. Ferguson, 2012, "Predictive Policing and Reasonable Suspicion," *Emory Law Journal*, Vol. 62, No. 2, pp. 259-325.

[19] T. Ferrick, 2013, "Using Data, Philly Police Bring Major Crimes to Lowest Levels in Five Years," http://axisphilly.org/article/using-data-philly-police-bring-major-crimes-to-lowest-levels-in-five-years/.

[20] E. K. Jabar, S. H. Hashem, and E. M. Hessian, 2013, "Propose Data Mining AR-GA Model to Advance Crime analysis," *IOSR Journal of Computer Engineering (IOSR-JCE)*, e-ISSN: 2278-0661, p- ISSN: 2278-8727, Vol. 14, No. 5, pp. 38-45.

[21] A. Malathi and S. S. Baboo, 2011, "Enhanced Algorithms to Identify Change in Crime Patterns," *International Journal of Combinatorial Optimization Problems and Informatics*, Vol. 2, No. 3, pp. 32-38.

[22] A. Malathi and S. S. Baboo, 2011, "An Enhanced Algorithm to Predict a Future Crime using Data Mining," *International Journal of Computer Applications*, Vol. 21, No. 1, pp. 1-6.

[23] McKinsey Global Institute, 2011, *Big Data: the Next Frontier for Innovation, Competition, and Productivity*.

[24] A. L. Nelson, R. D. Bromley, and C. J. Thomas, 1996, "The Geography of Shoplifting in a British City: Evidence from Cardiff," *Geoforum*, Vol. 27, No. 3, pp. 409-423.

[25] R. E. Park, E. W. Burgess, and R. D. McKenzie, 1984, *The City*, University of Chicago Press, pp. 1-17.

[26] C. R. Shaw and H. D. McKay, 1942, *Juvenile Delinquency in Urban Areas*, Chicago: University of Chicago Press.

[27] D. Wang, W. Ding, H. Lo, T. Stepinski, J. Salazar, and M. Morabito, 2013, "Crime

Hotspot Mapping Using the Crime Related Factors – A Spatial Data Mining Approach," *Applied Intelligence*, Vol. 39, No. 4, pp. 772-781.

[28] S. Yamuna and N. S. Bhuvaneswari, 2012, "Data Mining Techniques to Analyze and Predict Crimes," *The International Journal of Engineering And Science*, Vol. 1, No. 2, pp. 243-247.

[29] C. H. Yu, M. W. Ward, M. Morabito, and W. Ding, 2011, "Crime Forecasting Using Data Mining Techniques," *Proceedings of the 2011 IEEE 11th International Conference on Data Mining Workshops*.

[30] C. H. Yu, W. Ding, P. Chen, and M. Morabito, 2014, "Crime Forecasting Using Spatiotemporal Pattern with Ensemble Learning," *Proceedings of the Pacific-Asia Conference on Knowledge Discovery and Data Mining*, Springer International Publishing, pp. 174-185.

[31] 百度，https://baike.baidu.com/item/犯罪預測。

第十二章　警政資訊系統分散式處理架構之研究

第一節　緒論

　　我國警察機關自 1971 年起開始使用電腦處理資料，在 1990 年代可供員警勤務查詢的資料即有 40 餘項，包含犯罪管理資訊系統、治安管理資訊系統、安檢管理資訊系統、入出境管理資訊系統及交通管理資訊系統等十餘項資訊系統。除部分（如入出境管理資訊系統）單獨成立專責單位管理外，大部分由警政署資訊室統籌規劃，在警政署資訊室設置有 NEC S3800 超級電腦雙主機系統及相關周邊設備，負責所有資料之登錄、管理及提供線上查詢；在各縣市警察局則設置 NEC S3400/8（北高兩市為 S3600）中（大）型電腦系統，終端機遍布全國各地，為我國重要的資訊系統。警政資訊系統運作之良窳直接影響國民的生活福祉。因此，研究警政資訊系統的架構與管理策略，以充分發揮其功能，為重要的課題之一。

　　1990 年代集中式警政資訊系統乃將大部分的線上查詢集中於警政署資訊室 NEC S3800 主機系統處理。各縣市警察局之中（大）型主機系統僅作為支援警察局相關資訊業務及轉接線上查詢之用。在線上查詢終端機日益增加之時，警政署資訊室 NEC S3800 主機系統勢必因負荷日益加重，而增加其回應時間（response time）。為了改善系統的回應時間，警政署在 1990 年代亦曾考慮將查詢量高而資料量少的檔案及相關軟體，如通緝、失蹤人口、失竊車輛等拷貝至各警察局的主機系統，以分擔 NEC S3800 主機之負荷 [7]。然因備份多，資料的完整性（integrity）維護不易而作罷。因此，1990 年代警政資訊系統仍以集中式處理為主。

　　集中式處理在資料的管理上雖較為簡捷有效，然而資料的蒐集與查詢皆需經由網路傳送至中央主機系統處理，中央主機容易成為系統瓶頸。此外，資料的傳遞與查詢均須經由通訊網路，如網路當機則系統的可用度（availability）亦將受到極大影響。另外，在多媒體資料漸漸增加之後，資料量將大幅增加，中央主機儲存量達到飽和後，將無法容納所有的資料。因

此，考量警政資訊系統的硬體設備及其發展趨勢，有加以探討運用分散式處理技術之必要。

　　分散式資料處理的概念早在 1970 年代即被廣泛地研究討論 [12, 16, 18, 19]。其要義乃在利用日益發達的計算機網路技術，將資料分散於網路所連結的計算機上，以達資源共享（resource sharing）、就地處理資料、增加系統處理效率、降低通訊成本、增加系統可用度、增強系統擴充能力（expandability），以及促成資料處理的分層管理架構等 [20, 21]。雖然分散式處理的技術已漸趨成熟，但在 1990 年代警政資訊系統的分散式處理與應用的研究較少，導致系統建置的決策過程，主要取決於經驗智慧。在講究科學管理及效率的環境，亟需以科學的分析方法，從不同的角度加以探討驗證，以建立更有效的資料處理策略。本文擬就警政署與警察局間的資料分散策略作探討，在不增加系統硬體購置成本的條件下，研擬其他可行的資料處理架構，並分別從資料處理效率及資訊系統可用度分析兩個層面作探討與評估。本文架構為：第二節描述（1990 年代）警政資訊系統架構，並研擬警政資訊系統分散處理方案；第三節分別從系統查詢的執行效率及系統可用度分析比較警政資訊系統架構；第四節為結論。

第二節　警政資訊系統架構

　　本節探討警政資訊系統基本架構及其資料處理模式。另基於分散式處理技術已漸趨成熟及考量警政資訊系統的計算資源，本節提出二個分散式處理架構：即分散式處理架構及集中—分散混合式處理架構[1]。由於警察局的資訊系統可獨自成為一完整獨立的營運體系，因此，本節擬就警政署與警察局間資料分散策略作探討。

一、集中式警政資訊系統架構

　　1990 年代警政資訊系統在警政署資訊室設置有 NEC S3800 超級電腦

1　警政資訊系統為一封閉系統，其經由通訊所涵蓋的範圍甚廣。為確保資料的安全性，警察機關定有嚴謹的安全作業規範。分散式處理雖將擴增資料處理的處所，但整體資訊服務範圍並未因而增加。因此，資料的分散處理應不至於產生資訊安全與資訊管制之疑慮。

主機系統及相關周邊設備,並採雙主機複合運作方式 [2],負責所有資料之登錄、管理及提供線上查詢。在各縣市警察局則設置 NEC S3400/8(北高兩市為 S3600)中(大)型主機系統。NEC S3800 主機系統與各縣市警察局 NEC S3400/8(或 S3600)主機系統以微波通訊傳遞訊息。另外,在各地警察分局則配置 NEC S3300 小型主機,並以專用線路與其警察局 NEC S3400/8 系統連接。分局以下各派出(分駐)所則配置有 80386 個人電腦,並以警用電話線與分局 NEC S3300 系統連接 [7]。警政署與警察局主機間之網路連線系統架構及警察局與分局間之網路連線系統架構,分別如圖 12.1(A) 及圖 12.1(B) 所示。為便於比較說明,警政署與警察局間之網路連線系統架構,簡化如圖 12.1(C) 所示。

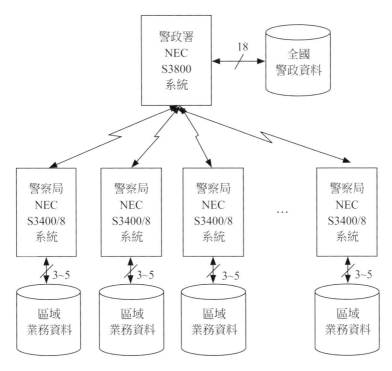

圖 12.1(A)　1990 年代警政資訊系統基本架構

2　以避免集中式系統因當機而影響警政業務之運作。

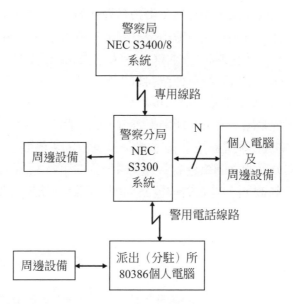

圖 12.1(B)　1990 年代縣市警察局與分局子系統架構

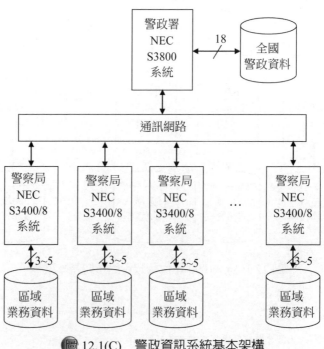

圖 12.1(C)　警政資訊系統基本架構

在 1990 年代，警政資訊系統大部分的資料處理及線上查詢乃透過通訊網路，集中至警政署資訊室 NEC S3800 主機系統作業。各縣市警察局之中（大）型主機系統僅作為支援警察局相關資訊業務及轉接線上查詢之用。為因應巨大的資料量，警政署主機系統配置有 18 個磁碟機（如圖 12.1(A) 所示），另外，為提升系統存取速度，內儲資料依使用頻率將其分散於各磁碟機內，避免資料過度集中而造成阻塞現象 [7]。隨著資料量的增加，勢必增加磁碟機，以解決容量不足的問題。但系統周邊設備並不能無限制地擴充，且周邊設備個數增加亦將間接影響系統之執行效率。因此，探討採行分散式處理架構的可行性，有加以深入研究的必要。

二、分散式警政資訊系統架構

警察的任務依警察法第 2 條規定，為依法維持公共秩序，保護社會安全，防止一切危害，促進人民福利。因此不難窺知警察的服務標的為「人」（個人或一群人）。而警政資訊系統係輔助警察機關服務國民的主要資訊系統，因此其系統所維護之資料脫離不了有關「人」（及其所用器、物）的訊息。在農業社會中，人的活動範圍通常與土地有極密切的關係 [10]。在文明的社會裡，人類的遷徙活動雖較農業社會頻繁，但人的日常活動仍有其區域性，通常與其營生的工作地點息息相關。換句話說，人類的生活範圍大部分的時間皆侷限於某一區域，只有偶爾會超越其經常活動的區域[3]。由於犯罪行為係人類行為之一，因此亦可以推論「犯罪行為具區域性（locality）」——即大部分[4]的犯罪者，其犯罪行為只侷限於特定區域（如距其住所或戶籍地某一距離之內）。犯罪行為具區域性的特質隱含犯罪資料處理，亦須考慮區域性。例如將每個人（及車輛、船舶）的資料儲存於其活動範圍的警察資訊系統，則此資訊系統即能提供該警察機關所需的大部分資訊。因此，可建構一完全分散的警政資訊系統 [6]，如圖 12.2 所示。

---

3 「地緣關係」之清查即常為警察機關偵查犯罪主要重點之一。
4 一般而言，資料就地處理的比率超過 90% [9]。

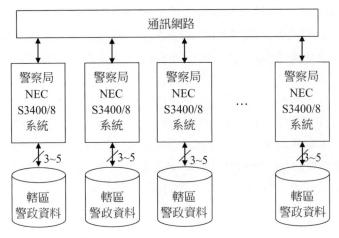

圖 12.2　分散式警政資訊系統架構

　　每一警察局就其管轄資料作輸入、輸出及必要之處理，並以通訊網路連結所有警察局之主機系統，以達充分運用計算資源及共享資訊資源的目標，同時減少對網路的依賴，提升整體系統的可用度。轄區資料的更新及查詢皆於各該管轄警察局主機系統完成。管轄區外資料的更新及查詢則透過通訊網路傳送至其資料所在地的主機系統作業[5]。在此架構之下，區域性資料之處理皆可於各縣市警察局主機系統完成。不但可減少通訊時間及對通訊網路的依賴程度，而且將資料處理作業分散於各縣市警察局之主機系統，亦可避免資料過度集中造成處理的瓶頸。

三、集中─分散混合式警政資訊系統架構

　　根據前述「犯罪行為具區域性」的結論，若將每個人（及車輛、船舶）的資料備份（backup）存於其活動範圍的警察資訊系統，則此資訊系統即能提供該警察機關所需之大部分資訊。考量警政資訊系統組織架構及已有之計算資源，另一可行方案為利用資料額外（redundancy）備份技術，將警政署

5　實務上，資料的更新可能涉及他轄之資料更新。例如罪犯越區犯罪遭犯罪地之警察機關偵破，或者員警越區辦案偵破他轄案件。在分散式系統處理透明化（transparent）的原則，及保持每個警察局主機系統之獨立自主性（autonomy），他轄資料之更新應透過網路系統傳遞至該管系統完成。

的資料庫內容分別備份至資料所屬的警察局主機系統上，並將大部分的查詢分散至各警察局主機系統處理，以充分運用警政資訊系統整體的計算資源。NEC S3800 系統因負荷減少，可在現行的設備條件下，增設新型的資訊系統。例如犯罪資料統計分析、犯罪趨勢預測及建立犯罪偵防知識庫等，提升其系統功能。因此，警政資訊系統亦可以圖 12.3 方式設置 [1, 2]。

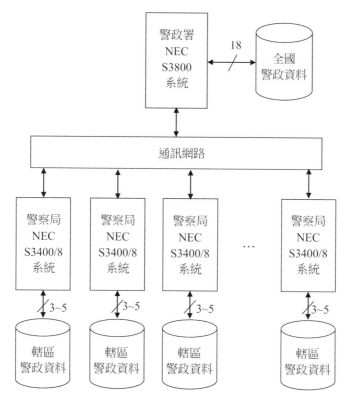

圖 12.3　集中—分散混合式警政資訊系統架構

（一）將所列管之資料依其籍地，如國民依戶籍、車輛依車籍、船舶依船籍等，拷貝一份至其籍地警察局主機系統上 [6]。

（二）籍地不明的資料則仍集中於警政署。

（三）警政署主機系統，仍負責所有資料之登錄與管理，大部分的查詢則轉移至縣市警察局主機系統；資料更新及資料完整性維護的功能，由警政署主機系統與縣市警察局主機系統協調合力完成。

（四）警政署仍保有所有資料的備份，在縣市警察局未能處理的查詢，仍轉至警政署主機系統查詢。

如此，可降低警政署 NEC S3800 系統及通訊網路系統的負荷，並提升縣市警察局主機系統的使用率，達到充分運用系統資源、改善系統查詢回應時間，及提高查詢服務品質等效益。雖然資料備份至各縣市警察局會增加資料儲存空間，但相對也可提升系統的可用度。

第三節　警政資訊系統架構之比較與評估

為了探討上述分散式處理架構對警政資訊系統之影響，本節擬就系統效率及可用度分別建立數學分析模式，並透過參數調整，探討分散式處理架構之優劣及歸納影響資訊處理架構的因素。

一、系統效率評估模式

一般常用的系統績效評估方法有三種，即：數學模式分析、系統模擬及實際建置後評估其結果 [23]。實際系統建置雖可反映系統的實際營運狀況，但成本較高；系統模擬的成本雖較實際建置為低，但仍較數學分析為高。故以數學模式分析最為經濟，且可經由調整參數值而作各種層面的分析。本節建構數學分析模式，並以查詢回應時間平均值為標準，評估前述三種資訊系統架構的查詢執行效率。

（一）系統參數與假設

為便於說明，系統參數及定義如表 12.1 所示。

6　最佳的資料分散方式與行政區域規劃或有不同，但在相關統計資料欠缺的情形下，為便於管理，以行政區域作為資料分散之依據不失為一個可行的方法。

表 12.1　參數名稱及定義

參數	說明
r	系統資料查詢之比例
w	系統資料更新之比例（註：r + w = 1，故 w = 1 − r）
u_1	NEC S3800 系統之資料處理能力（Transactions Per Second, TPS）
u_2	NEC S3400/8 系統之資料處理能力（TPS）
u_3	警政署與警察局間或警察局間通訊網路之通訊處理能力（TPS）
u_4	警察局與分局（及派出分駐所）間通訊網路之通訊處理能力（TPS）
P_l	區域性（即作業可於各縣市警察局電腦系統處理之比例）
w_{cn}	警政署與警察局間或警察局間通訊網路系統之平均回應時間
w_{dn}	警察局與分局（及派出分駐所）間通訊網路系統之平均回應時間
w_{cq}	NEC S3800 系統之查詢平均回應時間
w_{cu}	NEC S3800 系統之更新平均回應時間
w_{dq}	NEC S3400/8 系統之查詢平均回應時間
w_{du}	NEC S3400/8 系統之更新平均回應時間
w_c	集中式處理系統平均回應時間
w_d	分散式處理系統平均回應時間
w_h	集中一分散混合式處理系統平均回應時間
ρ_{cn}	警政署與警察局間或警察局間通訊網路系統之平均使用率
ρ_{dn}	警察局與分局（及派出分駐所）間通訊網路系統之平均使用率
ρ_c	NEC S3800 系統之平均使用率
ρ_d	NEC S3400/8 系統之平均使用率
L_c	NEC S3800 系統之平均負荷
L_d	NEC S3400/8 系統之平均負荷
L_{cn}	警政署與警察局間或警察局間通訊網路系統之平均負荷
L_{dn}	警察局與分局（及派出分駐所）間通訊網路系統之平均負荷
N	NEC S3400/8 系統之個數
T	系統單位時間之總負荷量＝查詢＋更新（TPS）

另外，為便於分析，研究假設如下：

1. 查詢及更新所需的系統時間主要為磁碟取存時間，中央處理機的處理時間可略計。又因為資料更新除了將資料從磁碟讀出外，尚須將處理後之資料寫回磁碟，查詢則僅須將資料讀出即可。因此，資料更新所需的平均處理時間為資料查詢之 2 倍。即：

$$w_{cu} = 2*w_{cq}，w_{du} = 2*w_{dq}$$

2. 在分散式及集中－分散混合式資料處理方案中，資料平均分布於各個警察局主機系統之上，且各警察局之查詢量相同。

3. 系統查詢及更新之發生（到達）形式（arrival pattern）皆為 Poisson 過程（process），且其平均發生率各為 r×T 與 w×T。

4. 每一查詢所需之系統處理時間亦呈指數級數分布（即 Poisson 過程），其所需之平均時間各為 $1/u_1$（S3800 系統）及 $1/u_2$（S3400/8 系統）。

5. 通訊網路上通訊需求之發生型式及其通訊網路之通訊處理能力亦為 Poisson 過程，且每次通訊所需之平均時間，在警政署與警察局間通訊網路系統為 $1/u_3$，而警察局與分局（及派出分駐所）間通訊網路系統為 $1/u_4$。

6. 各子系統之空間容量（server capacity）及負荷來源（customer population）相當大，可以無限之等候模式（M/M/1 queuing model）趨近。

7. 每一資料籍地僅一個。

8. 更新時之確認（acknowledge）訊息可以附帶（piggybacking）於系統訊息之方式傳回。

9. 另外，為便於數學模式分析，通訊網路分為兩個層次，即警政署與警察局間之通訊網路及警察局與分局（及派出分駐所）間之通訊網路，每一層次各共用通訊子系統。

本文分別針對集中式警政資訊系統、分散式警政資訊系統及集中－混合式警政資訊系統，建立數學分析模式，並分析比較其系統平均回應時間。

（二）集中式警政資訊系統效率評估模式

集中式警政資料處理系統的每一作業，均經由網路系統傳送至 NEC S3800 主機處理。由於主機處理系統與網路系統為各自獨立之子系統，且子系統間的負荷發生（arrival）機率分布（probability distribution）並不因為各

子系統之處理而改變[7]。因此我們可針對各子系統之平均回應時間分別進行評估，再將結果加總求得系統之平均回應時間。即系統回應時間為資料處理時間及網路通訊時間的總和。

1.資料處理時間

　　在集中式警政資料處理系統中，所有作業皆於 NEC S3800 主機處理。系統的輸入 $\lambda = T$，由於資料更新須先將資料讀出，處理後再寫入磁碟，即更新處理須經二次系統處理（磁碟讀、寫）始完成，且資料更新量為 $w \times T$，故系統之等候模式中增加回饋（feedback）$w \times T$；系統平均到達率（輸入）$\Lambda = \lambda + w \times T$。因此，NEC S3800 系統之 M/M/1 等候模式（queuing system）可以圖 12.4 代表。

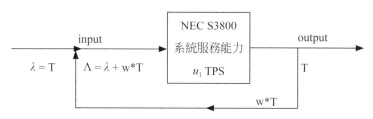

🔷 12.4　集中式處理 NEC S3800 系統等候模式

由 M/M/1 系統公式，系統之使用率為：

$$\rho_c = \Lambda/u_1 = (\lambda + w{*}T)/u_1 = (T + w{*}T)/u_1 = (1 + w){*}T/u_1，而$$
$$L_c = \rho_c/(1 - \rho_c)$$

依 Little's 方程式 [17]：

$$L_c = \Lambda{*}w_{cq}$$

系統之平均查詢回應時間為：

$$w_{cq} = L_c/\Lambda = \{(\rho_c/(1 - \rho_c))\}/\Lambda = 1/\{u_1{*}(1 - \rho_c)\}$$

7　此乃基於 Burke 之理論「Poisson 過程輸入讓伺服器的產出亦為 Poisson 過程」[11]。

而系統之平均更新回應時間為：

$$w_{cu} = 2*w_{cq}$$

2.網路通訊時間

由於每一終端機作業均須經由警察局與分局（及派出分駐所）間之通訊網路傳送至警察局主機，再經由警政署與警察局間之通訊網路傳送至警政署主機進行處理。因此，網路通訊時間包含警政署與警察局間之通訊時間及警察局與分局（及派出分駐所）間之通訊時間。

(1)警政署與警察局間之通訊時間

由於每一查詢須傳送兩次資料（往、返），而更新只須傳送一次資料，更新後之確認訊息可以附帶於系統訊息之方式傳回，故 $\lambda = 2 \times r \times T + w \times T$。因此，警政署與警察局間通訊網路系統之 M/M/1 等候模式可以圖 12.5 代表。

input
$\lambda = 2*r*T + w*T$

通訊網路
服務能力
u_3 TPS

output
$2*r*T + w*T$

圖 12.5　集中式處理警政署與警察局間通訊網路系統等候模式

在 M/M/1 系統中，系統之使用率為：

$$\rho_{cn} = \lambda/u_3 = (2*r*T + w*T)/u_3，而$$
$$L_{cn} = \rho_{cn}/(1 - \rho_{cn})$$

而依 Little's 方程式：

$$L_{cn} = \lambda *w_{cn}$$

因此，警政署與警察局間通訊網路系統之平均回應時間為：

$$w_{cn} = L_{cn}/\lambda = \{\rho_{cn}/(1 - \rho_{cn})\}/\lambda = 1/\{u_3*(1 - \rho_{cn})\}$$

(2)警察局與分局（及派出分駐所）間之通訊時間

由於查詢須經專用線路傳至警察局 NEC S3400/8 系統後，再傳至警政署之 NEC S3800 系統進行查詢處理。類似地，因為每一查詢須傳送兩次資料（往、返），而更新只須傳送一次資料，更新後之確認訊息可以附帶於系統訊息之方式傳回。且由於假設各警局之查詢量相同，各警察局與分局（及派出分駐所）間通訊網路系統之網路交通負荷量為 $\lambda/N = (2 \times r \times T + w \times T)/N$。故警察局與分局（及派出分駐所）間通訊網路系統之 M/M/1 等候模式可以圖 12.6 代表。

$$\text{input} \quad \boxed{\begin{array}{c}\text{通訊網路}\\\text{服務能力}\\u_4\ \text{TPS}\end{array}} \quad \text{output}$$

$$\lambda = (2*r*T + w*T)/N \qquad\qquad (2*r*T + w*T)/N$$

圖 12.6　集中式處理警察局與分局（及派出分駐所）間通訊網路系統等候模式

由 M/M/1 系統公式，系統之使用率為：

$$\rho_{dn} = \lambda/u_4 = (2*r*T + w*T)/(N*u_4)\text{，而}$$
$$L_{dn} = \rho_{dn}/(1 - \rho_{dn})$$

依 Little's 方程式：

$$L_{dn} = \lambda * w_{dn}$$

因此，警察局與分局（及派出分駐所）間通訊網路系統之平均回應時間為：

$$w_{dn} = L_{dn}/\lambda = \{\rho_{dn}/(1 - \rho_{dn})\}/\lambda = 1/\{u_4*(1 - \rho_{dn})\}$$

(3)平均回應時間

由於所有查詢與資料更新皆須透過二層網路向警政署 NEC S3800 系統查詢，查詢之結果亦須經由二層網路回覆查詢端，而資料更新之回覆則透過附帶於查詢回覆訊息之方式回應，故集中式警政資料處理系統平均回應時間為：

$$w_c = r*(w_{cq} + 2*w_{cn} + 2*w_{dn}) + w*(w_{cu} + w_{cn} + w_{dn})$$

（三）分散式警政資訊系統效率評估模式

在分散式處理系統中，大部分更新與查詢皆於各個警察局主機系統上作業，但非轄區內資料之作業（稱之為遠端作業），則須透過網路系統傳送至其他警察局主機作業。因此，分散式處理的平均回應時間分為區域作業之回應時間及遠端作業之回應時間。另外，查詢與更新作業皆須透過網路系統由主機處理，因此，分散式處理之平均回應時間可分為資料處理時間及網路通訊時間。類似地，我們可針對各子系統之平均回應時間分別進行評估，再將結果加總求得系統之平均回應時間。

1.資料處理時間

資料處理作業（含查詢與更新）可分為區域作業及遠端作業，而區域作業及遠端作業又可各分為查詢作業及更新作業。因資料平均分布於各主機上，故每一 NEC S3400/8 系統區域作業之查詢與更新負荷量分為 $r \times P_l \times T/N$ 及 $w \times P_l \times T/N$，遠端作業之查詢與更新負荷量則分為 $r \times (1 - P_l) \times T \times (N-1)/N$ 及 $w \times (1 - P_l) \times T/N$ [8]，故系統之輸入為：

$$\lambda = r*P_l*T/N + w*P_l*T/N + r*(1 - P_l)*T*(N-1)/N + w*(1 - P_l)*T/N$$
$$= P_l*T/N + r*(1 - P_l)*T*(N-1)/N + w*(1 - P_l)*T/N$$

又因資料之更新須先將資料讀出，處理後再寫入磁碟，故系統之等候模式中增加回饋：

$$w*P_l*T/N + w*(1 - P_l)*T/N = w*T/N$$

因此，在分散式警政資料處理中，每一主機之總輸入為：

$$\Lambda = \lambda + w*T/N = P_l*T/N + r*(1 - P_l)*T*(N-1)/N + w*(1 - P_l)*T/N + w*T/N$$

故分散式處理中每一 NEC S3400/8 系統可以圖 12.7 之 M/M/1 等候模式代表。

---

8 非區域之查詢須由其他每一主機系統查詢，但非區域之更新僅須由管理該資料之主機更新。

圖 12.7　分散式處理 NEC S3400/8 系統等候模式

圖 12.7 中，$\lambda = P_l \times T/N + r \times (1 - P_l) \times T \times (N - 1)/N + w \times (1 - P_l) \times T/N$。

由 M/M/1 系統公式，NEC S3400/8 系統之使用率為：

$$\rho_d = \Lambda/u_2 = \{P_l*T/N + r*(1 - P_l)*T*(N - 1)/N + w*(1 - P_l)*T/N + w*T/N\}/u_2$$
$$= \{P_l + r*(1 - P_l)*(N - 1) + w*(1 - P_l) + w\}*T/(u_2*N)，而$$
$$L_d = \rho_d/(1 - \rho_d)$$

依 Little's 方程式：

$$L_d = \Lambda*w_{dq}$$

故 NEC S3400/8 系統之平均查詢回應時間為：

$$w_{dq} = \{\rho_d/(1 - \rho_d)\}/\Lambda = 1/\{u_2*(1 - \rho_d)\}$$

S3400/8 系統之平均更新回應時間為：

$$w_{du} = 2*w_{dq}$$

2.網路通訊時間

　　包含遠端查詢或更新之網路通訊時間（或稱廣域網路通訊時間）及區域網路通訊時間〔警察局與分局（及派出分駐所）間之通訊時間〕。

(1)警察局間廣域網路通訊時間

　　在分散式處理中未能於轄區 NEC S3400/8 系統處理之查詢或更新，須透過警察局間廣域網路向其他主機作查詢或更新，而查詢與更新之量分別為 $(1 - P_l) \times r \times T$ 及 $(1 - P_l) \times w \times T$。由於每一遠端查詢包含查詢及結果之傳送，因此，查詢本身對通訊系統的負荷為 $2 \times (1 - P_l) \times r \times T$。另外，更

新只須傳送一次資料，因此更新對通訊系統的負荷為 $(1 - P_l) \times w \times T$。因此，警察局間廣域網路通訊系統之交通負荷量為 $\lambda = 2 \times (1 - P_l) \times r \times T + (1 - P_l) \times w \times T$。而警察局間廣域網路通訊系統可以圖 12.8 之 M/M/1 等候模式代表。

input

$$\lambda = 2*(1 - P_l)*r*T$$
$$+ (1 - P_l)*w*T$$

通訊網路
服務能力
u_3 TPS

output

$$2*(1 - P_l)*r*T$$
$$+ (1 - P_l)*w*T$$

圖 12.8 分散式處理警察局間廣域網路通訊系統等候模式

由 M/M/1 系統公式，系統之使用率為：

$$\rho_{cn} = \lambda/u_3 = \{2*(1 - P_l)*r*T + w*(1 - P_l)*T\}/u_3，而$$
$$L_{cn} = \rho_{cn}/(1 - \rho_{cn})$$

依 Little's 方程式：

$$L_{cn} = \lambda*w_{cn}$$

因此，警察局間通訊網路系統之平均回應時間為：

$$w_{cn} = L_{cn}/\lambda = \{\rho_{cn}/(1 - \rho_{cn})\}/\lambda = 1/\{u_3*(1 - \rho_{cn})\}$$

(2)警察局與分局（及派出分駐所）間區域網路通訊時間

由於資料及其作業（含查詢及更新）皆平均分布於各警察局之系統上，且每一查詢須傳送兩次資料（往、返），而更新只須傳送一次資料，更新後之確認訊息可以附帶於系統訊息之方式傳回。因此，警察局與分局（及派出分駐所）間之通訊網路系統之平均交通負荷量為 $\lambda = (2 \times r \times T + w \times T)/N$。故警察局與分局（及派出分駐所）間通訊網路系統可以圖 12.9 之 M/M/1 等候模式代表。

$$\lambda = (2*r*T + w*T)/N$$

input　　　通訊網路　　　output
服務能力
u_4 TPS　　　$(2*r*T + w*T)/N$

圖 12.9　分散式處理警察局與分局（及派出分駐所）間通訊網路系統等候模式

由 M/M/1 系統公式，系統之使用率為：

$$\rho_{dn} = \lambda/u_4 = (2*r*T + w*T)/(N*u_4)，而$$
$$L_{dn} = \rho_{dn}/(1 - \rho_{dn})$$

依 Little's 方程式：

$$L_{dn} = \lambda*w_{dn}$$

因此，警察局與分局（及派出分駐所）間通訊網路系統之平均回應時間為：

$$w_{dn} = L_{dn}/\lambda = \{\rho_{dn}/(1 - \rho_{dn})\}/\lambda = 1/\{u_4*(1 - \rho_{dn})\}$$

(3)平均回應時間

　　分散式處理之查詢，包含區域查詢與遠端查詢，平均查詢回應時間為區域查詢回應時間與遠端查詢回應時間之平均，所以平均查詢回應時間為：

$$P_l * (w_{dq} + 2 * w_{dn}) + (1 - P_l) * (w_{dq} + 2 * w_{cn} + 2 * w_{dn})$$

同樣的平均更新回應時間為區域更新回應時間與遠端更新回應時間之平均，因此，平均更新回應時間為：

$$P_l * (w_{du} + w_{dn}) + (1 - P_l) * (w_{du} + w_{cn} + w_{dn})$$

因此分散式資料處理系統之平均回應時間為：

$$w_d = r * \{P_l * (w_{dq} + 2 * w_{dn}) + (1 - P_l) * (w_{dq} + 2 * w_{cn} + 2 * w_{dn})\}$$
$$+ w*\{P_l*(w_{du} + w_{dn}) + (1 - P_l) * (w_{du} + w_{cn} + w_{dn})\}$$

（四）集中—分散混合式警政資訊系統效率評估模式

　　集中—分散混合式警政資料處理系統中，未能在區域主機處理之資料查詢與所有資料更新均須經由網路系統傳送至 NEC S3800 主機系統進行處理，系統之處理時間同樣可分為資料處理時間及網路通訊時間。類似地，我們可針對各子系統之平均回應時間分別進行評估，再加總求得系統之平均回應時間。

1.資料處理時間

　　資料處理時間又可分為在 NEC S3800 主機之回應時間與 NEC S3400 主機之回應時間。

(1)NEC S3800主機之回應時間

　　在集中—分散混合式警政資料處理中，所有之更新作業及未能在警察局 NEC S3400/8 主機系統完成之查詢，皆須於 NEC S3800 主機處理，因此，NEC S3800 主機之負荷量為 $\lambda = \{(1 - P_l) \times r + w\} \times T$。另外，由於資料之更新須先將資料讀出，處理後再寫入磁碟，即更新處理須經二次系統處理（磁碟讀、寫）始完成，故系統之等候模式中增加回饋 $w \times T$，故 $\Lambda = \lambda + w \times T = \{(1 - P_l) \times r + 2 \times w\} \times T$。因此，NEC S3800 系統之 M/M/1 等候模式可以圖 12.10 代表。

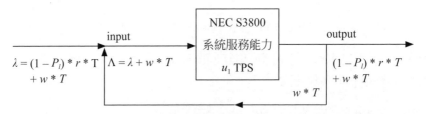

圖 12.10　集中—分散混合式處理 NEC S3800 系統等候模式

由 M/M/1 系統公式，可得 NEC S3800 系統之使用率為：

$$\rho_c = \{(1 - P_l) * r + 2 * w\} * T/u_1 \text{，而}$$
$$L_c = \rho_c/(1 - \rho_c)$$

依 Little's 方程式：

$$L_c = \Lambda * w_{cq}$$

故系統之平均查詢回應時間為：

$$w_{cq} = \{\rho_c/(1 - \rho_c)\}/\Lambda = 1/\{u_1 * (1 - \rho_c)\}$$

另 NEC S3800 系統之平均更新回應時間為：

$$w_{cu} = 2 * w_{cq}$$

(2)NEC S3400主機之回應時間

　　由於區域性之查詢及所有之更新皆須經各該 NEC S3400/8 系統處理，且由於假設查詢與更新平均分布於各 NEC S3400/8 系統上，故每一 NEC S3400/8 系統之輸入為 $\lambda = r \times P_l \times T/N + w \times T/N$。又因資料之更新須先將資料讀出，處理後再寫入磁碟，故系統之等候模式中增加回饋為 $w \times T/N$，又總輸入為 $\Lambda = r \times P_l \times T/N + 2 \times w \times T/N$。因此，NEC S3400/8 系統之等候模式可以圖 12.11 代表。

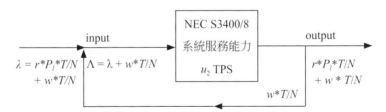

圖 12.11　集中—分散混合式處理 NEC S3400/8 系統等候模式

由 M/M/1 系統公式，NEC S3400/8 系統之使用率為：

$$\rho_d = (r * P_l * T/N + 2 * w * T/N)/u_2 = (r * P_l * T + 2 * w) * T/(N * u_2)，而$$
$$L_d = \rho_d/(1 - \rho_d)$$

依 Little's 方程式：

$$L_d = \Lambda * w_{dq}$$

故 NEC S3400/8 系統之平均查詢回應時間為：

$$w_{dq} = \{\rho_d/(1-\rho_d)\}/\Lambda = 1/\{u_2*(1-\rho_d)\}$$

S3400/8 系統之平均更新回應時間為：

$$w_{du} = 2 * w_{dq}$$

2.網路通訊時間

包含警政署與警察局間之通訊時間及警察局與分局（及派出分駐所）間之通訊時間。

(1)警政署與警察局間之網路通訊時間

由於在集中－分散混合式警政資料處理系統中，僅未能在 NEC S3400/8 系統處理的查詢才須透過警政署與警察局間之通訊網路向 NEC S3800 系統查詢，而資料更新也須更新 NEC S3800 系統的備份。另外，每一查詢須傳送兩次資料（往、返），而更新只須傳送一次資料，更新後之確認訊息可以附帶於系統訊息方式傳回。因此，警政署與警察局間通訊網路的負荷量為 $\lambda = 2 \times (1-P_l) \times r \times T + w \times T$。警政署與警察局間通訊網路系統可以圖 12.12 之 M/M/1 等候模式代表。

圖 12.12　集中－分散混合式處理警政署與警察局間通訊系統等候模式

由 M/M/1 系統公式，系統之使用率為：

$$\rho_{cn} = \lambda/u_3 = \{2 * (1-P_l) * r * T + w * T\}/u_3 \text{，而}$$
$$L_{cn} = \rho_{cn}/(1-\rho_{cn})$$

依 Little's 方程式：

$$L_{cn} = \lambda*w_{cn}$$

因此，警政署與警察局間通訊網路系統之平均回應時間為：

$$w_{cn} = L_{cn}/\lambda = \{\rho_{cn}/(1 - \rho_{cn})\}/\lambda = 1/\{u_3 * (1 - \rho_{cn})\}$$

(2)警察局與分局（及派出分駐所）間之通訊時間

由於資料及其作業皆平均分布於各警察局之系統上，且每一查詢須傳送兩次資料（往、返），而更新只須傳送一次資料，更新後之確認訊息可以附帶於系統訊息之方式傳回，所以警察局與分局（及派出分駐所）間之通訊網路系統之平均交通負荷量為 $\lambda = (2 \times r \times T + w \times T)/N$。故警察局與分局（及派出分駐所）間之通訊網路系統之 M/M/1 等候模式可以圖 12.13 代表。

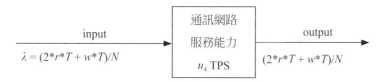

圖 12.13　集中—分散混合式處理警察局與分局間通訊系統等候模式

由 M/M/1 系統公式，系統之使用率為：

$$\rho_{dn} = \lambda/u_4 = (2 * r * T + w * T)/(N * u_4)，而$$
$$L_{dn} = \rho_{dn}/(1 - \rho_{dn})$$

依 Little's 方程式：

$$L_{dn} = \lambda * w_{dn}$$

因此，警察局與分局（及派出分駐所）間通訊網路系統之平均回應時間為：

$$w_{dn} = L_{dn}/\lambda = \{\rho_{dn}/(1 - \rho_{dn})\}/\lambda = 1/\{u_4 * (1 - \rho_{dn})\}$$

(3)平均回應時間

有了上述資料後，可以計算得集中—分散混合式資料處理系統之平均查詢回應時間。由於每一遠端查詢皆於 NEC S3800 系統處理，須經由二層網路傳遞，故每一遠端查詢之平均回應時間為：

$$w_{cq} + 2 * w_{cn} + 2 * w_{dn}$$

而每一區域查詢之回應時間為：

$$w_{dq} + 2 * w_{dn}$$

因此，查詢之平均回應時間為：

$$(1 - P_l) * (w_{cq} + 2 * w_{cn} + 2 * w_{dn}) + P_l * (w_{dq} + 2 * w_{dn})$$

另外，由於每一更新須同時更新 NEC S3800 及 NEC S3400 系統之資料，且須經由二層網路傳遞，故平均更新回應時間為：

$$w_{cu} + w_{du} + w_{cn} + w_{dn}$$

因此，集中一分散混合式資料處理系統之平均回應時間為：

$$w_d = r * \{P_l * (w_{dq} + 2 * w_{dn}) + (1 - P_l) * (w_{cq} + 2 * w_{cn} + 2 * w_{dn})\} + w * (w_{cu} + w_{du} + w_{cn} + w_{dn})$$

（五）結果與討論

本文以系統回應時間作為衡量標準，針對系統負荷量、通訊網路負荷量、查詢百分比，以及犯罪區域性之變化，探討集中式處理、分散式處理及集中一分散混合式處理架構之優劣。在參數的設定上，以每單位時間處理查詢或更新為單位，即一般資料庫系統常用之每秒可處理的交易量（Transactions Per Second, TPS）。另外，由於每一查詢對網路通訊系統所產生的負荷為主機處理系統之 2 倍，因此在兩者皆未飽和的情形下，通訊系統處理能力設定為主機系統的 2 倍。此外，本文主要以磁碟存取時間為衡量標準，故 NEC S3800 主機與 NEC S3400 主機資料處理力設定為 5 比 1 [9]。

1. NEC S3800處理系統負載飽和之情形

本小節探討系統負荷量對處理方式之影響。經由調整處理系統及通訊網路系統之處理能力（即 u_1、u_2、u_3、u_4），我們可測得系統負荷量對 NEC

9　本項比例係以NEC S3800主機及NEC S3400主機系統之磁碟數比〔18比（3～5）約為5〕為準。

S3800 主機處理系統之影響。在本小節中，系統的負荷量將從 1 TPS 增至 50 TPS。其他之參數如表 12.2。

表 12.2　系統參數

參數	值
R	0.9
u_1	50 TPS
u_2	10 TPS
u_3	200 TPS
u_4	40 TPS
N	21（縣市個數）
P_1	0.9

　　在上述條件下，隨著系統負荷的調增，NEC S3800 主機系統之負荷將漸趨飽和，而警政署與警察局間通訊網路系統之負荷則不超過 50%。在這些條件下，三系統的平均回應時間之變化各如圖 12.14 所示。

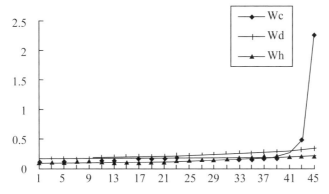

圖 12.14　NEC S3800 處理系統負載飽和情形下平均回應時間之比較

　　圖 12.14 中，縱座標為系統回應時間，橫座標為系統負荷量（T）。圖 12.14 結果顯示：集中式處理在負荷量不大時（T ≤ 39）時，系統之平均回應時間仍可接受，且較分散式處理及集中─分散混合式為佳。但在 NEC

S3800 主機系統負荷增加近飽和時,則系統之平均回應時間明顯上升。若採用分散式或集中—分散混合式處理,則因系統負荷分散,系統之平均回應時間無明顯之變化。例如,當 T = 45 時,集中式處理之 NEC S3800 系統之使用率(ρ_c)為 99%,分散式處理之 NEC S3400/8 系統之使用率為 60%,而集中—分散混合式處理之 NEC S3800 系統使用率為 26%,NEC S3400/8 系統之使用率(ρ_d)為 21%。在本文所建構之分析模式下,當 T 值超過 45 時,集中式處理系統將進入不穩定狀態(即過飽和),而分散式及集中—分散混合式處理,則因作業分散及計算資源的充分運用,系統仍可穩定運作。

2. 通訊網路系統負載飽和之情形

本小節探討警政署與警察局間通訊網路負荷量對資訊處理架構之影響。同樣地,經由調整處理系統及通訊網路系統之處理能力(即 u_1、u_2、u_3、u_4),我們可測得系統負荷量對通訊網路之影響,進而比較前述警政資訊處理架構。在本文中,系統的負荷量將從 1 TPS 增至 50 TPS(系統負荷量與網路交通負荷量有成正比之關係),其他之系統參數如表 12.3。

表 12.3　系統參數

參數	值
R	0.9
u_1	200 TPS
u_2	40 TPS
u_3	100 TPS
u_4	20 TPS
N	21
P_l	0.9

在上述條件下,隨著系統負荷增加,警政署與警察局間通訊網路系統之負荷將漸趨飽和,而主機系統之負荷則不超過 50%。系統平均回應時間變化如圖 12.15 所示。

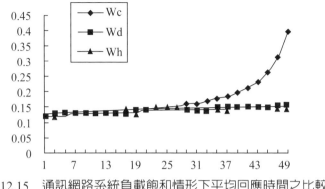

圖12.15 通訊網路系統負載飽和情形下平均回應時間之比較

　　圖 12.15 中，縱座標為系統回應時間，橫座標為系統負荷量（T）。圖 12.15 結果顯示：集中式處理通訊網路負荷量不大時，系統之平均回應時間仍可接受，但在通訊網路系統負載漸成飽和時，系統之平均回應時間則明顯上升。在同樣的情形下，分散式及集中—分散混合式處理則因就地處理資料，使警政署與警察局間通訊網路系統之交通負荷大為減少，系統平均回應時間的增加較為緩慢[10]。

3.處理系統及通訊系統之負載皆不飽和之情形

　　本小節探討處理及通訊系統之負載皆不飽和之情形。同樣地，經由調整處理系統及通訊網路系統之處理能力（即 u_1、u_2、u_3、u_4）及系統負荷量 T 值，我們亦可測得 NEC S3800 主機處理系統及警政署與警察局間通訊網路系統之負荷皆不飽和的情形下之系統效率。讓系統的負荷量將從 1 TPS 增至 50 TPS，其他系統參數如表 12.4。

---

10 本小節所探討為警政署與警察局間通訊網路系統為系統瓶頸之情形。若系統瓶頸為警察局與分局間之通訊網路系統，則分散資料至警察局處理並不能改善系統效率，解決之道可提升警察局與分局間通訊網路系統之頻寬，或將資料分散至分局處理，惟仍須進行審慎評估。

表 12.4　系統參數

參數	值
R	0.9
u_1	100 TPS
u_2	20 TPS
u_3	200 TPS
u_4	40 TPS
N	21
P_1	0.9

　　在上述條件下，隨著系統負荷的調增，主機系統及通訊系統之負荷則不超過 50%，系統平均回應時間之變化各如圖 12.16 所示。

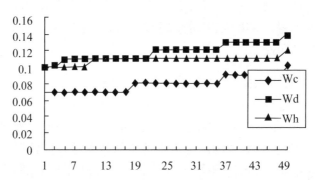

圖 12.16　主機系統及通訊系統之負載皆不飽和情形下平均回應時間之比較

　　圖 12.16 中，縱座標為系統回應時間，橫座標為系統負荷量（T）。圖 12.16 結果顯示：在主機系統及通訊系統負載皆不飽和之情形下，集中式處理較分散式處理及集中─分散混合式處理為佳，同樣的結果也可從圖 12.14 的結果觀察得知 [11]。

11　集中式處理之優越性，可以由比較一個伺服器（server）具一個等候線（queue）而服務功能（service rate）為 u 的系統與一個具多個（n 個）伺服器（multiple server）各具等候線而服務功能各為 u/n 的系統得知，前者之效率遠比後者來得強，這可由簡易的（M/M/1）等候模式

4.在處理系統及通訊系統負載皆不飽和之情形下，查詢與更新比例之影響

本小節探討在 NEC S3800 主機系統及警政署與警察局間通訊網路系統之負載皆不飽和的情形下，查詢與更新比例對系統效率之影響。讓查詢百分比（即 r 值）由 0% 漸增至 100%，而其他系統參數如表 12.5。

表 12.5　系統參數

參數	值
u_1	100 TPS
u_2	20 TPS
u_3	200 TPS
u_4	40 TPS
N	21
P_1	0.9
T	35

在上述條件下，系統的平均回應時間之變化如圖 12.17 所示。

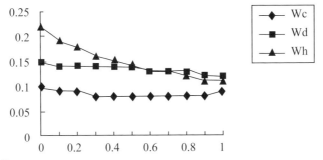

圖 12.17　處理及通訊系統負載皆不飽和的情形下 r 值之影響

理論公式計算得知。假設系統的事件（event）發生形式及系統之處理能力皆為 Poisson 過程，且其平均發生率及系統之平均處理能力各為 λ 及 μ，在一個伺服器具一個等候線的系統中 $\rho = \lambda/\mu$，系統之平均負荷 $L = \rho/(1-\rho)$，又依 Little's 方程式，$L = \lambda \times W$，故每一事件之平均系統時間（包含等待時間及處理時間）$W = \rho/\{\lambda \times (1-\rho)\} = 1/\{\mu \times (1-\rho)\}$。但在多個（n 個）伺服器且各具等候線的系統中，$\lambda_1 = \lambda/n$，$\mu_1 = \mu/n$，$\rho_1 = \lambda_1/\mu_1 = (\lambda/n)/(\mu/n) = \lambda/\mu = \rho$，系統之平均負荷 $L_1 = \rho/(1-\rho)$，又依 Little's 方程式，$L_1 = (\lambda/n) \times W_1$，故每一事件之平均系統時間 $W_1 = \{\rho/(1-\rho)\}/(\lambda/n) = n/\{\mu \times (1-\rho)\} = n \times W$，為前者之 n 倍。

　　圖 12.17 中，縱座標為系統平均回應時間，橫座標為系統查詢之百分比（即 r 值）。圖 12.17 結果顯示：分散式處理及集中─分散混合式處理，隨著查詢比例的增加而有改善的趨勢。當系統更新百分比較大時（> 50%），集中─分散混合式處理由於須更新 NEC S3800 及 NEC S3400/8 兩系統上之資料，故其效率較集中式處理及分散式處理為低，但當更新百分比較小時（< 30%），集中─分散混合式處理之效率則有顯著改善。但在本小節所列之參數值條件下，處理系統及通訊系統之負載皆未達飽和，故集中式處理之回應時間仍較分散式及集中─分散混合式處理為佳。整體而言，系統查詢與更新之比例，對混合式資訊系統架構之影響大於集中式及分散式資訊系統架構，且更新比例越高越不適合採混合式架構。

5. 在處理系統及通訊系統負載皆不飽和之情形下，犯罪區域性P_l之影響

　　本小節探討 NEC S3800 主機處理系統及警政署與警察局間通訊網路系統之負載皆不飽和之情形下，區域性 P_l 對系統之影響。本文將 P_l 值由 0.8 遞增至 1.0，透過調整參數 P_l 值探討其對分散式處理策略之影響。其他系統參數如表 12.6。

表 12.6　系統參數

參數	值
r	0.9
u_1	100 TPS
u_2	20 TPS
u_3	200 TPS
u_4	40 TPS
N	21
T	35

在上述條件下，系統的平均回應時間之變化各如圖 12.18 所示。

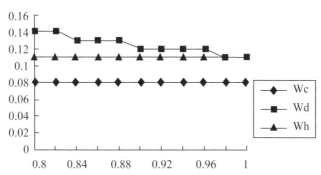

圖 12.18　在處理系統及通訊系統負載皆不飽和情形下，區域性 P_l 之影響

　　圖 12.18 中，縱座標為系統回應時間，橫座標為 P_l 值。圖 12.18 顯示：分散式處理之效率隨著 P_l 的增加而有顯著的改善，即區域性越高越適合於分散式處理架構。但在本小節所列之參數值條件下，處理系統及通訊系統之負載皆未達飽和，P_l 值的改變對集中式及集中—分散混合式處理架構之影響較不明顯。

6. 小結

　　集中式處理架構在主機處理系統及通訊網路負載皆未飽合的情形下，其資料處理效率遠較分散式處理優越。但由於未能充分運用整體系統資源，其處理系統及通訊網路負荷較易飽和而進入不穩定狀態。分散式處理及集中—分散混合式處理架構，則由於系統資源的充分運用，及因就地處理資料而減少通訊網路交通負荷量，使處理系統及通訊網路系統，較不易到達飽和狀態。另外，系統查詢與更新之比例，對混合式資訊系統架構之影響大於集中式及分散式資訊系統架構，且更新比例越高越不適合採混合式處理架構。此外，區域性較高亦較適宜採用本文所提之分散處理方式，此乃因區域性增加，則資料就地處理之比率亦較高，較適合作分散式處理。

二、系統可用度分析

　　探討資訊系統架構之另一重要因素為系統的可用度，即一單位時間

內，系統維持正常運作之機率 [13] [12]。本節擬以簡捷的數學分析，由可用度及系統失敗時影響範圍大小，比較三個資訊系統架構之優劣。警政資訊系統的可用度可分為兩方面：主機系統可用度及網路通訊系統可用度。本節擬就這二方面作探討。

（一）主機系統可用度之分析比較

假設每一主機單位時間之失敗機率為 P，而系統失敗之影響範圍以 NEC S3400/8 系統個數（即警察局個數 N）為標準。集中式處理系統，由於採用雙主機架構，僅有在二主機同時失敗的情形下，才會影響系統可用度。一旦二主機同時失敗，則警政資訊系統即全告停擺，故系統失敗平均之影響範圍為 $P^2 \times N$。

分散式處理系統由於資料分散於各個警察局主機，而各主機皆獨立運轉，任一主機失敗，其影響範圍僅侷限於該主機系統。因此，系統失敗平均之影響範圍為：

$$\sum_{I=1}^{N} i \binom{N}{i} P^i (1-P)^{N-i} = N * P$$

在集中─分散混合式處理系統中，由於每一資料各有二備份，一個存於 NEC S3800 系統，另一個存於 NEC S3400/8 系統。系統可用度僅在 NEC S3800 系統失敗且 NEC S3400/8 系統亦失敗時，才會影響系統的可用度。系統失敗平均之影響範圍為：

$$P^2 \sum_{I=1}^{N} i \binom{N}{i} P^i (1-P)^{N-i} = N * P^3$$

由於 $0 < P < 1$，因此，$N \times P^3 < P^2 \times N < N \times P$，故系統可用度為：集中─分散混合式處理大於集中式處理，集中式處理又大於分散式處理。

但隨著老舊終端機的汰換，有部分終端機係透過各警察局 NEC S3400 主機轉接查詢，故集中式處理之查詢須在 NEC S3800 及 NEC S3400 主機皆正常運作的情形下始可正常運作。因此，集中式警政資訊系統終端機如透過

---

12 可用度分析可用於推算系統當機之平均間隔時間（Mean Time Between Failure, MTBF）。

警察局 NEC S3400 主機轉接之比例過高（大於 $\dfrac{1-P}{1-N\times P^2}$）[13]，則集中式處理系統可用度將較分散式處理為低。

（二）網路通訊系統可用度之分析比較

通訊系統的可用度亦為影響系統可用度的重要因素之一。前述三個資訊系統架構之通訊系統可分為警政署與警察局間或警察局間之通訊網路系統，及警察局與分局（及派出分駐所）間通訊網路系統。由於三個資訊系統架構皆包含警察局與分局（及派出分駐所）間通訊網路系統，且此一通訊網路系統失敗對三個系統架構之影響範圍相同。因此，本文擬就警政署與警察局間或警察局間通訊網路系統失敗時之影響範圍作探討。

由於警政署與警察局間或警察局間之通訊網路系統在三個資訊系統架構中，皆為公用之通訊網路系統。假設此通訊系統單位時間之失敗機率為 P。在集中式處理架構中，如該通訊網路系統失敗，則整個警察資訊系統即告停擺。因此其影響範圍為：$N\times P$。

但在分散處理模式中，若警察局間之通訊網路失敗，則僅未能在各轄區主機處理之作業受到影響。因此通訊網路系統失敗平均之影響範圍為：$N\times P\times(1-P_l)$。

同樣地，在集中―分散混合式處理模式中，若警政署與警察局間之通訊網路失敗，則僅未能在各轄區主機處理之作業受到影響，因此通訊系統失敗平均影響之範圍亦為：$N\times P\times(1-P_l)$。

由於 $0<P_l<1$，所以 $1-P_l<1$，故 $N\times P\times(1-P_l)<N\times P$。因此，警政署與警察局間或警察局間之通訊網路系統失敗，對集中式處理架構可用度之影響較大，對分散式處理架構與集中―分散混合式處理架構之影響則相同。

（三）結果與討論

集中式處理主機系統因採雙主機作業，而有較佳的系統可用度。但是由

---

13 假設 x 為透過 NEC S3400 轉接之終端機比例，且 NEC S3800 及 NEC S3400 系統之失敗率不交互影響，則集中式處理系統失敗之平均影響範圍為 $P^2\times N + x\times N\times P - x\times N\times P\times P^2\times N$，而分散處理失敗之影響範圍為 $N\times P$。解不等式 $P^2\times N + x\times N\times P - x\times N\times P\times P^2\times N > N\times P$，x 須大於 $\dfrac{1-P}{1-N\times P^2}$。

於所有作業皆須經由網路傳送至中央主機進行處理，相對地也增加集中式處理對網路的依賴程度，改善之道可採用就地處理資料或增加通訊網路備份。此外，如果集中式警政資訊系統終端機須透過警察局之 NEC S3400 主機轉接查詢，且其比例過高，則其系統可用度將較分散式處理系統為低。

分散式處理與集中—分散混合式處理在可用度的提升方面，主要在於利用就地處理資料而減少網路失敗的影響範圍。分散式處理並不能提升主機系統的可用度。但由於各警察局之主機系統皆獨立運轉，警察局間之通訊網路系統失敗僅影響非轄區之資料處理作業。在通訊網路可用度不佳的情況下，不失為一可行之方案。

集中—分散混合式處理架構，不但處理系統的可用度較集中式及分散式為佳，對於通訊網路之依賴性亦較集中式為低。從整體系統的可用度而言，為一較佳的系統架構。

第四節　結論

集中式處理雖為較早發展成熟的資料處理技術，但其系統資料的管理及維護甚為簡捷有效。尤其在主機處理系統及通訊網路負載皆未飽和的情形下，其資料處理效率遠較分散式處理優越。且處理系統更可透過雙主機運作而提升其可用度，但如果集中式處理所涵蓋的範圍過廣，則其網路的通訊負載能力及可用度，將成為整體系統可否有效運作的重要關鍵。此外，集中式警政資訊系統終端機須透過警察局 NEC S3400 主機轉接查詢，如果比例過高，則其系統可用度將較分散式處理系統為低。

分散式處理由於充分運用系統資源，及利用就地處理資料減少通訊網路之負荷量，使處理系統及通訊網路系統，較不易呈飽和狀態而有較佳之系統的平均回應時間。此外，在區域性較高時，因相對須就地處理資料之比率亦增加，較適宜採用分散式處理架構。另外，分散式處理因就地處理資料，減少對通訊網路的依賴，在網路通訊不佳的條件下，亦可大幅改善系統之可用度。

集中—分散混合式處理，亦因就地處理資料而減少通訊網路交通負荷量，使處理系統及通訊網路系統，較不易到達飽和狀態。系統的可用度亦較

集中式處理為佳。雖然資料一致性的維護較集中式處理複雜，但因每一資料僅有兩個備份，且兩階層的架構尚屬單純，維護資料一致性所需計算資源應在可接受範圍之內。但若系統更新之比例過高（＞50％），因維護兩個備份之成本增加，較不適合採用混合式架構。然因警政資訊系統主要以提供員警執勤查詢服務為主，考量警政資訊系統的組織架構、通訊網路系統及計算資源，集中—分散混合式處理兼具集中式與分散式處理之優點，應為改善警政資訊系統較可行的方案。

　　本文分析人類的活動具區域性，並推論警政資訊系統之運用與區域性息息相關，然後再依資訊使用之區域性提出分散資料處理模式，並以計量的數學分析模式探討影響系統建置之關鍵因素。此外，利用本文之數學分析模式，警察實務機關亦可經由調整參數，從不同層面探討其他因素對系統回應時間之影響，以作為建置資訊系統之參考。

參考文獻

[1]　王朝煌，1995，警政資訊系統之分散處理模式，第二屆資訊管理研究暨實務研討會論文集，頁262～267。

[2]　王朝煌，1997，改良型警政資訊系統：分散資料處理技術之應用，中央警察大學學報，第30期，頁333～354。

[3]　王朝煌，1997，分散式警政資訊系統績效評估數學分析模式，第八屆國際資訊管理學術研討會論文集，頁300～307。

[4]　王朝煌，1997，警政資訊系統分散處理績效評估模式之研究，國家科學委員會專題研究成果報告，計畫編號：NSC-86-2213-E-015-001。

[5]　王朝煌，1998，分散式警政資訊系統與集中式警政資訊系統之比較研究，中央警察大學學報，第32期，頁471～494。

[6]　王朝煌，1998，警政資訊系統分散式處理績效評估模式之研究，1998分散式系統技術及應用研討會論文集，頁107～117。

[7]　廖有錄，1994，電子計算機概論——含警政電腦化簡介，中央警官學校印行，頁15-3～15-16。

[8]　O. A. Allen, 1978, *Probability, Statistics, and Queuing Theory: With Computer Science Applications*, Academic Press.

[9] D. Bell and J. Grimson, 1992, *Distributed Database Systems*, Addison-Wesley.

[10] B. Berelson and A. G. Steiner, 1973, *Human Behavior: An Inventory of Scientific Findings*, Harcourt, Brace & World.

[11] P. J Burke, 1966, "The Output of a Queuing System," *Operations Research*, Vol. 4, pp. 699-704.

[12] R. G. Casey, 1972, "Allocation of Copies of a File in an Information Network," *Proceedings AFIPS 1972 STCC*, Vol. 40, AFIPS Press.

[13] A. E. Elsayed, 1996, *Reliability Engineering*, Addison Wesley, pp. 180-181.

[14] P. G. Hoel, S. C. Port, and C. J. Stone, 1971, *Introduction to Probability Theory*, Houghton Mifflin.

[15] L. Kleinrock, 1975, *Queuing Systems*, Vol. 1, Wiley.

[16] K. D. Levin, 1974, *Organizing Distributed Databases in Computer Networks*, Ph.D. Thesis, University of Pennsylvania.

[17] J. D. C. Little, 1961, "A Proof of the Queuing Formula: $L = \lambda W$," *Operations Research*, Vol. 9, No. 3, pp. 383-387.

[18] S. A. Mahmoud and J. S. Riordan, 1976, "Optimal Allocation of Resources in Distributed Information Networks," *ACM Transactions on Database System*, Vol. 1, pp. 66-78.

[19] H. Morgan and K. Levin, 1977, "Optimal Program and Data Allocations in Computer Networks," *CACM*, Vol. 20, No. 5.

[20] A. S. Tanenbaum, 1981, *Computer Networks*, Prentice-Hall, p. 441.

[21] A. S. Tanenbaum, 1988, *Computer Networks*, 2nd edition, Prentice-Hall.

[22] Y. C. Tay, 1985, "A Mean Value Performance Model for Locking in Databases: The No-Waiting Case," *Journal of the Association for Computing Machinery*, Vol. 32, No. 3, pp. 618-651.

[23] J. H. Wang, J. Srivastava, and W. T. Tsai, 1993, "A Transaction Model for Parallel Production Systems: Part II. Model and Evaluation," *International Journal on Artificial Intelligence Tools*, Vol. 2, No. 3, pp. 431-457.

國家圖書館出版品預行編目(CIP)資料

警察資訊應用研究：兼論科技犯罪偵查／王朝
煌著. -- 初版. -- 臺北市：五南圖書出版
股份有限公司, 2024.04
面 ； 公分
ISBN 978-626-366-940-6(平裝)

1.CST: 刑事偵查 2.CST: 警政資訊系統

548.6 112022212

1V29

警察資訊應用研究：兼論科技犯罪偵查

作 者 王朝煌 (8.8)

發 行 人 ─ 楊榮川

總 經 理 ─ 楊士清

總 編 輯 ─ 楊秀麗

副總編輯 ─ 劉靜芬

責任編輯 ─ 呂伊真、吳肇恩、李孝怡

封面設計 ─ 姚孝慈

出 版 者 ─ 五南圖書出版股份有限公司

地 址：106台北市大安區和平東路二段339號4樓

電 話：(02)2705-5066 傳 真：(02)2706-6100

網 址：https://www.wunan.com.tw

電子郵件：wunan@wunan.com.tw

劃撥帳號：01068953

戶 名：五南圖書出版股份有限公司

法律顧問 林勝安律師

出版日期 2024 年 4 月初版一刷

定 價 新臺幣420元

經典永恆・名著常在

五十週年的獻禮——經典名著文庫

五南,五十年了,半個世紀,人生旅程的一大半,走過來了。

思索著,邁向百年的未來歷程,能為知識界、文化學術界作些什麼?

在速食文化的生態下,有什麼值得讓人雋永品味的?

歷代經典・當今名著,經過時間的洗禮,千錘百鍊,流傳至今,光芒耀人;

不僅使我們能領悟前人的智慧,同時也增深加廣我們思考的深度與視野。

我們決心投入巨資,有計畫的系統梳選,成立「經典名著文庫」,

希望收入古今中外思想性的、充滿睿智與獨見的經典、名著。

這是一項理想性的、永續性的巨大出版工程。

不在意讀者的眾寡,只考慮它的學術價值,力求完整展現先哲思想的軌跡;

為知識界開啟一片智慧之窗,營造一座百花綻放的世界文明公園,

任君遨遊、取菁吸蜜、嘉惠學子!